U0563381

网聚资本 官方出品

连锁餐饮企业数字化转型

方法、路径与典型案例

网聚资本 著

机械工业出版社
CHINA MACHINE PRESS

图书在版编目(CIP)数据

连锁餐饮企业数字化转型：方法、路径与典型案例 / 网聚资本著. -- 北京：机械工业出版社，2025.6.
（数字化转型系列）. -- ISBN 978-7-111-78110-3

Ⅰ. F719.3

中国国家版本馆 CIP 数据核字第 2025YR5970 号

机械工业出版社（北京市百万庄大街 22 号 邮政编码 100037）
策划编辑：孙海亮　　　　　　　　　责任编辑：孙海亮　章承林
责任校对：甘慧彤　杨　霞　景　飞　责任印制：单爱军
中煤（北京）印务有限公司印刷
2025 年 7 月第 1 版第 1 次印刷
147mm×210mm・10.375 印张・3 插页・247 千字
标准书号：ISBN 978-7-111-78110-3
定价：89.00 元

电话服务　　　　　　　　　　网络服务
客服电话：010-88361066　　　机 工 官 网：www.cmpbook.com
　　　　　010-88379833　　　机 工 官 博：weibo.com/cmp1952
　　　　　010-68326294　　　金 书 网：www.golden-book.com
封底无防伪标均为盗版　　　机工教育服务网：www.cmpedu.com

前　言

近年来，数字化技术的创新与应用的迅猛发展，不仅深刻地影响着经济的每一个角落，引领着我们步入一个变革与发展并存的新时代，还对企业的发展提出了全新的要求。如何实现数字化技术与企业经营活动的深度融合，积极探索并践行企业数字化转型的路径，推动企业数字化建设与转型的进程，进而实现企业长远发展中的新旧动能模式转换，已成为所有企业必须面对的一个时代课题。

在连锁餐饮这个充满激烈竞争和快速变革的行业中，数字化技术不仅悄然改变了顾客的消费习惯，更在深层次上重塑了餐饮企业的商业模式与服务方式。从移动支付的便捷体验到在线预订的智能化服务，再到供应链的数字化管理，每一项技术的应用都让传统餐饮业焕发出前所未有的活力。然而，对于众多连锁餐饮企业而言，如何在这个数字化的浪潮中有效应用新技术，提升自身竞争力，仍然是一个"危"与"机"并存的课题。

面对日益激烈的市场竞争与不断变化的消费者需求，连锁餐饮企业唯有不断创新，方能保持领先地位，稳立潮头。正是在这样的背景下，数字化转型被赋予了战略高度与意义，它不仅是企业提高运营效率、降低成本的利器，更是通过数据分析深入了解顾客偏好，进而优化产品与服务、提升顾客体验的法宝。然而，数字化转型之路并非坦途，它涉及企业文化的深刻变革、组织架构的灵活调整以及技术能力的全面提升等多个维度的挑战。因此，尽管许多企业已经意识到数字化的重要性，却往往因为缺乏有效的指导与支持而难以顺利推进。

本书是为连锁餐饮企业的数字化转型提供的一份清晰且实用的参考指南。本书通过方法论与案例相结合的方式，从企业私域构建、市场营销策略、市场扩张路径、供应链优化以及数字化决策等多个维度，深入浅出地介绍了连锁餐饮企业在数字化建设与运营方面的方法与实践，旨在为企业的数字化发展带来新的思路、启发与价值。我们相信，通过本书的引领与指导，连锁餐饮企业将在数字化的浪潮中乘风破浪，开创出更加辉煌的未来。

本书主要面向连锁餐饮企业的创始人、高层管理者、运营团队成员以及对连锁餐饮企业数字化转型感兴趣的投资者和咨询顾问。此外，对于正在学习商业管理、市场营销等相关专业的学生和教师来说，本书也是一本不可多得的学习资料。无论你是希望深入了解数字化转型战略的专业人士，还是渴望掌握最新技术趋势的行业新人，都能从本书中获得有价值的信息和启示。

本书具有如下主要特色。

- **系统化框架**：构建了一个全面的数字化转型框架，涵盖了战略规划、技术选型、组织变革等多个方面，使读者能够系统地掌握整个转型过程。
- **实战案例分析**：通过对大量真实案例的解读，为读者展示数字化建设标杆企业的成功经验，帮助读者理解数字化转型的实际应用。
- **前瞻性视角**：结合最新的技术和市场趋势，提出具有前瞻性的观点和建议，帮助企业预见未来的挑战并提前布局。
- **实用工具与模板**：提供了多种实用工具和模板，如数字化成熟度评估模型、ROI（投资回报率）计算方法等，方便读者在实际工作中应用。

本书分为 8 章。其中，第 1 章分析了连锁餐饮行业的现状和发展历程，并深度剖析了数字化对于连锁餐饮企业来说到底意味着什么。第 2 章是连锁餐饮企业数字化转型总纲，从转型本质、方法论和转型路径三个层面对数字化转型进行完整解读。第 3～6 章则分别从实体店运营、营销、供应链和决策 4 个方面介绍连锁餐饮企业数字化的具体解决方案。第 7 章介绍绝味和百胜中国两大典型企业的数字化转型过程。第 8 章给出从数字化向智能化跃迁的基本路径。

我们始终致力于推动餐饮行业的数字化发展进程，本书就是这种努力的产物之一。本书历经三年调研、分析、提炼、讨论，最终定稿，又经过近一年的时间进行文字的打磨和图片的绘制，才终于成稿。在这个过程中，我们如同志忑的厨师，希望用最好的食材，精心烹饪，最终呈现的"佳肴"能够博得各位食客（读者）的喜欢。但是，我们的认知、时间、专业度等毕竟还是有限的，在提炼框架、梳理观点、整理案例的过程中，难免存在偏差或错误。若是各位读者在"品尝"过程中发现问题，欢迎指正，帮助我们提升"厨艺"，以使我们未来做出更美味的"菜肴"。

本书由网聚资本携手绝味食品、微盟学院、红餐产业研究院、AMT 企源联合出品。在此，我们要对参与编撰的各位伙伴表示深深的感谢！同时，也衷心感谢一直关注我们的朋友们，我们热烈欢迎大家积极参与数字化转型相关话题的讨论，提出更多宝贵的建设性建议。

"行百里者半九十"，我们将不懈努力，持续输出餐饮企业数字化建设与转型方面的优质内容，为食品与餐饮行业的数字化建设与转型贡献绵薄之力。

目 录

前言

第 1 章 数字化转型,连锁餐饮企业的必选项 001
1.1 民以食为天,连锁餐饮行业发展历程 001
   1.1.1 连锁餐饮行业的 3 个发展阶段 001
   1.1.2 连锁餐饮行业现状分析 004
1.2 数字化转型是企业增长的痛难点 014
   1.2.1 行业面临的不确定因素 014
   1.2.2 企业内部数字化转型的痛点 018
   1.2.3 企业需要克服的挑战 021
   1.2.4 餐饮数字化进入生态互联 4.0 时代 029
1.3 数字化打通连锁餐饮企业端到端价值链 031
   1.3.1 数字化营销:打通私域公域,融合线上线下 032
   1.3.2 数字化门店扩张与运营:标准化运营加持规模扩张 034
   1.3.3 数字化供应链:基于大数据打造极致供应链 035
   1.3.4 数字化决策:建立全域决策模型——数字化大脑 036

第 2 章　连锁餐饮企业的数字化转型总纲　　037

2.1　深入理解企业数字化　　038
- 2.1.1　企业数字化的本质　　038
- 2.1.2　企业数字化的基础　　043
- 2.1.3　企业数字化的战略目标　　053

2.2　连锁餐饮企业数字化顶层规划方法论　　059
- 2.2.1　现状分析　　059
- 2.2.2　数字化蓝图规划　　063
- 2.2.3　IT 治理机制设计　　074

2.3　企业数字化转型规划的关键路径　　083
- 2.3.1　"基础不牢，地动山摇"，数字化顶层规划是基础　　084
- 2.3.2　数字化转型要以客户价值创造为核心　　087
- 2.3.3　企业生命周期各阶段数字化重点　　089
- 2.3.4　绝味数字化顶层规划实操案例　　094

第 3 章　数字化赋能门店扩张与运营　　112

3.1　数字化门店扩张与运营的方法论　　113
- 3.1.1　数字化门店扩张的 5 个方向　　113
- 3.1.2　数字化门店运营方法论　　117

3.2　用腾讯 LBS 选址的步骤　　123

3.3　数字化门店扩张与运营案例　　124
- 3.3.1　绝味食品的"三图三表"模型　　124
- 3.3.2　某全球知名咖啡连锁品牌数字化门店运营案例　　130
- 3.3.3　某茶饮连锁品牌实现高效渠道扩张　　131

第 4 章　数字化营销解决方案　　134

4.1　餐饮企业数字化营销的发展趋势　　135
4.1.1　线上线下一体，全渠道数字化经营成为必修课　　135
4.1.2　公域私域结合，打响"全域流量争夺战"　　138
4.1.3　以用户为本，数字化会员精细运营成为关键　　139

4.2　数字化营销方法论　　142
4.2.1　渠道增长：线上线下一体的全渠道运营　　143
4.2.2　生意增长：公域私域结合使单客价值最大化　　145
4.2.3　用户增长：数字化会员精细运营　　150

4.3　数字化营销工具　　154
4.3.1　全渠道一体化平台　　156
4.3.2　全域营销获客平台　　157
4.3.3　会员精细化运营平台　　166

4.4　全渠道营销数字化案例　　170
4.4.1　煌上煌加快推进"千城万店"数字化升级　　170
4.4.2　久久丫携手微盟，共探休闲卤味品牌的数字化转型之道　　173

第 5 章　数字化供应链解决方案　　177

5.1　数字化供应链建设的发展方向与面临的挑战　　178
5.1.1　国内数字化供应链总体情况分析　　179
5.1.2　连锁餐饮企业数字化供应链分析　　181
5.1.3　数字化供应链转型过程中面临的挑战　　183

5.2　企业供应链数字化的方法论　　185
5.2.1　智慧供应链的内涵　　185

  5.2.2 建设全渠道供应链，敏捷开发，生态共享 188
  5.2.3 供应链数字化必然经历的5个阶段 192
 5.3 数字化供应链建设经验总结 194
  5.3.1 做好企业数字化供应链整体战略规划 195
  5.3.2 做好企业供应链数字化能力建设 197
 5.4 企业供应链数字化实操指引 200
  5.4.1 企业供应链数字化核心功能 200
  5.4.2 企业供应链数字化建设重点 205
 5.5 企业供应链数字化案例 210
  5.5.1 绝味全方位供应链体系 210
  5.5.2 某实体零售商品流通业务的数字化创新 216
  5.5.3 全渠道融合数智化多温层的智能化仓 219
  5.5.4 海底捞及蜀海供应链 221

第6章 数字化决策解决方案 227

 6.1 传统连锁餐饮企业决策响应方面的痛点 227
  6.1.1 决策缺乏数据支撑，高度依赖人治 228
  6.1.2 系统数据杂乱，难以指导决策 229
  6.1.3 数字化转型，成熟度评估先行 230
 6.2 支撑企业数字化运营的决策体系 231
  6.2.1 数据驱动的概念 231
  6.2.2 数据驱动的闭环：从采集到智能决策 235
 6.3 业务场景与数据中台 237
 6.4 餐饮行业数据指标 238
  6.4.1 餐饮行业经典数据指标 238
  6.4.2 餐饮行业线上新渠道数据指标 253
 6.5 企业数字化决策实践指导 259

第 7 章　典型企业的数字化攻略　262

7.1　绝味的数字化转型之路　262
7.1.1　基于行业、发展阶段、自身战略量身定制　263
7.1.2　绝味信息化建设的历程　265

7.2　百胜中国数字化转型历程　286
7.2.1　百胜中国数字化转型的动作和历程　287
7.2.2　百胜中国数字化转型的痛点和解决方案分析　289
7.2.3　百胜中国 S-B-C 端到端数字化转型实践　293
7.2.4　百胜中国数字化展望：创建自主数字化研发中心　299

第 8 章　峥嵘山巅，从数字化跃迁到智能化　301

8.1　深入理解智能化的背景　302
8.1.1　智能化战略　302
8.1.2　智能化技术　303

8.2　数字化与智能化的关系　309

8.3　连锁餐饮企业智能化发展路径　310
8.3.1　管理变革　312
8.3.2　人工智能与运营　314
8.3.3　智能化落地指导　316

第 1 章
数字化转型，连锁餐饮企业的必选项

"食"是人类最基本的生存需求之一，食物的发展与进步一直是人类历史上最重要的且影响深远的革命之一。作为满足人们基本饮食需要的产业，餐饮行业在历史进程中扮演了不可替代的角色，而连锁餐饮企业又是餐饮行业的典型代表，那么在这次数字化的大潮中，连锁餐饮企业要怎么做呢？

1.1 民以食为天，连锁餐饮行业发展历程

1.1.1 连锁餐饮行业的 3 个发展阶段

总体来看，连锁餐饮行业的发展经历了以下 3 个阶段。

1. 萌芽和探索阶段（1990—2000 年）

我国餐饮品牌最早可追溯到创立于 1416 年的北京著名饭

庄——便宜坊,而在 1990 年前后,随着改革开放的不断深化和我国市场包容性的不断提升,外资连锁餐饮企业纷纷进驻。1987 年 12 月,肯德基在北京开设其中国大陆地区市场的首家门店,这标志着西方连锁餐饮正式进入我国大陆地区。麦当劳也很快跟随其后,在深圳开店。在这十年间,外国餐饮品牌逐渐在中国市场占据一席之地,推动了国内餐饮行业的多元化和现代化进程,为中国的消费者带来了全新的饮食文化和消费习惯。

同时,机制完善、运作稳定的连锁化经营模式也启发了中国的餐饮行业从业者。1993 年,粮票制度的正式结束标志着连锁餐饮行业市场化的开启,城市化的浪潮不断为其注入新鲜血液,市场化改革的需求也迫在眉睫。在这三个因素的作用下,中国的连锁餐饮行业蓬勃发展,尽管彼时的市场几乎由外国品牌占据,但在西方连锁餐饮企业的启发下,如陶然居、海底捞、真功夫等中式连锁餐饮品牌逐渐出现。从 1990 年前后到 2000 年左右的 10 年间,以外资企业为主导的连锁餐饮行业格局标志着中国连锁餐饮行业进入萌芽和探索阶段。

2. 快速扩展阶段(2001—2012 年)

在外资连锁餐饮企业提供的连锁化、标准化、品牌化的范本下,中国本土餐饮企业逐渐发展壮大,也积累了一定的本土经验。受现代餐饮理念的引领,越来越多的本土连锁餐饮企业在 20 世纪末到 21 世纪初这一阶段成立,并通过连锁经营的模式快速扩张,成为中国餐饮行业的中坚力量。

2004 年中国营业额在 1000 万元以上的连锁餐饮企业有 147 家,总营业额达 622.1 亿元,占行业总规模的 8.31%,其中 78 家企业的连锁门店在 14 家以上。截至 2003 年,中国快餐业 20 强中有 19 席被肯德基与麦当劳分布在各地的分公司占据。以真功夫为首的中国连锁餐饮企业开始尝试破局，同年，真功夫的分店总数达到 86 家。2004 年年底，小肥羊成立加盟连锁服务中心，成为标准化管理的领头羊。2005 年起，海底捞、小肥羊、大娘水饺等连锁餐饮企业开始在全国范围内进行大面积布局，中国本土连锁餐饮品牌门店数量急剧增长，其中，大娘水饺在 2007 年在全国就已经拥有了 200 多家门店。在这一阶段，原本外资连锁餐饮一家独大的情况有所改变，本土连锁餐饮企业逐渐占据更多的市场份额，形成了外资、本土连锁餐饮企业双主体的行业格局，为中国连锁餐饮行业的发展注入了新的活力，也给中国消费者带来了更多选择。

3. 调整转型阶段（2013 年至今）

餐饮行业在 2013 年迎来了转折点。随着市场化改革与城市化带来的大量务工人员，餐饮行业的格局发生改变。大众餐饮开始取代大型高端酒楼成为新的主流，中小餐饮品牌迅速崛起，更个性、多元的各种餐饮门店迅速在全国布局，各个赛道迅速饱和，推动了餐饮行业对新品类、新产品的挖掘和探索。由零点有数年度报告可知，单笔均刷卡在 1600 元以下的中低端餐饮市场发展平稳，2012 年 11 月至 2014 年 12 月，月均刷卡交易金额增幅保持在 10% 左右，呈温和上升态势；单笔均刷卡 50 元档的大众餐饮增幅最大，由 2013 年 10 月的 81.4% 突破至 2014 年 12 月的 444.2%，呈爆发性增长态势。

同时，互联网行业已进入高速增长阶段，2012 年正是美团和饿了么从众多互联网餐饮企业中杀出重围的年份。随着电商平台、外卖平台的崛起，餐饮类企业积极寻找线上业务机会，智能化、自动化、数字化成为餐饮企业竞争的新赛道，通过互联网渠道获得更多的客户变成了餐饮企业增长的核心。与此同时，互联网也极大扩宽了餐饮企业的竞争渠道和竞争范围，导致餐饮行业的竞争不断加大。

在如此巨大的竞争下，连锁化、品牌化、标准化成为餐饮企业寻找新的增长点的战场。数字化作为贯穿餐饮企业营销、服务、运营、管理全域的重要手段，成为餐饮企业首先要关注的领域。

1.1.2 连锁餐饮行业现状分析

本节我们通过具体数据看看连锁餐饮行业的具体情况，知己知彼，百战不殆，"知己"是所有工作的前提。总体来说，我们认为连锁餐饮行业呈现如下特点。

1. 餐饮大盘迎来五年来最好成绩，整体消费仍较谨慎

2023年，各地生产经营活动有序恢复，居民消费活力逐步回升。1—8月全国社会消费品零售总额302 281亿元，同比增长7.0%，如图1-1所示。其中，除汽车以外的消费品零售额271 888亿元，增长7.2%。

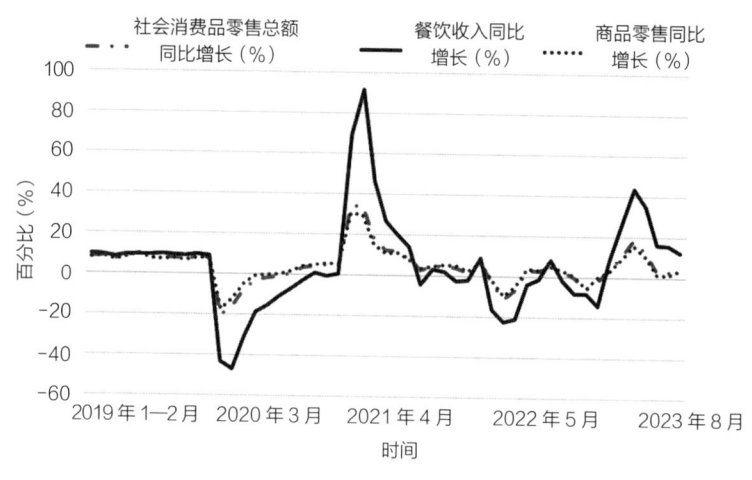

图1-1 2019—2023年社会消费品零售总额、餐饮收入、商品零售同比增长

资料来源：国家统计局、红餐产业研究院。

2023年上半年全国居民人均消费支出 12 738 元，同比增长 8.4%。其中，全国居民人均食品烟酒消费支出 3907 元，增长 6.0%，占人均消费支出的 31%，如图 1-2 所示。2023 年居民人均消费支出保持增长态势。尽管受到多重因素影响，进入 2023 年部分大宗商品销售增速有所减缓，但是市场销售恢复态势仍在持续，服务消费增势较好，消费拉动作用显现。特别是前 8 个月餐饮大盘迎来五年来最好成绩，餐饮业持续释放潜力。

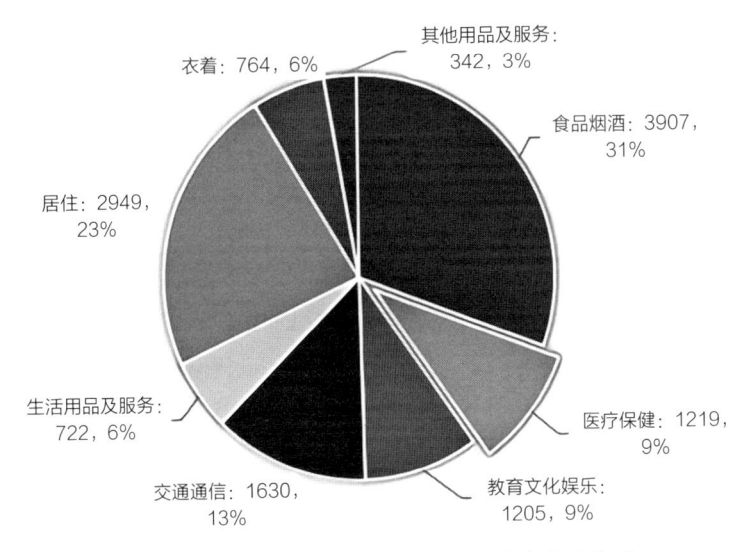

图 1-2　2023 上半年全国居民人均消费支出及构成

资料来源：国家统计局、红餐产业研究院。

但 2023 年消费者信心指数仍然处于低位，消费者对于消费的态度依然谨慎。据国家统计局数据，2023 年 4 月以来消费者信心指数一直处于 85～90 这一低位区间（见图 1-3）。可以预见的是，随着未来经济形势逐步好转，消费者的消费态度必将变得更加积极。

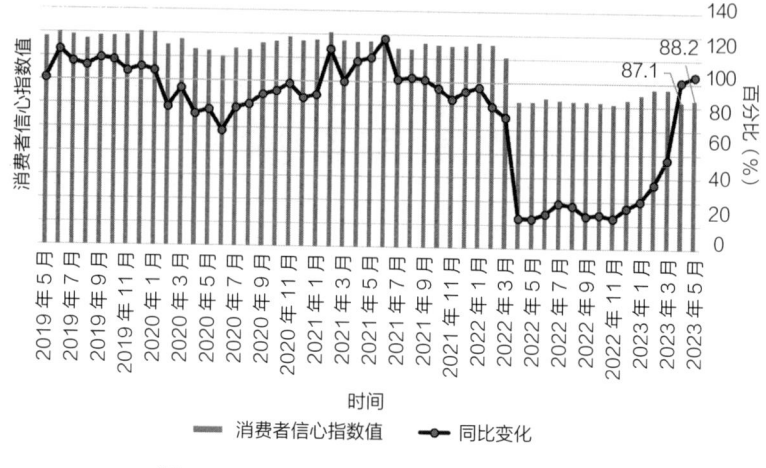

图 1-3　2019—2023 年消费者信心指数变化

资料来源：国家统计局、红餐产业研究院。

同时，中国投融资行业呈现出谨慎保守的态度。2023 年 1—8 月全国一级市场融资事件 3864 起，同比下降 21.4%；总金额 1410 亿元，同比下降 27.2%。其中餐饮业融资事件 146 起，同比下降 19.3%；总金额 67.1 亿元，同比下降 56.7%。

2023 年 9 月 15 日国家统计局表示：下阶段，尽管居民消费潜力释放面临一些制约因素，但我国经济持续恢复，就业形势总体稳定，有利于居民增收，提高居民消费能力和消费意愿。随着中国中产人群的快速崛起，消费者越来越注重品质、体验和个性化，对多元化、个性化、定制化的产品和服务需求也在增加。

总之，当下餐饮品牌面对着更为复杂的经济环境，需保持对宏观经济走向的敏感。此外，还需关注国际市场的竞争格局、新兴市场的崛起以及消费者需求的变化等因素，以及时调整自身业务模式和产品策略，不断适应市场发展的趋势。

2. 餐饮市场集中度和连锁化率逐年增长

目前,餐饮细分品类的市场集中度普遍不高,但是相比前几年,已经有很大的增长。从具体的细分市场来看,不同品类集中度差异性较大。饮品品牌门店集中程度占据首位,小吃快餐跟随其后。随着头部品牌马太效应更明显,如蜜雪冰城从2020年年底10 000多家加盟门店,到2022年达到22 300多家加盟门店,品牌力也越来越强。门店集中度最低的是中式正餐和烘焙甜品,特别是中式正餐,跟2021年比下降了2个百分点,如表1-1所示。

表1-1 不同餐饮品类CR5[⊖]2021年和2022年对比(1—8月份全国社会消费品零售总额)

品类	2022年CR5	2021年CR5
饮品	25.04%	16.7%
亚洲料理	23.05%	16.6%
西餐	21.43%	13.3%
小吃快餐	21.39%	17.7%
特色品类	16.28%	8.5%
烧烤	13.16%	7.6%
火锅	9.83%	8.5%
烘焙甜品	8.42%	7.5%
中式正餐	3.49%	5.8%

中国餐饮市场连锁化率也在不断提升,从2019年到2022年这段时间,中国餐饮市场连锁化率从13%提高到19%,如图1-4所示。其中,饮品店的连锁化率位列第一,超过了44%,并且在门店数为5001~10 000家的规模中发展速度最快。饮品店、小吃快餐和烧烤等品类的连锁化率在保持高于其他品类的水准上,依然快速上涨。

⊖ CR(Concentration Ratio,行业集中度),CR5即为行业内前5家最大企业所占市场份额的总数。

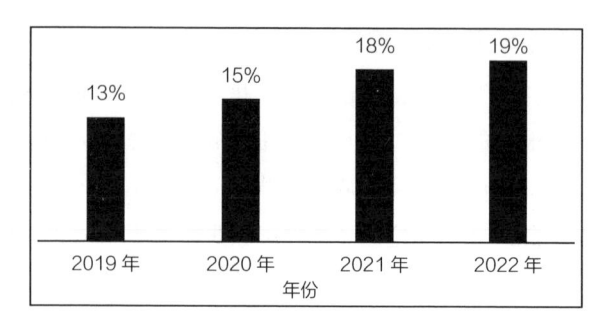

图 1-4　2019—2022 年中国餐饮市场连锁化率

资料来源：美团。

随着餐饮标准化和连锁化的持续推进，中国餐饮行业正跑步进入"万店时代"。

据红餐大数据显示，截至 2023 年 8 月，我国餐饮万店连锁品牌共有 5 家，分别是蜜雪冰城、华莱士、绝味鸭脖、正新鸡排、瑞幸咖啡。肯德基、古茗茶饮的门店总数紧随其后，分别为 9500 余家、8000 余家。

门店数在 5000~7000 家的餐饮品牌则有星巴克、茶百道、书亦烧仙草、紫燕百味鸡、张亮麻辣烫、沪上阿姨、麦当劳、杨国福麻辣烫等品牌，进击万店连锁的第二梯队品牌来势汹汹。

门店数在 1000~5000 家的连锁餐饮品牌有近 80 个，主要分布在小吃快餐、咖啡茶饮赛道。

2022—2023 年全国餐饮品牌门店数各区间占比情况如图 1-5 所示。

分析 1000 家门店以上的餐饮品牌可以看出，这些大连锁品牌主要来自"小吃小喝"赛道，以中小型门店为主，构建了连得起、锁得住的运营体系，培育了强大的供应链，是"小前店大后台"的发展模型，如蜜雪冰城、绝味鸭脖等。

目前中国餐饮门店中约 80% 是独立运营门店，自营连锁比例只占 5% 左右。根据欧睿数据显示，2022 年中国餐饮企业连锁化率仅有 19%，如图 1-6 所示，远低于美国、日本和韩国等发达国家。中国餐饮企业连锁化未来有很大的提升空间。

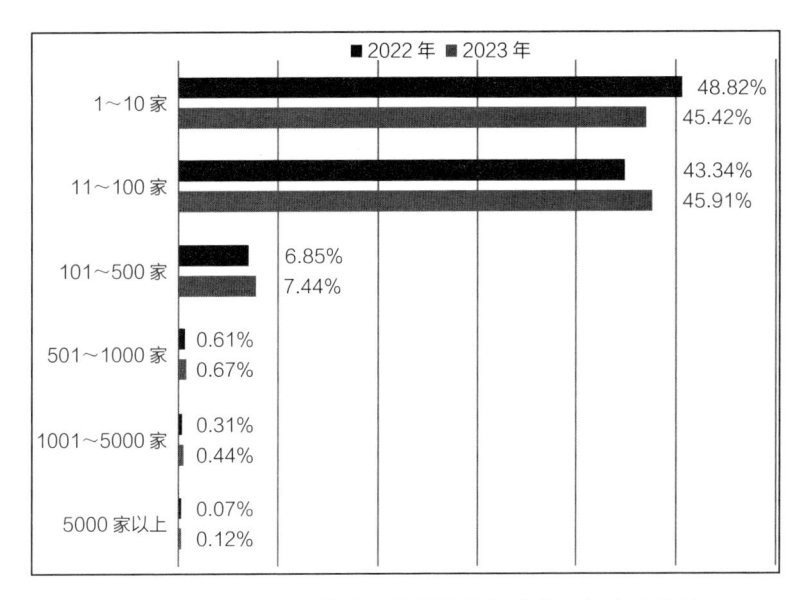

图例：■ 2022 年　■ 2023 年

门店数区间	2022 年	2023 年
1~10 家	48.82%	45.42%
11~100 家	43.34%	45.91%
101~500 家	6.85%	7.44%
501~1000 家	0.61%	0.67%
1001~5000 家	0.31%	0.44%
5000 家以上	0.07%	0.12%

图 1-5　2022—2023 年全国餐饮品牌门店数区间占比分析

资料来源：红餐大数据，数据截至 2023 年 9 月。

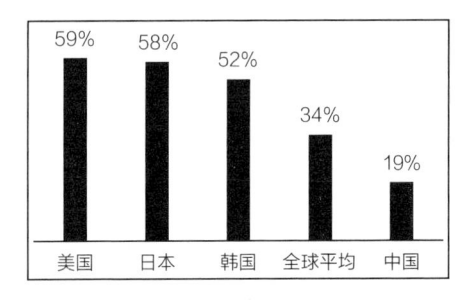

国家/地区	连锁化率
美国	59%
日本	58%
韩国	52%
全球平均	34%
中国	19%

图 1-6　2022 年中外餐饮企业连锁化率对比

资料来源：美团、欧睿数据、红餐产业研究院整理。

3. 各品类连锁化差异大，饮品、小吃快餐连锁化率最高

随着2023年餐饮业逐步复苏，餐饮品类呈现出百花齐放的发展态势。据红餐大数据显示，门店数在500家以上的品类中占比最高的是小吃快餐和饮品，如图1-7所示。小吃快餐类目下子品类众多，更能满足消费者对多元化的追求，而饮品触达的消费场景更广泛，并且茶饮和咖饮都具有"成瘾"的消费属性，消费频次比其他品类高。此外，无论是小吃快餐还是饮品，产品及服务标准化程度较高，门店可复制性强，这也为品牌规模化扩张提供了基础。小吃快餐和饮品发展迅速，茶饮和咖饮成为市场焦点，同时包点品类正在向品牌化、规模化的方向发展。然而一些品类（如中式正餐、火锅类）正面临经营和盈利的压力，扩张速度明显放缓。

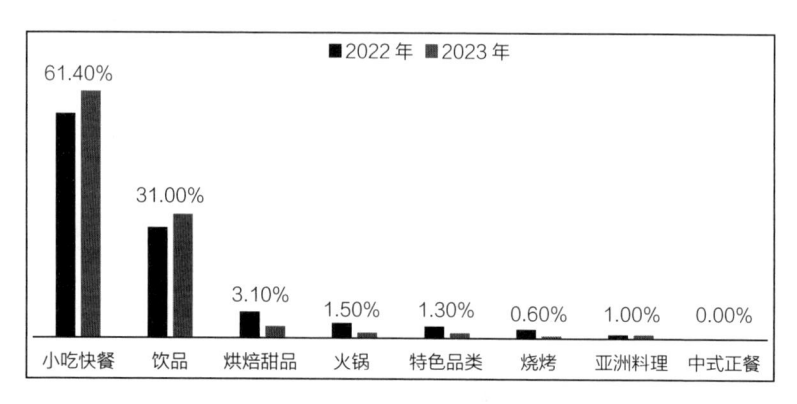

图1-7 门店数500家以上的餐饮品牌所属品类分布

资料来源：红餐大数据，截至2023年9月。

以规模为发展导向，成了2023年茶饮品牌的共识。截至2023年9月除蜜雪冰城突破万店外，古茗茶饮、沪上阿姨、茶百道、书亦烧仙草这4个茶饮品牌亦在争夺万店"入场券"。喜茶、乐乐茶、奈雪等头部品牌纷纷通过放开加盟或出海等方式提高连

锁化率。目前门店数在 100 家以上的茶饮品牌数占比超过两成，如图 1-8 所示。中国连锁经营协会预测，至 2025 年，国内消费市场新茶饮连锁化率将达到 63.89%。当下茶饮品类市场增长有放缓趋势，存量市场已然有限。

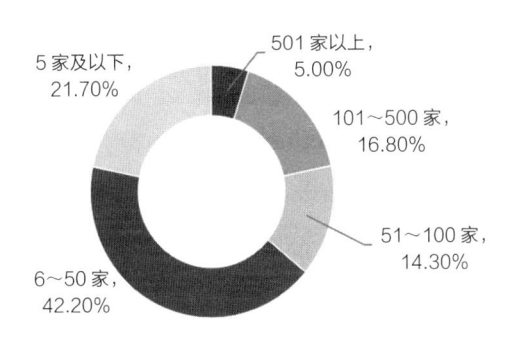

图 1-8 2023 年茶饮品牌门店数占比分布

- 501 家以上，5.00%
- 101~500 家，16.80%
- 51~100 家，14.30%
- 6~50 家，42.20%
- 5 家及以下，21.70%

资料来源：红餐大数据，数据统计时间截至 2023 年 9 月。

2023 年，咖饮赛道发展迅速，多个品牌门店数激增，截至 2023 年 9 月，我国咖饮赛道共有 5 个品牌的门店数突破了 1000 家，瑞幸、星巴克、库迪、幸运咖、挪瓦咖啡。目前瑞幸咖啡甚至跻身"万店俱乐部"，库迪咖啡、幸运咖、挪瓦咖啡等品牌也在加速扩张。据红餐大数据显示，咖饮门店数在 501 家以上的品牌数占比为 2.20%，如图 1-9 所示，且占比还在逐渐增长。

连锁化率增长较快的除了饮品，还有小吃快餐。小吃快餐细分领域很多，且连锁门店数占比较高，特别是中式米饭快餐和粉面连锁化率更高，出现了像老乡鸡、老娘舅、五谷鱼粉、蒙自源等连锁品牌。中式米饭快餐以炒菜和米饭为主，具有普遍较高的接受度。粉面则根据地域不同，有各种不同的特色，如广西螺蛳粉、五爷拌面、遇见小面、常德米粉、重庆酸辣粉、云南米线、潮汕粿条等，这些都有稳定的粉丝群体。

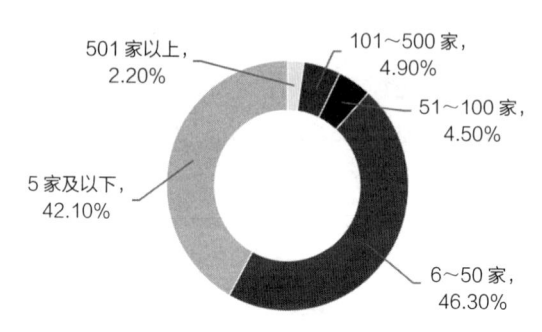

图 1-9 2023 年咖饮品牌门店数占比分布

资料来源：红餐大数据，数据统计时间截至 2023 年 9 月。

从历年的品类门店数分布占比变化情况来看，中式米饭快餐虽然占比最高，但是呈现下降趋势，而粉面、地方小吃、包点、炸鸡炸串、卤味鸭脖这一类具有地方特色以及零售化属性的品类门店数占比呈现连续上涨趋势。以包点为例，2023 年包点（各类包子、点心等）品类中百店规模的品牌数占比增长了 1.3 个百分点，达到了 20.2%，如表 1-2 所示，其中千店规模的品牌数占比也有小幅提升。

表 1-2 2023 年全国包点品牌门店数占比

门店数区间	占比
5 家以下	12.6%
5～50 家	45.7%
51～100 家	21.5%
101～500 家	18.0%
501～1000 家	0.9%
1000 家以上	1.3%

资料来源：红餐大数据，数据统计时间截至 2023 年 9 月。

相对茶饮、咖饮、小吃快餐等连锁化程度较高的品类，当下餐饮也有一些品类迫于成本和经营压力，连锁化程度较低，如中式正餐、火锅等。

中式正餐菜系复杂，对烹饪手法、工序要求高，使得标准化难度较高。据红餐大数据显示，从2022年到2023年9月，50家以上的中式正餐品牌数有微小的下滑，而50家以下区间的中式正餐品牌数占比有所上升，如表1-3所示。这在一定程度上反映了大型中式正餐连锁品牌对于开设新店相对谨慎的态度。

表1-3　2022—2023年全国中式正餐样本品牌门店数区间占比

门店数区间	2022年	2023年
5家以下	29.4%	29.6%
5～50家	56.3%	56.5%
51～100家	10.7%	10.5%
101～500家	3.6%	3.4%
500家以上	0.0%	0.0%

资料来源：红餐大数据，数据统计时间截至2023年9月。

近两年迫于经营和盈利的压力，不少火锅连锁企业谨慎开店，甚少扩张。其中，海底捞的门店规模最大，是火锅赛道中目前唯一的千店品牌。门店数在100家以上的火锅品牌数占比不到10%，如图1-10所示。

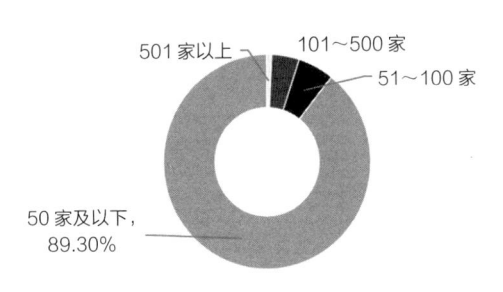

图1-10　2023年火锅品牌门店数占比

资料来源：红餐大数据，数据统计时间截至2023年9月。

目前经济环境仍存在很多不确定性，消费者的消费行为更为谨慎，给许多餐企带来了巨大的压力。无论是在连锁化程度较高的茶饮和咖饮领域，还是开店相对保守的中式正餐和火锅领域，都需面对种种挑战。

为应对市场的快速变化，无论哪类餐饮企业在传统经营的基础上，借助互联网和数字化手段提高运营效率和服务质量都成为当下思考的主要方向。如，通过线上预订、外卖服务、会员制度等方式，提高消费者的消费体验和品牌的黏性，同时借助社交媒体等平台进行品牌营销，提高品牌的曝光度和影响力。

1.2 数字化转型是企业增长的痛难点

1.2.1 行业面临的不确定因素

连锁餐饮行业面临诸多不确定因素，其中最典型的有以下几个。

1. 消费者需求快速转变

自2020年以来，消费者将餐饮消费从线下转移到线上，线下的消费形式面临较大挑战，众多连锁餐饮门店线下消费呈下降趋势。据国家统计局数据显示，2020年中国餐饮收入整体降低15.4%，而线上消费形式尤其是外卖销售额则有明显增长。许多消费者逐渐养成依赖外卖或购买预制菜品/食材在家做饭的习惯。各大餐饮企业借此契机大力发展线上业务，通过第三方线上平台、自营小程序以及线下门店设立零售售卖区等方式建立了新的线上、线下经营方式，包括外卖、熟食、预制菜品的零售等。线上平台为餐饮门店带来新的增长渠道，线上线下的结合加强了收入结构的稳定性。然而，随着餐饮品牌过度依赖第三方平台来建立自身线上销售渠道,包括外卖平台、团购平台等,第三方线上平台在近年来逐渐形成寡头垄断之势,平台的高额营销成本与抽佣不断降低餐饮企业的利润,一些小型餐饮门店甚至选择了"赔本赚吆喝"的线上营销策略。此外,商户无法获取平台的核心消费者数据,品牌方难以掌握用户的消费习惯与偏好来指导自身运营。因此,餐饮企业建立自身的数字化前端应用,打通与消费者的互通渠道,沉淀自身的数据资产变得尤为重要。

随着移动互联网的渗透,消费者的决策选择正从信息不对称向信息过载发展,越来越多的KOL(Key Opinion Leader,关键意见领袖)、KOC(Key Opinion Consumer,关键意见消费者)影响了消费者的决策,使网红打卡、爆款产品等成为趋势。然而,消费者很容易受到新信息、新内容和新产品的吸引,这给连锁餐饮企业带来了挑战,要求其更好地利用数字化工具洞察消费者需求、抓住消费者注意力,并持续进行产品创新迭代,甚至不断调整品牌定位。企业与消费者之间的互动也成为企业竞争的阵地。

2. 餐饮行业竞争日渐加剧

中国的餐饮市场之大令人惊叹,直逼5万亿元的市场规模注定了餐饮行业对市场具有极大的吸引力,而行业低门槛的特征决定了竞争激烈的基调。新的餐饮品牌如雨后春笋般涌现,而老品牌也在不断地进行创新和变革,以应对市场的挑战。当然,瞄准餐饮市场的不仅有本土的企业,来自世界各地的饮食文化和餐饮潮流也在源源不断地涌入中国市场,如韩式烤肉、日式料理、西式快餐等,这虽然为中国消费者提供了更多的选择和更好的饮食体验,但也进一步加大了餐饮行业的竞争激烈程度。

同时,科学技术的发展,例如移动互联网和人工智能(AI)技术,正在深刻改变餐饮业的运营方式。美团、饿了么的崛起让更多的中小型餐饮企业更容易参与到大市场的竞争当中，也为其提供了扩大自身影响力的线上渠道。信息化、数字化技术让餐饮企业可从门店和企业管理、产品设计、营销管理等运营的全过程中找到优化点和增长点，这无疑是餐饮企业竞争的重要领域。综上，连锁餐饮行业的竞争无论是从广度还是深度来看，都已经进入了白热化的阶段。

3. 中国餐饮行业供应链和运营成本高

中国餐饮产业链呈现终端消费规模化、多元化，流通以传统分销为主，上游原料标准化困难，食品安全控制复杂度高的特征。餐饮供应链整体可靠性及稳定性不足，两端挤压，餐饮环节整体集中度较低、盈利水平有限。

中国数字化供应链的现状如下。

- 每万人拥有的工业机器人仅为全球平均值的一半。
- 我国拥有数百万零售商和 50 多万分销商，以及更多的物流企业。
- 企业分布广泛，小型企业占总数的 97%。
- 信息化改造费用过高，高成本阻碍中小企业的产业升级。

此外，供应链管理在中国的主要特征可以归纳为以下 3 个方面。

- **全面标准化**：对所有渠道和产品采用相同的供应链管理方式，试图通过规范一切来提高效率。
- **侧重后端改进**：供应链优化的重点主要集中在后端环节的改进，例如采购和物流方面，而前端的销售与产品设计等环节未能得到足够的关注，从而导致整体供应链优化存在一定局限性。
- **应急响应**：多数情况下专注于纠正或应对问题，而非预防。

所以，虽然中国的供应链规模较大，但是成本高、稳定性差的问题依旧突出。

虽然专业第三方供应链服务企业的出现，为新的产业链局面和发展空间打开了大门，在较大程度上解决了传统供应链存在的问题，但整体仍处在初级发展阶段。餐饮供应链管理理念落后，食材标准化程度参差不齐且交易方式复杂，同时，流通环节多，损耗严重，难以满足餐饮企业供应链标准化、规模化、数字化的发展需求。

4. 中国餐饮行业连锁化率不高

中国连锁经营协会发布的《2021年中国连锁餐饮行业报告》显示，国内连锁餐饮化率不到20%。该报告指出，当前国内餐饮行业竞争格局分散，连锁化率和集中度的提升空间较大。根据美团披露的数据，国内连锁餐饮化率逐年上升，从2018年的12.8%提升至2020年的15%。一线、新一线和二线城市的连锁餐饮化率高于三四五线城市。

前文提到，相较于发达国家，中国餐饮连锁化率仍有提升空间。较低的连锁化率限制了中国餐饮企业提升运营效率的能力。自2020年以来，中国餐饮行业经历了史无前例的大洗牌，上游供应链的不稳定与堂食消费的萎缩让许多中小餐饮企业纷纷闭店退市，而餐饮企业之间的合并重组的现象正在持续增强。通过本次餐饮行业的震荡我们发现，连锁化餐饮企业依靠更稳定的供应链管理、更强的线上线下销售渠道、更快速的产品结构与售卖方式调整等可形成更强的抗风险能力。数字化应用在其中扮演了重要的角色，从采购、配送，到任务下发、门店标准化执行等都离不开数字化系统的加持。从另一方面来说，数字化技术对餐饮行业连锁化率的提升起到了积极作用，餐饮行业中人、货、场的高效运营都离不开数字化系统的支持。

1.2.2　企业内部数字化转型的痛点

连锁餐饮行业中的企业为什么要进行数字化转型？自然是因为企业发展遇到了瓶颈，这些制约企业发展的痛点若是不能被解决，企业轻则亏损，重则可能直接被淘汰。总体来说，典型的痛点有如下几个。

1. 组织架构问题导致信息孤岛

传统餐饮企业普遍采用的是扁平化的组织架构。这种组织架构下各部门彼此独立，各部门人员各司其职，专注于部门各自的工作内容。同时，在董事长的领导下，各部门能够协同完成战略目标。然而，对于企业的数字化建设而言，这种组织架构容易导致部门之间形成信息壁垒，难以实现跨部门的数据互通。此外，会带来重复建设的潜在风险。

中小型餐饮企业通常将数字化部门定义为系统与设备运维的角色。该部门在组织上往往隶属于财务部门或后勤部门，缺乏独立职能部门的主导作用，无法从后端支撑到前端业务，无法整体贯穿业务，无法推动数字化转型工作的落地。

其次，餐饮企业的业务场景往往对数字化系统要求比较高。与零售企业统一的销售渠道管理不同，餐饮企业需要满足消费者多元化的消费方式。例如堂食、外卖、零售、会员储值等不同的业务模式，需要各系统和数据平台协同才能保障这些业务的全面开展。系统与系统之间的打通成为餐饮企业必须面对的一个挑战。另外，不同职能部门对数据来源也有多样化的需求，例如线上与线下数据的分离、不同标签的消费者数据等，这就对系统筛选数据、清洗数据的能力提出较高的要求。

组织架构带来的数字化转型痛点同样需要从部门结构上进行调整，餐饮企业需要增设一个可以平行贯穿其余所有部门的数字化中心来统筹各个部门的诉求，消除部门之间的信息壁垒，串联后端供应与前端业务的数字化应用，从而推动业务流程与用户端的升级，并最终实现餐饮企业的降本增效与新的业务增长曲线。在人才储备方面，培养选拔具有数字化实践经验，并对各个职能部门业务有一定了解的人才。该类人才需要不断深入了解餐饮企业的主营业务与其中的逻辑关系，并用数字化的思维找到切入点完成转型升级，帮助各部门实现流程优化与业绩增长。因此，人才储备对连锁餐饮企业的数字化转型至关重要。

2. 松散的财务管理亟须改善

连锁餐饮企业普遍根据市场区域设立分公司或者分店，通过非独立核算进行财务管理。会计核算集中在公司总部，而分子公司不设会计机构，由核验人员定期向总部报账并受总部财务直管。在工作流程上，连锁餐饮企业的财务管理主要涉及预算统计、供应财务商管理、采购管理、营销成本统计、成本结算等环节。

在预算统计环节，由于采用非独立核算管理方式，财务预算由总部统筹，但分子公司通常具有较强的特殊性与地域性，公司总部对分子公司的实际情况难以完全掌握，从而导致预算体系与实际情况不符，难以指导分子公司财务计划，长此以往预算工作会流于表面。另外，多数企业在制定预算后未能匹配对应的管理体系，实际执行与预算差异较大时总部也难以实时掌握并预警，导致整体财务管理水平下降。同时，分子公司往往缺少配套的数字管理系统，相关的数据、报表等信息不能做到及时上传，因此会导致数据传递滞后的问题。

在供应商的财务管理方面，传统餐饮企业的供应商数据由公司人员统一录入，供应商的选择与准入通常依靠采购部门的主观印象，后续的维护中也容易形成惯性，无法实现及时更新相关的数据指标。因此服务好、关系好的供应商更容易进入餐饮企业的供应链体系。在这种情况下，财务系统中供应商的价格、质量、成本浮动等关键指标反而被忽视，从而导致企业对供应商判断不清晰，引入财务投入产出利用率不高的风险。

在采购管理环节，对配送与入库的财务流程也很难做到全面监管。首先，在采购员与接收员交接物料与表单的过程中没有引入第三方监管，导致内部员工可以利用该缺口，通过谎报、虚报的方式谋取私利。其次，传统餐饮企业容易出现入库人员仅根据单据完成验收的问题，导致财务表单与实际到货不一致的情况发生，加大了财务部门的对账难度。

在营销成本统计环节，餐饮门店员工可以利用门店的折扣权限虚假报账，总部财务在缺乏通过有效的数字化系统监控门店动作的情况下很难及时发现异常，加之餐饮行业员工流动性大，相关管理措施无法落实，这也在一定程度上增加了管理难度，降低了财务报表中利润表、营销费用计算等的准确性。

在最后的成本结算环节，由于连锁餐饮门店各菜品、调料的用量标准与实际用量难以精准把控，总部制定的出品标准的执行效果非常依赖门店后厨人员的主观意识。在缺乏对应监管措施的情况下，公司总部在统计原材料成本时存在无法准确监控与滞后性管理的问题，财务部门在收集、整理成本数据时同样面临较大困难，混乱的成本统计方式给财务管理带来了更多风险。

3. 销售渠道的拓宽需要数字化支撑

近年来，拓宽餐饮销售渠道已经成为业界的共识，这不仅满足了消费者多样化的需求，而且为餐饮企业带来了更多的商机。数字化平台的发展极大地促进了餐饮行业消费者的消费便利性，并降低了交易成本，众多处于市场边缘地位的品牌与产品都能通过线上平台的推广进入消费者的视野。新的信息推送渠道一定程度上抵消了市场上主流品牌的垄断优势。因此，拓展新的销售渠道已经成为传统餐饮企业的必修课，包括外卖订单、零售订单、线上团购产品等。相关平台可基于品牌类型、产品特色等数据，利用大数据分析功能为消费者快速、精准地推荐能满足其需求的商品，使得部分本不具备竞争优势的新兴品牌能够用更低的成本触达消费者。

传统的餐饮业销售渠道主要通过实体店铺来实现，这给企业带来了很多限制，比如地理位置的依赖、店面租金的压力等，而拓宽餐饮销售渠道，尤其是线上销售渠道，可以将市场覆盖面扩大到更广阔的区域。通过在线点餐、外卖送餐等服务，餐饮企业可以将产品推广到更多的消费者面前，提高品牌知名度，并实现规模化经营。为响应新增渠道的业务需求，餐饮企业不仅在生产环节需要变革升级来满足新的消费需求，数字化系统在其中的应用更是必不可少的，仅依靠第三方平台难以支撑企业对用户的精细化运营，同时也会面临过度依赖平台、被平台绑架的风险。

洞察消费者，尤其是自主运营新渠道的用户需要企业处理和存储大量的消费者数据，这对数据安全和隐私保护提出了更高的要求。企业需要制定相应的数据保护政策，并投入足够的资源来确保数据的安全性和合规性。

1.2.3 企业需要克服的挑战

当下的餐饮企业面临的挑战非常多，聚焦到数字化转型这个方向，主要的挑战如下。

1. 数字化战略不成熟、不坚定

数字化战略的制定必然是依托业务和管理需求进行的,但是,在业务方面,许多企业只解决了下单或者支付环节的一些局部痛点,数字化建设对获客、体验、降本、增效等方面更深层面的痛点并未解决。企业没有建成属于自己的数字运营体系,因此会存在过于依赖平台的情况。

此外,即使制定了宏观的数字化战略,但在实际运行中也可能出现水土不服的情况。企业自有客户数据匮乏,传统企业缺乏对客户信息数据的采集能力,并且企业普遍存在"数据孤岛"、运营流程过于复杂等情况。

数字化建设投入产出比不理想。现在许多企业都把数字化转型作为未来发展的战略方向,并大力投入数字化建设。但是数字化建设的回报具有非常大的不确定性,同时可预测的资本回收周期较长,短期内无法看到数字化转型建设的成效,这可能会引发领导者的信心不足。此外,战略的不坚定很有可能导致员工积极性不足、人才匮乏、组织僵化等问题,与数字化转型固有的长回报周期属性形成双向负反馈,从而让数字化战略推进极其困难。

2. 数字化营销高成本、高时效

连锁餐饮企业既要依赖平台,又要避免被平台"绑架",这已成为其当前的主要痛点。随着餐饮平台中心化的特征渐显,平台很大程度上塑造了消费者的消费习惯,成为消费者选择餐馆的第一入口,因此连锁餐饮企业不得不支付给平台费用。餐饮平台也成了新餐饮品牌的唯一选择,从而进一步加强了竞争,获客成本快速攀升,为企业带来了巨大的负担。

营销的高成本也为企业制定营销预算带来了困难。随着行业的逐渐饱和、竞争的逐渐加剧，获客成本变得难以估算。

从营销难度来看，获客总体分为三个梯度。最简单的是获得"白板客户"，这类消费者较少暴露于类似行业、类似品牌，只需要花费很小的代价就能转化为客户。然而，在数字化营销时代下，消费者每天眼中都充斥着大量品牌且有充分的自主选择权，这类消费者几近于无。难度更高的是充分了解行业、没有固定喜好的客户，他们在做选择时会对品牌从多个维度进行对比，这就要求品牌要在至少一个维度有差异化。最难以转化的客户就是某品牌的忠实客户，这类消费者已经对某个品牌形成了依赖、养成了习惯，是获客成本最高的一类消费者。

无论是哪类消费者，营销的最终目的都是激活客户并使他们逐渐建立使用习惯，也就是将他们"引进来"再"留下来"，连锁餐饮行业的主要客户为第二类消费者，因此需要企业不仅在产品上做文章，也要在营销上花力气。因此，数字化营销依赖平台、竞争激烈的特性让获客成本成为企业需要面对的挑战。

此外，数字化营销的执行需要一个能够高度协同、快速响应的实施团队。随着科技的进步和社交媒体的广泛传播，消费者行为日新月异，瞬息万变。在一天内，市场的热门趋势可能会有所变化，而企业必须紧跟其后。此外，大数据为消费者提供了丰富的即时反馈，使我们可以迅速了解顾客的喜好和行为模式。但要从这些庞大的数据中提取有意义的信息，并据此调整营销策略，同样需要一个敏捷的团队。与此同时，社交媒体上的即时性极高的互动和讨论都要求我们拥有即时响应的能力。一旦发生某个热门事件或话题，如何迅速地在其上结合品牌，制定并实施相关的营销策略成为关键。此外，当面临突发的公关危机时，有一个时刻关注、快速响应的团队就显得更为重要了。

3. 数字化门店运营基础差、要求高

数字化门店运营是一个系统且复杂的工程，对连锁餐饮企业的数字化战略和手段有着极高的要求，但当前连锁餐饮企业数字化运营的基础普遍比较薄弱，这给连锁餐饮行业数字化门店运营的实施带来了极大挑战。

对于连锁餐饮企业来说，单店是基石。数字化的目标应该是使单店运营更加智能、高效并提供更好的客户体验，但现实情况是许多连锁餐饮企业在单店的数字化上仍存在困难，更不要提在整个连锁层面上的应用了。如果连基石都摇摇欲坠，那么整个大厦也将岌岌可危。有部分企业，在单店数字化运营模式尚未跑通的情况下过早扩张，导致管理困难、管理混乱。这种过早的扩张可能是出于对竞争的担忧，或是受到资本驱动，造成的问题可能威胁到企业的存续。虽然大多数餐饮企业意识到数字化运营的最小单位是门店，但其中一些可能对数字化的认知较为肤浅，简单地认为购买一些硬件和软件就可以实现数字化，没有意识到数字化实际上涉及整个业务流程的重构和升级，导致最终在单店跑通的数字化运营模式是肤浅的、不彻底的，在扩张的时候造成各种问题。

SOP（标准操作程序）的数字化是数字化运营中绕不过的一道坎。SOP 的执行起到了标准化、确保连贯性和提高效率的作用。门店数字化运营便是要将 SOP 的全过程中的必要节点标准化、信息化。缺少标准化的数字化门店运营管理，可能导致餐饮门店出现缺乏统一的菜品研发、制作流程和标准化的服务流程等问题，从而进一步导致同一门店不同时期或不同地区门店的产品和服务质量参差不齐，难以保障一致的品牌形象和口碑。标准化的门店运营可以将流程和程序标准化，使得门店更容易管理，同时降低运营成本并提高运营效率。

SOP 的数字化对传统连锁餐饮企业来说，困难首先来自日

渐多元化的业务流程，即使在标准化的连锁餐饮中，每个门店可能也会根据其地点、客户和市场定位具有独特的业务流程，企业需要面临如何在标准化与个性化之间取得平衡的问题。此外，连锁餐饮企业可能使用多种不同的软硬件系统，如 POS（Point of Sales，销售时点）系统、库存管理系统、在线预订系统等。数字化 SOP 可能需要对这些系统进行无缝整合，这样的技术挑战不容小觑。在餐饮业，很多知识是隐性的，例如厨师的烹饪技巧、服务方式、产品原材料的用法用量等。这些难以量化和标准化的知识如何纳入数字化 SOP，是一个巨大的挑战。

连锁餐饮行业数字化运营难度大还体现在需要兼顾加盟商的需求。在连锁餐饮行业，加盟商构成了企业扩张和稳健运营的基石。然而，随着数字化趋势的推进，赋能加盟商成为必然的选择，但这带来了诸多挑战。企业与加盟商通过签订合约来缔结合作与管理关系，但是不同加盟商具有不同的运营经验和资源，与企业之间的关系并不牢固，因此加盟商具有多样化、协同难的特点。数字化平台的另外一个功能需求是赋能总部与各个加盟商之间的实时沟通和协同工作。其中，确保信息的实时性和准确性是关键。

此外，加盟商的人员管理、营销管理和进销存管理也是运营数字化的挑战。要使用数字化工具就要先对加盟商员工进行培训，餐饮行业的员工流动率相对较高，如何确保新员工快速上手和老员工的知识传承是数字化人员管理需要解决的问题。企业在制定营销策略时需要根据不同的加盟商所在的地理位置、客户群体的特点进行个性化定制，同时保证品牌形象的统一性。

4.数字化供应链成本高、欠灵活

如果说门店是连锁餐饮企业的基石，那么供应链就是企业的血液,灵活、顺畅、稳定的供应链不仅能降低企业的运行成本,还能让餐饮企业将更多的精力投注于产品开发和门店运营,而不被落后的供应链掣肘。然而,在中国连锁餐饮行业现今背景下,供应链的数字化会遇到对敏捷性要求高、降本增效难的巨大挑战。

- 在市场需求增加、竞争日益激烈的背景下,企业需要有足够、合理数量的SKU⊖以确保供应链不会成为新产品开发和原材料供应的绊脚石。随着生活水平的提高,现代消费者不再满足于基本的餐饮需求,而是追求更加多元化、个性化的食品选择,且中国各地的饮食习惯和偏好差异较大,对产品的多样性提出了更高的要求。

- 连锁品牌之间的激烈竞争,很大程度上体现在产品能够快速推陈出新以及实现差异化的能力上。为此,企业不仅需要提供高质量的产品,还需确保能够快速推出新产品,以满足消费者不断变化的需求。因此,企业需要合理规划产品的SKU数量,既要数量充足,又要设计科学。在产品设计与供应时,应确保能够快速增减或灵活调整产品组合,从而最大程度地避免因供应链问题而阻碍产品的开发与升级。

- 企业不可能每推出一种产品就根据原材料新建供应链,所以SKU数量预测是供应链建设的重要一环,其中,"SKU泛滥"是企业需要警惕的风险之一。多SKU意味着企业需要管理更大量和更多种类的库存。这不仅涉及库存的进、销、存,还包括对过期食品的管理、满足不同食品的存储条件等。错误的预测可能导致库存积压或缺货,同

⊖ SKU即Stock Keeping Unit,常译为"库存单位"或货品单元。它指企业用来管理产品库存的最小分类单元,通常用于标识产品的种类、属性和规格。

时，过多的SKU可能产生大量冗余，导致对资源的极大浪费并使成本失控。

供应链的一个重要作用是帮助企业降本增效，这体现在如下几个方面。

- 规模化采购为企业带来更强的议价能力，可让企业获得更低的原材料采购价格。
- 高效的配送系统通过周期和路线优化可以确保食材及时、新鲜地送达各门店。
- 对供应商物流的严格管理，保障了原材料的质量和成本控制。

但是，在中国特殊的饮食文化和餐饮供应链发展阶段下，如何让供应链实现餐饮企业的降本增效？这也是一个重要的课题。首先，从供应链的复杂度来看，中国的地理环境、人口分布、交通网络以及文化差异使得各个地区的饮食习惯、口味偏好的差异明显，在源头上保障产品原材料的统一非常困难，同时也导致了单一产品或品牌的大规模布局困难，需要进行大量的调整，这使供应链的管理变得更加复杂。其次，从供应链的成本来看，中国农产品的分布具有明显的区域性特征，产品的原材料需要依托于所在区域的产品类别，但当消费者对产品多元化有所需求的时候，寻找某种原材料的替代物或进行长距离运输会大大增加供应链成本。此外，如前文所述，中国餐饮供应链追求全面标准化、更关注应急响应、偏重后端改进的特点导致其成本居高不下。因此，对中国的连锁餐饮企业来说，供应链的降本增效作用仍有很大的提升空间。

5. 数字化决策建设难、要速度

对于传统餐饮行业的企业来说，原有的决策模式和管理机制也是传统且根深蒂固的。数十年的运营积累意味着企业拥有大量的离线数据、老旧的管理系统以及传统的经营哲学。传统连锁餐饮企业往往重视经验而非数据,内部管理流程可能过于烦琐,缺乏效率。数字化决策的根基是对数据的收集、分析和应用,而这正是传统餐饮企业不具备的能力。从技术层面来讲,陈旧的技术架构很难与现代化的大数据工具集成,而数据整合、分析、可视化等操作都需要更新的技术架构作为支持。企业可能需要对整个IT基础架构进行升级,这在技术、时间和成本上都存在巨大的挑战。从人员的角度来讲,数据分析和数字化决策需要一定的专业知识,不仅要懂数据,还要懂业务,这种交叉学科的人才在餐饮行业内相对稀缺。即使招聘到了合适的人才,他们往往面临着陡峭的学习曲线,需要时间适应企业的业务流程和文化。此外,培训和文化改变往往是最难的部分。员工可能会对新技术感到害怕或抵触,担心自己的工作受到威胁。鉴于企业在数据、人员方面的基础较差,期望一步到位、迅速完成转型是不现实的。若真的抱着迅速完成转型的目标去做,不仅可能导致失败,而且会浪费大量资源。

在数字化决策机制的建设中,**数据泛滥也是企业需要警惕的问题**。数字化决策的基础是对数据的分析,所收集的数据自然是越广泛越好、越深入越好,这就可能造成数据泛滥,大幅度增加软件、硬件和人力成本却无法产生业务价值。这就是在制定数据战略时没有考虑数据应用场景导致的。企业很容易陷入不以应用为导向收集数据的误区,导致收集了大量低价值、低质量的数据,并且面临着由此导致的其他风险,例如会增加数据泄露的风险。这不仅会损害企业的声誉,还可能面临法律诉讼等问题。盲目收集的数据还可能存在重复、遗漏、错误等问题,这不仅会影响数据分析的准确性,还可能导致得到错误的业务决策。

1.2.4 餐饮数字化进入生态互联 4.0 时代

事实上，目前我国餐饮行业规模集中化进程能够加快，很大程度上归功于数字化软实力和供应链硬实力的双向加持。餐饮企业的前端连接消费者，中间涉及门店运营，后端需要供应链支撑。在建设数字化运营体系之前，餐饮品牌的很多管理环节较难量化，整个产业链条无法全部实现可视化。因此大部分餐饮品牌的运营效率低下，问题反馈滞后，导致规模化复制能力较差。有了数字化运营体系的助力，餐饮品牌得以打通前端的流量获取、中端的门店运营、后端的供应体系三端，大幅拓展了管理带宽，提升了连锁复制能力。

餐饮行业历经了互联网刚兴起的单机时代、流量线上化的O2O时代、业务数字化管理的云服务时代。2023年，为了打破"数据孤岛"，形成生态圈的协同效应，这时我国的餐饮数字化已经迈入了"生态互联时代"的"深水区"。餐饮门店、消费者、供应链、加盟商等众多参与方实现更强互联互通，数据驱动、技术创新、以消费者为中心、供应链智能化、营销数智化各方面将紧密协同，如图 1-11 所示。

目前头部餐饮品牌已走在了数字化转型的前列。比如，奈雪的茶在数字化转型层面就有亮眼的表现，早在 2020 年，奈雪的茶就积极组建技术团队，自行研发出集成信息平台——TeaCore。通过该平台奈雪的茶实现了不同管理板块信息的互通，简化了业务流程、改善了运营效率。同时，TeaCore 集成的大数据也可以帮助奈雪的茶更好地洞察消费者的消费习惯，从而优化及开发产品，还能有针对性地制订销售及营销计划。

除了在数字化运营层面进行探索之外，对供应链环节进行数字化改造也是众多头部餐企的转型重点。比如火锅头部品牌呷哺呷哺建立了智能供应链平台，打造出"全国—区域—运转中心"的三级网络架构配送体系，从而有效地提高了食材流动效率；中式快餐品牌老乡鸡则引入了 WMS（仓库管理系统），上线了电子标签分拣项目，提升了冷链生鲜的分拣效率，从而实现了降本增效。

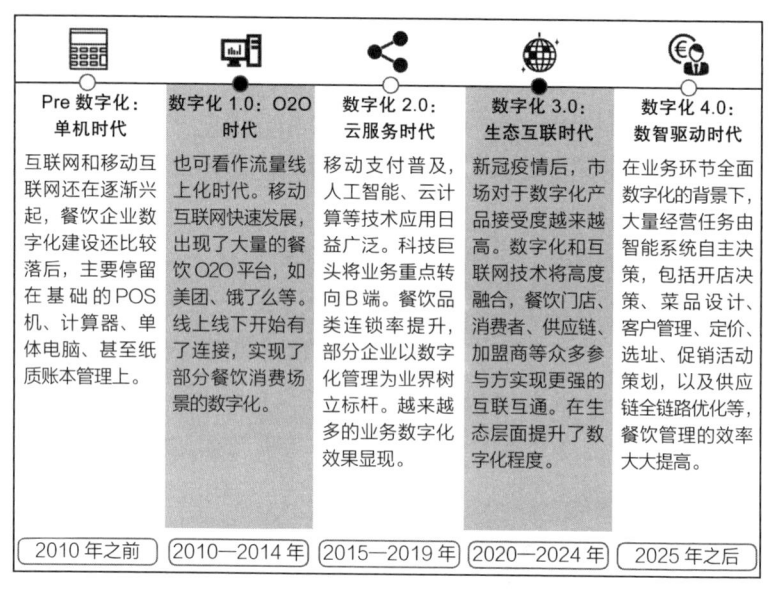

Pre 数字化：单机时代	数字化 1.0：O2O 时代	数字化 2.0：云服务时代	数字化 3.0：生态互联时代	数字化 4.0：数智驱动时代
互联网和移动互联网还在逐渐兴起，餐饮企业数字化建设还比较落后，主要停留在基础的 POS 机、计算器、单体电脑、甚至纸质账本管理上。	也可看作流量线上化时代。移动互联网快速发展，出现了大量的餐饮 O2O 平台，如美团、饿了么等。线上线下开始有了连接，实现了部分餐饮消费场景的数字化。	移动支付普及，人工智能、云计算等技术应用日益广泛。科技巨头将业务重点转向 B 端。餐饮品类连锁率提升，部分企业以数字化管理为业界树立标杆。越来越多的业务数字化效果显现。	新冠疫情后，市场对于数字化产品接受度越来越高。数字化和互联网技术将高度融合，餐饮门店、消费者、供应链、加盟商等众多参与方实现更强的互联互通。在生态层面提升了数字化程度。	在业务环节全面数字化的背景下，大量经营任务由智能系统自主决策，包括开店决策、菜品设计、客户管理、定价、选址、促销活动策划，以及供应链全链路优化等，餐饮管理的效率大大提高。
2010 年之前	2010—2014 年	2015—2019 年	2020—2024 年	2025 年之后

图 1-11　餐饮数字化进入数字化 4.0 时代

资料来源：红餐产业研究院。

近年来，进行数字化扩张和数字化营销的尝试也是诸多头部餐饮企业的共同举措。数字化扩张主要针对餐饮企业开闭店、连锁门店管理的环节，餐饮企业通过建立大数据智能选址平台、门店运营平台等来实现跨区域快速复制门店。瑞幸咖啡设有数据分析系统，不断积累消费数据和门店数据，还结合外部数据生成外卖热力图，实现智能选址；在门店管理上，瑞幸咖啡在门店设备上接入物联网，以实现实时管理。数字化营销则是指品牌以数字技术追踪消费者的购物流程，分析其消费行为，并通过广告投放、私域运营的方式促进消费者决策与转化。瑞幸咖啡的数字化转型不仅体现在管理和运营方面，更体现在产品创新和供应链完善等多个方面。

当下经济大环境不稳定，同时餐饮业务面临房租、人力成本逐年上涨的压力，餐饮企业对降本增效的诉求十分强烈。另外，在终端外卖渠道的培养下，餐饮C端的数字化已全面普及，并倒逼餐饮企业进行数字化升级。

红餐产业研究院2023年针对餐饮企业的数字化调研的结果表明，目前餐饮企业对数字化的认知基本一致，认为数字化转型是生存的必要手段。目前95%的餐饮企业已经在利用数字化手段进行运营管理，剩下5%的餐饮企业也表示未来有计划通过数字化手段提升运营管理水平。数字化和智能化已经成为行业共识。

餐饮企业以往的选址、菜品研发、定价、营销较依赖经验，较少参考数据。在未来新经济环境下，餐饮企业数字化能力从可选项变为必选项。数字化转型的本质是精细化运营，是餐饮企业增长的原动力，也是餐饮产业升级的基础。可以预见，在头部餐饮企业的带领下，越来越多的餐饮企业将走上技术驱动的发展路线，经营效率有望得到进一步提升。

1.3 数字化打通连锁餐饮企业端到端价值链

连锁餐饮企业数字化转型主要从高效连接、智能运营、精益管理、顾客体验4个方面打造数字化营销、数字化门店扩张与运营、数字化供应链、数字化决策四个链路，构建覆盖业务中台、数据中台、技术中台的数字化平台，整合上下游合作企业、社交媒体、竞争对手、利益相关者、用户群体,建立数字化生态,如图 1-12 所示。企业本身需要从文化先行、组织赋能、人才支撑、机制牵引上助力数字化转型,为数字化战略落地执行提供基础能力建设赋能。

1.3.1 数字化营销:打通私域公域,融合线上线下

数字化营销能够打通私域公域,融合线上线下,是连锁餐饮企业进行市场竞争的必要手段。数字化营销的具体作用如下。

- **协同效应的提升**。数字化营销可以将线上线下打通,提高资源共享和信息共享的能力,达到协同的目的,进一步提高整体的效率和竞争力。在数字化背景下,连锁餐饮企业通过打通私域和公域,打破线上和线下之间的壁垒,使得线上线下能够相互支持、相互促进,从而使得整个销售业绩得到大幅提升。
- **消费者体验的升级**。数字化营销提升了消费者的购物体验,提高了品牌美誉度。消费者可以通过线上渠道对连锁餐饮企业的产品进行实时评价和反馈,从而为企业提供优化业务的反馈信息。此外,数字化营销给消费者提供了多样化的购物方式,保证了消费者的购物安全和便捷性,推动了营销渠道的开发和优化,提高了消费者对连锁餐饮企业的忠诚度。
- **数据驱动营销的实现**。连锁餐饮企业可以通过数字化营销,获取消费者的行为数据,结合消费者画像,精准推送营销内容。通过数字化分析,针对不同用户群体推送不同的优惠方案,比如优惠券、会员特权等,因此能够更好地吸引消费者,提高成交量,进一步提升整体销售业绩。
- **成本效益的优化**。数字化营销可以降低企业的营销成本,

第1章 数字化转型，连锁餐饮企业的必选项

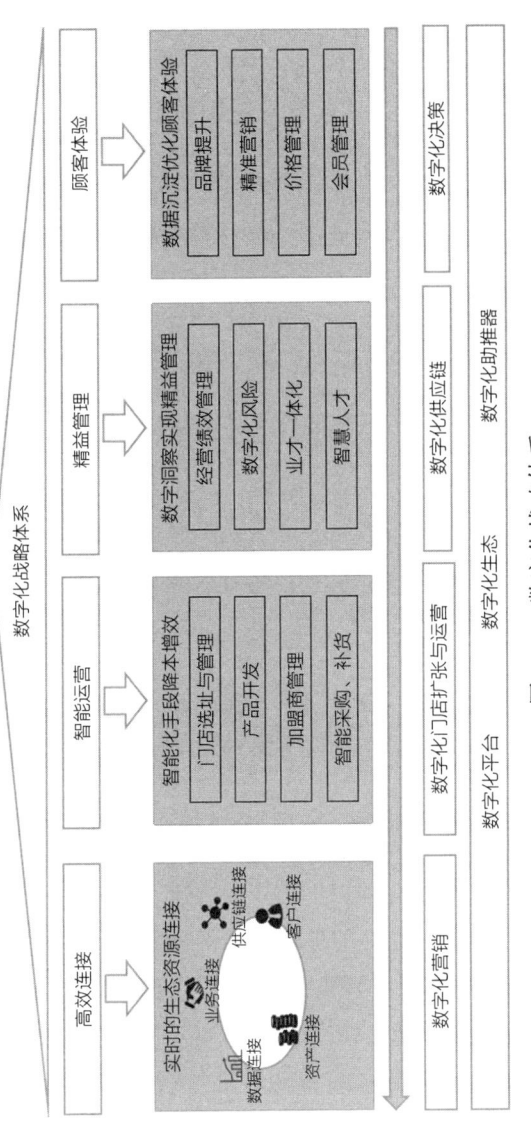

数字化战略体系				
高效连接	智能运营	精益管理	顾客体验	
高效生态资源连接（实时的业务连接、数据连接、资产连接、供应链连接、客户连接）	智能化手段降本增效（门店选址与管理、产品开发、加盟商管理、智能采购、补货）	数字洞察实现精益管理（经营绩效管理、数字化风险、业才一体化、智慧人才）	数据沉淀优化顾客体验（品牌提升、精准营销、价格管理、会员管理）	
数字化营销	数字化平台	数字化生态	数字化供应链	数字化决策
			数字化助推器	

图 1-12 数字化战略体系

033

并优化全渠道的运营成本。数字化营销可以节省传统营销成本，如广告费、促销费用等，并通过线上渠道实现了门店的多渠道销售。同时，数字化营销还能提高运营效率，实现全链路优化，从而为企业带来更高的收益和更低的成本。

1.3.2 数字化门店扩张与运营：标准化运营加持规模扩张

门店的扩张是连锁餐饮企业的盈利核心，因此开店的标准化管理被称为"连锁餐饮企业的生命"。随着互联网的发展，如何用数字化来赋能门店规模的不断扩大，并且在扩张的脚步中实现跨区域标准化，如何高质量开店，实现模式可复制并且能够促进盈利成为连锁餐饮企业关注的重点。

用数字化的工具和手段赋能连锁企业，可实现业务流程、数据双驱动，协助连锁餐饮企业构建数字化开店管理平台，将"保盈利""控风险"同时做强。数字化门店扩张与运营的标准化具有如下作用。

- **提高运营效率，降低成本**。数字化门店扩张与运营的标准化能够实现商品、服务和管理等方面的统一，使得各个门店的运营更加高效、稳定和可控，并且通过数据分析和优化，能够将运营成本降到最低。此外，对于新门店的拓展和管理，标准化能够助力企业快速、准确地开展推广和培训工作，提高企业的扩张速度和规模经济效益。

- **提高品牌价值和口碑**。数字化门店扩张与运营的标准化能够提高品牌的标准化形象，从而为企业口碑传播奠定坚实的基础。标准化运营能够确保产品质量和服务的一致性，保证品牌的稳定性和可靠性。同时，数字化门店扩张与运营也能够提高用户体验、激发用户消费积极性，使得品牌口碑和价值得到提升。
- **提升产品和服务创新能力**。数字化门店扩张与运营的标准化会促进企业内部知识和经验的共享和沉淀,从而增强企业的创新能力。通过数据分析,还可以对消费者的需求进行更精细化分析,并促进产品和服务的创新和开发。在竞争日益激烈的餐饮市场中,数字化门店扩张与运营的标准化能够提高企业的产品竞争力和服务价值。
- **拓展线上和线下渠道**。数字化门店扩张与运营的标准化意味着业务的标准一致,能够轻松地协调线上和线下的运营模式。通过数字化技术的支持,线上和线下营销策略的结合,标准化扩张运营能够快速实现渠道多元化,这对于新开设门店和拓展业务线,显然都具有重要的价值和意义。

1.3.3 数字化供应链:基于大数据打造极致供应链

"在21世纪,谁统治了供应链,谁就统治了世界。"《超级版图:全球供应链、超级城市和新商业文明的崛起》一书中的这句话深刻地揭示了供应链对于一个国家或地区的重要性。对于企业来说,供应链的效率关乎企业的成败,高效有序的供应链管理能够提高产品质量,更好地满足客户需求,同时大大减少经营管理费用,实现企业利润的增加。

供应链的根本就是四个流,物流、商流、信息流、资金流。在这四个流中,其他三流汇聚在一起形成了信息流。所以,信息流是供应链亟须解决的问题。信息流的问题解决了,供应链的问题至少可以解决一半。

要解决信息流的问题,除了需要与上下游企业之间互相建立信任,更需要的是数字化的工具和手段。未来的供应链,将需要更多的数字化、可视化的技术和工具,来提升供应链的透明度,并帮助企业作出决策。

1.3.4　数字化决策：建立全域决策模型——数字化大脑

以数据和业务算法为基础，建立全域决策模型。数字化决策的关键在于形成以数据模型与业务模型为基础的决策模式与机制。

数据模型的打造要求品牌商进行数据治理实践，统一各端的数据标准，打通各系统的内部数据接口并形成数据自动化加工，最后形成数据模型。业务模型的形成主要与业务实践与洞察相关。各端数据的实时更新能够为业务模型的优化提供助力。在数据模型与业务模型形成合力后，品牌商的"数字化大脑"才能够真正为决策服务，最终形成全域决策模型。

数字化决策的形成实际上是人机协同生态的体现。数据驱动提升的过程对应着人机协同程度的加强，初始阶段的企业能够形成简单的人机互动，将可视化的数据结果提供给业务人员以形成决策。

当人机协同的程度加强，企业的数据系统能够逐渐通过机器学习，基于数据与模型进行自我的决策生成。当达到了人机智能融合的局面，人机系统能够双向学习，智能决策会提供实践意义极强的决策建议。

第 2 章
连锁餐饮企业的数字化转型总纲

在第 1 章中,我们深入了解了数字化转型对连锁餐饮行业的重要性,以及企业在转型过程中面临的痛点和挑战。我们看到,从消费者需求的快速变化到行业竞争的加剧,再到供应链和运营成本的高企,这些因素共同推动着餐饮企业采取行动的决心。现在我们对行业背景和现状有了全面了解,本章我们将开始探讨具体的数字化转型方法论。从战略规划到执行落地,让我们来一步步解析如何将数字化理念转化为实际的业务增长动力,构建以数据为核心的运营模式,从而推动企业在变革中实现质的飞跃,助企业打造可持续的竞争优势。

在对连锁餐饮企业的数字化转型研究中,我们认识到数字化转型赋能企业经营增长是一个多层次、系统化的工程,仅凭一个环节的数字化无法显著提升企业的运营效率和市场竞争力。真正的数字化,是将数据纳入企业资源范畴,成为企业运营的基石。

已有众多公司尝试通过数字化策略解决营销、运营、供应链等问题,却未得到预期的全面增长。在解决此类问题时,我们不应将传统业务逻辑与数字化本身割裂开。连锁餐饮企业的数字化转型,应该是以业务为驱动,实现企业的降本增效。

无论大型企业还是中小型企业,无论企业发展处于何种阶段,都无须对数字化转型产生忧虑和恐慌,立足当下开启数字化转型之路,都将对企业发展产生积极影响。同时,数字化转型是关系到企业未来发展的核心设施和关键举措,因为数字化转型对企业的影响是渐进而深远的,它在企业发展到一定程度和临界点后,将迅速释放潜力,助力企业进入快速发展阶段。若其他企业已然领先,你的企业需要投入更多的时间和精力进行追赶,不然可能被数字化转型成功的企业挤压市场空间。

2.1 深入理解企业数字化

2.1.1 企业数字化的本质

连锁餐饮企业对信息技术的应用始于20世纪70年代,信息技术主要用于简化业务处理,如财务和人事系统,以及连锁店的POS系统。到了20世纪90年代初,随着业务流程管理理论的推广,出现了"管理信息系统",这标志着信息技术与连锁餐饮企业的业务及管理开始整合,企业资源计划(ERP,如SAP等"企业应用套件")相继涌现。进入21世纪,移动互联网和云计算等关键技术的兴起,推动了以用户为中心的信息技术的应用,让企业进入"数字化"阶段。

如今,大多数企业正处于信息化(针对核心业务及内部专业用户)与数字化(针对创新业务及内外部消费级用户)交替融合的新时代。我们来思考以下几个问题。

- 是不是上了 ERP、CRM（客户关系管理）系统就算进行数字化转型了？
- 是不是重构企业应用系统架构，做一个微服务框架（即"中台"）放到云上，能够支持移动应用（App、小程序等）的开发就算进行数字化转型了？
- 是不是建立企业自有数据平台，重构数据仓库，开发一个界面更漂亮、数据更实时的报表平台就算进行数字化转型了？
- 是不是连锁餐饮企业投放在线媒体广告，或者完善自有客户数据的标签信息，通过 DMP 平台建立数据整合，实现营销信息的精准投放就算进行数字化转型了？

1. 信息化和数字化的定义

我们还是回归本质，先探究一下信息化和数字化的概念。

"信息化"在广义上被定义为信息产业在社会发展过程中影响力逐步扩大并逐步取得支配地位的一种社会产业结构演进过程。在狭义上可将其理解为企业在现代化的过程中凭借信息化技术，以业务流程重构为基础，在一定的深度与广度上将整个企业的资金流、信息流进行整合，最终形成全面、开放的管理信息系统，进而通过集成化的方式对企业管理业务中的所有信息进行预测、控制，最终提升企业核心竞争力及经济效益。

"数字化"是将许多复杂多变的信息转变为可以度量的数字、数据，再以这些数字、数据建立起适当的数字化模型，把它们转变为一系列二进制代码，引入计算机内部进行统一处理，这就是数字化的基本过程。企业数字化更多地强调了企业利用数字技术，根据不断变化的数字化环境，调整业务流程和企业实践活动,以获得有效的竞争优势。

信息化使得企业的运营和管理可以对信息资源进行有效利用,而"数字化"和"数据化"的区别是——"数据化"依托于"信息化",以数据可视化的形式来支撑业务分析与整合等动作,组织的所有人员和物理对象都以数据的方式存在,关联、互动都以数据智慧来连接;"数字化"则是一个体系化的总结,往往要在"数字化"前加上主体,在不同的主体、技术范畴、转型领域、转型效果层面从根本上提升企业的绩效、业务范围、实践活动,推动市场、产业、业态等发生深刻变化。

2. 连锁餐饮企业数字化的本质

连锁餐饮企业一方面具有面向大众消费者的2C属性,另一方面兼具传统制造业的2B属性。企业数字化运营的问题是如何实现业务流程的体系化、标准化、可控化,并在此基础上利用物联网、大数据、人工智能等新技术对业务流程进行优化,对用户进行赋能。数字化最终还是要回归到"业务流程管理"的本质上。

笔者认为,对于连锁餐饮企业而言,其数字化的核心理念可归纳为"一切业务在线,数据驱动业务"。数字化转型的基础在于业务流程的数字化,这是企业从传统运营向现代化转变的关键。信息化和数字化的核心任务是数据的生成、管理与应用。其中,信息化更注重流程的合规性、管理需求和数据质量;数字化则强调提升用户体验、增加用户活跃度和快速迭代更新。数字化转型的具体表现包括工作流程的线上化、应用的移动化以及决策的数据化,这三化是现代连锁餐饮企业在技术应用上的必经之路。

3. 数字化系统分类

实际上，如果对我们所熟知的企业级信息系统进行分类，可以概括为"两在线，一平台"。其中，"两在线"包括：在线事务处理（OLTP）系统，负责生成数据，涵盖ERP、CRM、电商平台等内部和外部业务处理及管理事务的系统；在线分析处理（OLAP）系统，主要是利用数据，包括所有提供业务洞察、支持业务交易的系统。"一平台"则指的是一个集成的数据平台，其作用是连接和整合所有系统，确保数据的流通和利用。这种分类方式有助于明确每个系统的功能和相互之间的关系，从而更有效地推动企业的信息化和数字化建设。

4. 企业数字化系统建设

"企业数字化转型"实际上涉及利用数据来优化企业跨部门、跨职能、跨系统、跨数据源的长流程复杂业务决策。企业信息技术应用的发展历程通常涵盖以下系统建设阶段。

1）构建覆盖主要业务流程的OLTP系统，如ERP、CRM等核心业务系统，实现"一切业务在线"的目标。

2）在现有的OLTP系统基础上，增设基础数据分析功能，提供报表、图表、查询及数据挖掘功能，以便更好地理解和利用数据。

3）随着OLTP系统的不断扩展，如ERP系统的周边系统建设及外部数据源的整合，构建企业级的大数据平台，以统一数据资源。

4）利用企业级大数据平台，引入机器学习、深度学习等人工智能技术，进行高级分析，支持更加智能化的业务决策和优化，从而推动企业的整体效能提升。

从信息化到数字化，架构演进示意如图2-1所示。

图 2-1 信息化到数字化的架构演进

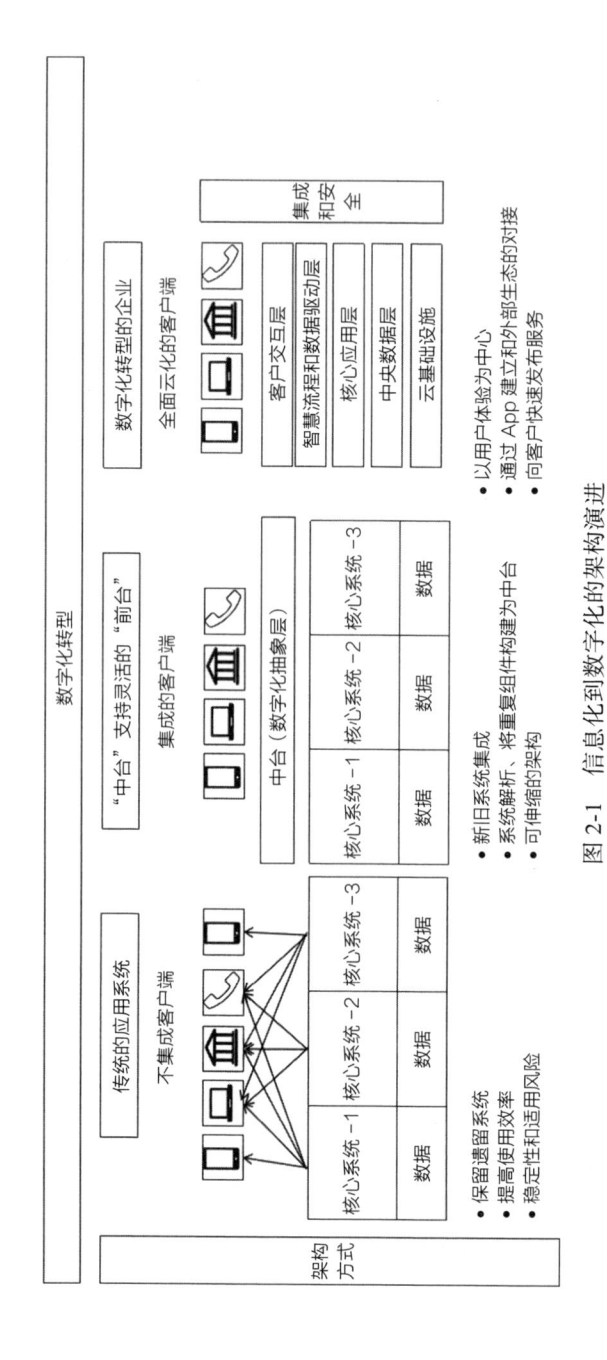

2.1.2 企业数字化的基础

在当今社会经济条件下,数字化转型的应用还不是企业成功的第一层次的要素,而是第二层次的要素。企业成功的第一层次要素通常是指企业的核心能力、核心竞争力或者基本业务能力,例如产品或服务质量等。

尽管数字化转型处于第二层次上,但它强有力地支撑着企业成功实现第一层次要素,数字化转型的重要性恰恰就体现在这里。

1. 用好信息化的前提

笔者认为,对于连锁餐饮企业来说,数字化的基础是信息化,信息化用得好的前提是流程、业务规则和数据的标准化。

1)通过数据标准化、业务流程标准化及业务规则标准化,企业能够自动生成准确的财务数据。这不仅满足财务报告的要求,更重要的是能够符合管理的需求,确保数据的准确性和可靠性对管理决策的支持。

2)业务流程管理的应用在不同规模和类型的企业中差异显著。大型企业通过实施"业务流程管理"来控制经营风险,提升业务流程的"可视化"程度,进而使流程管理更好地服务于业务控制,并将标准化流程活动转变为共享服务。中型企业通过建立跨部门的业务流程体系来打破部门壁垒,加强跨部门、跨职能的协作,以客户为中心,从而提升对客户需求的响应速度和效率。小型企业则通过引入"流程化管理"来规范业务操作,使得运营不再依赖个别人员的经验,而是向基于流程规则的运营模式转变。理论上,所有基于信息处理和规则判断的"业务流程"都可以被认知技术和人工智能驱动的流程自动化机器人(RPA)替代。人类商业组织的形态也在从流程化运营向组织成员协作创新的模式演变,以往的业务流程将逐渐由智能 RPA 取代,形成新的组织活动形态，强调互动、信任、协作与创新。

3）传统的"信息化"关注流程和信息记录，其技术以稳定架构为主，而现代的"数字化"则侧重于数据分析和提升用户体验，采用灵活和敏捷的技术架构，以适应快速变化的商业环境和市场需求。

4）在这个数字化转型时代，自上而下的流程设计已逐渐被视为一种不够敏捷的业务和管理模式。"敏捷"企业的组织管理和信息技术应用呈现出以下特征。

- 组织结构方面，大型企业正转型为"大规模敏捷组织"，以客户或客户群为中心，建立敏捷团队来快速响应市场变化。
- 管理方式方面，原本固化的系统性业务流程管理正在逐步淡出，转而强调小团队之间的自发性协作，这种方式促进了决策的灵活性和执行的快速性。
- 信息系统方面，更加重视"端到端"的数字化用户旅程。这种方法强调在具体应用场景下，通过移动设备和其他数字前端，提升用户体验，并为用户提供数字化赋能，以满足他们的即时需求和期望。

因此，对于连锁餐饮企业而言，数字化的基础是构建业务流程的信息系统，及基于这些信息系统的数据产生业务分析和洞察。基于业务流程的信息集成和数据标准化，首先需要销售、运营、财务的业务流程集成，按照标准化流程操作，实现产销一体化、业务财务一体化；其次，需要在企业各个部门，客户、财务、订单的主数据采用同一数据源、同一种规范。业务流程和数据分析的关系如图 2-2 所示。

业务实现线上化、数字化后，就能形成数据，利用数据分析实现业务洞察，从而驱动并优化业务。

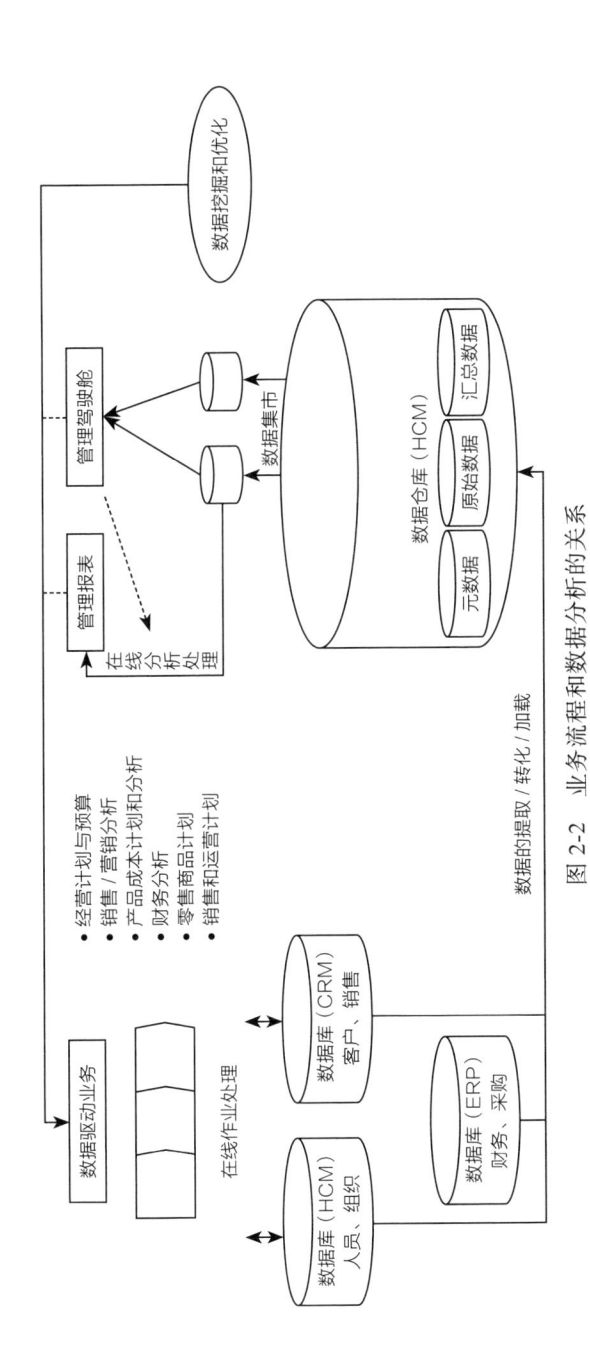

图 2-2　业务流程和数据分析的关系

注：HCM——Human Capital Management，人力资本管理。

对于那些尚未实现"一切业务在线"的连锁餐饮企业来说，对 ERP（以业务流程体系和 IT 总体架构为基础）等核心系统的建设，是企业数字化转型的基石。没有这样的核心系统，企业的数字化努力可能会缺乏支撑，难以持续发展。当企业发展到数字化转型阶段，即实现了一切业务在线并开始基于数据驱动业务后，一个重要的特点是开始建设中台系统。通过中台系统，企业能够支持并赋能前台业务，优化用户体验和业务运作效率，进而增强市场竞争力和响应速度。

2. 前中后台

接下来我们谈谈业务中的前中后台。"业务中台"指的是将业务应用中的公共组件抽象化并作为服务提供，以支持不同前台应用的需求。这个概念在业务架构中并没有固定的范围，它既包括对前台应用程序的业务抽象性服务（如公共数据字典），也涵盖了更具体的业务组件（比如商品管理、订单管理和会员管理等）。这些组件在不同渠道的前台业务中普遍存在，将它们抽象并集中到业务中台，可以有效地为前台提供统一而高效的服务，从而提高整个组织的运营效率和灵活性。通过这种方式，企业能够确保各个业务单元能够在保持独立操作的同时，享受到中台提供的资源和技术支持。

业务中台存在的两个核心前提如下。

- 鉴于客户或用户应用的个性化需求，前台功能需要不断变化和更新，这要求能够灵活调度和组织各种"服务"，以便重新构建并交付满足这些需求的解决方案。
- "业务能力"应具备足够的细分性，能够按照精细的颗粒度进行划分，并能基于统一的协议灵活组合，以支持不同的业务场景和需求。

这两个前提确保了中台能够作为一个有效的架构存在，通过集中通用服务和功能，前台能够专注于提供定制化和直接面向用户的体验，而后台则通过高效的资源和服务管理，优化整体业务的运作效率和响应速度。

具有 2C 和 2B 属性的连锁餐饮企业能够有效地构建业务中台。在 2C 属性下，企业因应对多样化、具有高度灵活性且面向海量用户的前台需求，能够通过这些复杂和动态的交互"沉淀"出核心业务能力，从而形成业务中台。这个中台能够为前台提供统一、标准化的服务和组件，以支持快速变化的市场需求和个性化用户体验。对于具有 2B 属性的企业，业务中台则通常是基于 ERP 等核心系统形成的。这种类型的中台侧重于优化和集成企业内部的操作和流程，如供应链管理、财务管理和客户关系管理等，从而提升整体的业务效率和管理效果。通过将这些核心业务能力集中在中台，企业能更好地服务于客户，确保操作的连贯性和一致性。

对于具有 2B 属性的连锁餐饮企业来说，后台系统通常不直接面向互联网外部用户。其传统核心系统按功能领域及信息实时层级划分，涵盖如 ERP（企业资源计划）系统、DMS（经销商管理系统）、PLM（产品生命周期管理）、SCM（供应链管理）、MES（制造执行系统）等"三字经"系统，其中 ERP 系统是核心。这些数字化应用主要面向内部用户，用户数量限于企业员工。后台数字化转型的架构变革侧重于基于核心系统的内向外解耦，目的是提供用户体验更佳、界面更友好（类似微信的便捷移动应用）和数据更新更及时的 IT 应用产品。

对于直接面向 C 端用户的连锁餐饮企业，由于用户场景丰富且多元，对访问性能的要求非常高，因此中台的建设不仅需要软件架构上的变化，还必须配合相应的业务流程和组织变革。这包括商品运营、会员运营、全渠道订单处理、跨渠道业务组织整合等，这些变革可更好地赋能企业，以满足市场和客户的需求。

一个完整的中台系统的构建不是凭空产生的，要遵循连锁餐饮企业在信息化和数字化发展过程中的客观规律。中台建设的发展路径一般如下：在起始阶段，企业只拥有面向消费者的前台业务和支撑这些业务的后台系统。这时的后台主要承担数据处理和存储等基础支持功能。在业务扩张阶段，随着企业规模的扩大和市场需求的多样化，前台业务开始扩张，需求变得更加复杂和多变。为了应对这种情况，企业开始通过整合前台和后台的功能来构建中台能力，中台在这个阶段起到了桥梁和平台的作用，提供更灵活、统一的服务和资源。到了成熟阶段，前台业务进一步多元化，更加贴近 C 端用户的需求和体验。同时，中台的作用和能力逐步增强，变得更加"厚重"，它能够提供更多的业务逻辑、数据分析和服务集成。相应地，后台的角色和负担逐渐减轻，更多地聚焦于底层的技术支持和维护。

业务中台的构建一方面是从前台业务中沉淀而来的，另一方面则是从后台系统中积累和解耦出来的。它的形成基于核心系统业务流程下的反复实践，通过这一过程，中台为用户提供了整合性更高的流程与数据服务。

从用户体验的角度看，前台系统面向的是外部互联网用户，对用户体验的要求极高；中台和后台则主要服务于内部员工，强调流程效率和数据准确性。这种内外分明的系统设计确保了不同用户群体的需求都能得到有效满足，同时保障企业运营的高效和灵活。

3. 企业数字化转型的历程

我们来完整看一下连锁餐饮企业数字化转型的历程。

1）在20世纪80年代末，计算机网络的出现促进了办公室级实时协作，这标志着"业务流程"和ERP系统的初步整合。这一时期，计算机网络主要应用于提高内部办公效率和业务流程管理。

2）到了20世纪90年代中期，随着互联网的普及，人类的沟通空间得到显著拓展。尽管初期互联网在企业应用上受到通信条件的限制，如可靠性、速度和成本等问题，企业的基础设施架构通常采用局域网和互联网的混合形式进行构建，以适应广域空间的运营需求。

基于互联网的快速发展，出现了跨区域运营的大型连锁餐饮企业，此时信息系统不包括最底层的设备级系统。信息系统按服务器位置可以分为作业级（又称门店级）、管理级（又称运营中心级）和决策级（又称公司级）三个层面，如图2-3所示。

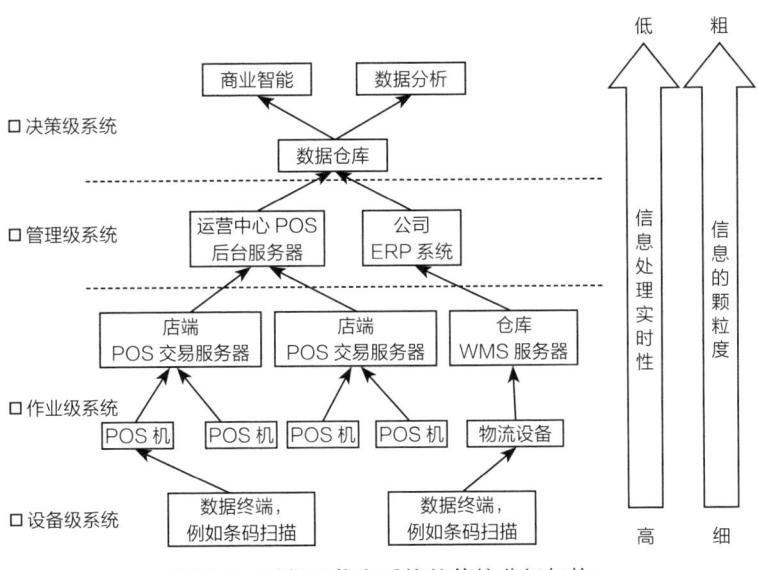

图2-3 零售业信息系统的传统分级架构

- **作业级**：每个门店配备有POS交易服务器，这些服务器连接店内多台POS终端（如扫描枪、收银机等硬件），构成门店内的局域网。这些系统处理店内的日常销售业务，如销售、收银和对账。
- **管理级**：门店的POS交易服务器通过专线或其他通信方式连接到运营中心的POS后台服务器。这些后台服务器负责营业结账、主数据处理等集中管控职能，同时与ERP系统服务器进行数据对接，确保信息流的连贯性和准确性。
- **决策级**：在更高的层面，公司级服务器集中处理跨区域的数据分析，提供战略决策支持功能，以支持整个企业的运营和发展。

3）从20世纪90年代末期到21世纪初，C/S（客户端/服务器）架构的POS系统成为连锁餐饮企业的主流架构。此架构依赖稳定的客户端和服务器间通信，适用于当时的技术环境和业务需求。

4）随着技术的进步和互联网的发展，基于B/S（浏览器/服务器）架构的POS系统自2010年后开始逐步普及。这种架构使得POS系统更加灵活和易于维护，因为更新和维护工作主要集中在服务器端进行。

5）B/S架构的POS系统支持实体零售店的日常运营，与电子商务系统形成平行的营销渠道，被称为"多渠道"模式。随着线上线下整合的全渠道零售模式的兴起，POS后台和电子商务后台的数据和服务开始整合到统一的"业务中台"——云架构中，实现了更加高效的数据管理和客户体验。

6）"业务中台"架构通过实现业务数据（如商品、价格、顾客等主数据以及库存水平、用户积分等操作数据）和交易（如销售、库存管理、供应链管理等)的跨渠道、跨空间实时处理,极大地增强了企业的运营效率。在"云+端"的模式下,各业务端(例如电子商务平台)可以实时接入云平台数据,确保信息的即时更新和同步处理。业务中台逻辑示意如图2-4所示。

7)后台系统的分级设计基于信息实时性的需要,从最具体的自动化设备级开始,逐步向上到工艺控制和制造数据管理,再到制造执行系统(MES),最终达到企业资源计划(ERP)系统等高级层次。这样的层级安排确保了从底层到顶层的信息流动和命令传递都能保持高的效率和实时性。

- **ERP 系统**:作为顶层系统,ERP 系统负责处理生产订单和生产计划。生产指令从 ERP 系统下发到各个工厂。
- **工厂级 APS(高级计划与调度)系统**:接收来自 ERP 系统的生产指令后,APS 系统进行详细的生产排程,计划生产活动的细节,并准备将这些信息传输至更具体的执行层。
- **MES**:作为制造执行的核心系统,MES 负责接收 APS 系统的排产信息,并将详细的制造指令下发到具体的生产线。MES 在这里起到了桥梁的作用,确保生产指令的精确执行。
- **自动化控制线**:从 MES 传输到自动化控制线,直接指挥自动化的生产线进行实际生产。这包括管理机器操作、监控生产过程并调整生产线上的设备设置,确保生产效率和产品质量。
- **实时数据集成与显示**:系统还与条码、RFID(射频识别技术)和机上人工数据采集设备相连接,用于收集生产现场的数据。这些数据被实时显示在生产现场的看板上,并支持对实时制造数据进行分析,从而优化生产流程和提高生产效率。

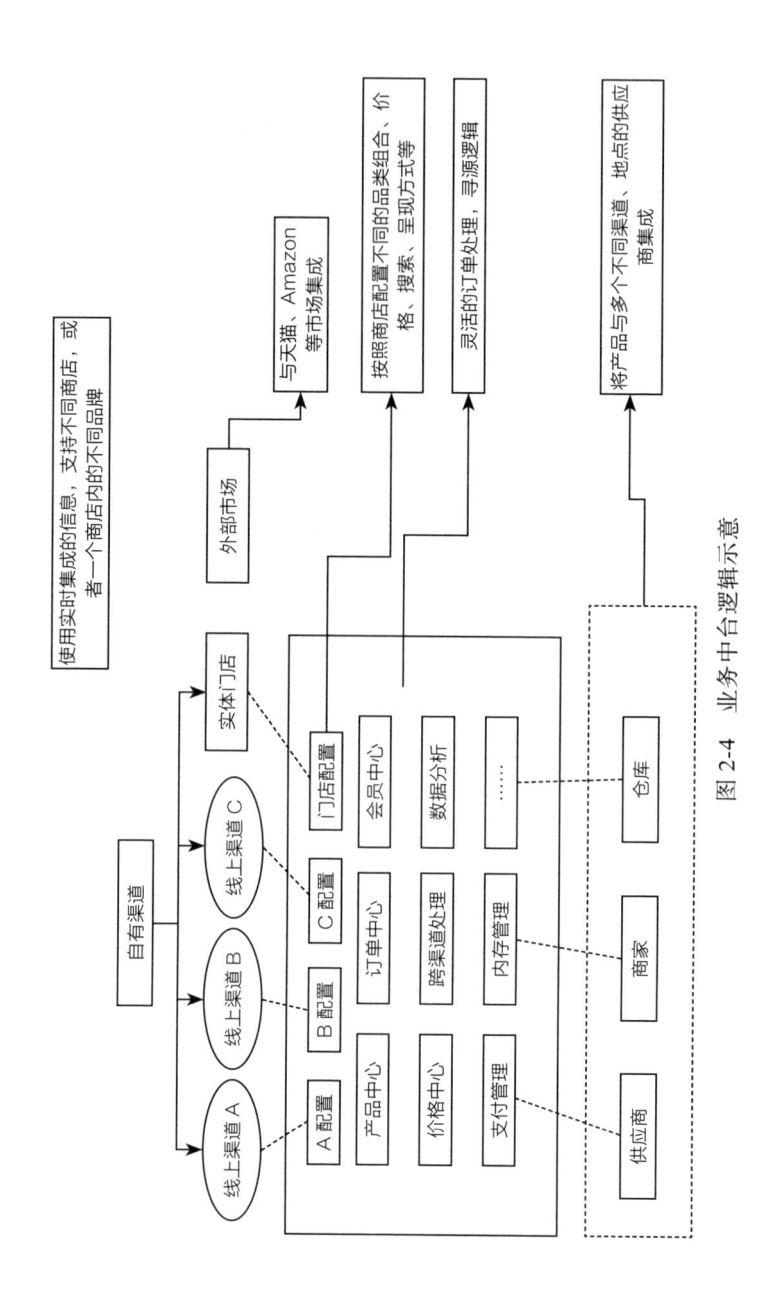

图 2-4 业务中台逻辑示意

- 使用实时集成的信息，支持不同商店，或者一个商店内的不同品牌
- 与天猫、Amazon 等市场集成
- 按照商店配置不同的品类组合、价格、搜索、呈现方式等
- 灵活的订单处理、寻源逻辑
- 将产品与多个不同渠道、地点的供应商集成

自有渠道：线上渠道 A、线上渠道 B、线上渠道 C、实体门店

A 配置、B 配置、C 配置、门店配置

产品中心、订单中心、会员中心
价格中心、跨渠道处理、数据分析
支付管理、内存管理、……

外部市场

供应商、商家、仓库

通过这样的分级和系统整合,企业能够确保信息在不同生产层级间流动无阻,实现生产过程的高度自动化和信息化,提升整个生产系统的响应速度和灵活性。

现在大家所熟知的"工业互联网"则是将设备层的数据和数字化管理实现云化,建立工业 PaaS 层(平台即服务),如图 2-5 所示。通过标准化的设备通信模块或网关,将不同制造商的设备接入工业云。

2.1.3 企业数字化的战略目标

企业数字化转型可以分为 5 个逐步递进的发展阶段,如图 2-6 所示,每一阶段都有其明确的目标和特点。

1. 在线处理业务

在数字化转型的初始阶段,企业各个部门采用信息化工具以提高日常业务处理效率。

1)目标:优化单一部门的工作效率和数据处理能力,例如销售部门使用订单管理系统、财务部门使用会计系统、人力资源部门使用人事管理系统。

2)特点:

- 系统独立部署,缺乏跨部门的协同能力。
- 数据孤岛问题突出,导致信息流动不畅,难以支持企业整体业务优化。

2. 数据和流程标准化,跨部门、跨职能的信息整合

在此阶段,企业通过引入企业资源计划(ERP)系统等,整合各部门系统,构建覆盖全企业的统一平台,推动跨部门和跨职能的信息整合。

1)目标:实现端到端业务流程的整合和管理,统一企业的核心数据与信息流。

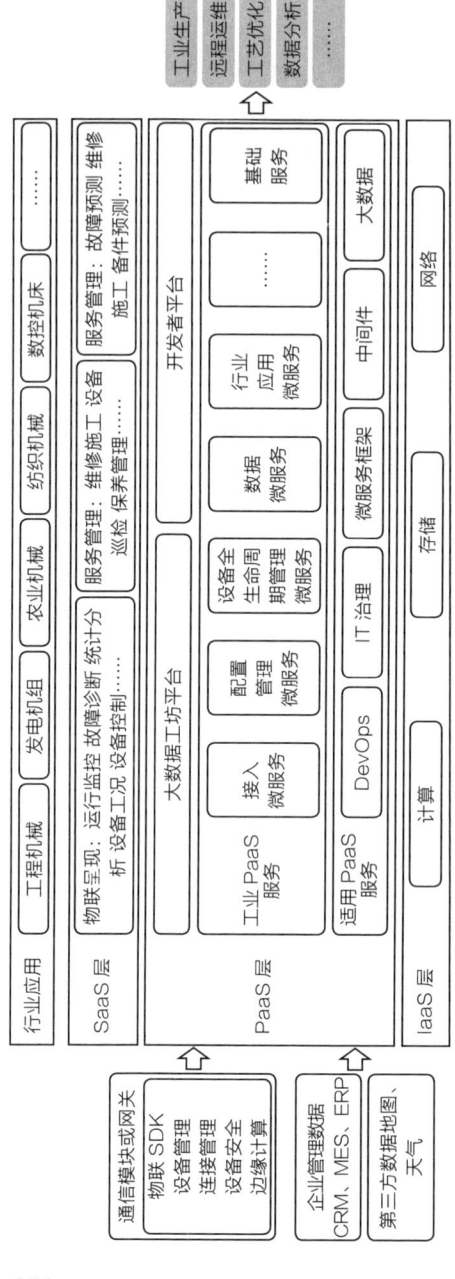

图 2-5 工业 PaaS 服务分级系统架构

注：
- SDK——Software Development Kit，软件开发工具包。
- CRM——Customer Relationship Management，客户关系管理。
- MES——Manufacturing Execution System，制造执行系统。
- ERP——Enterprise Resource Planning，企业资源计划。
- SaaS——Software as a Service，软件即服务。
- PaaS——Platform as a Service，平台即服务。
- IaaS——Infrastructure as a Service，基础设施即服务。
- DevOps——Development and Operations，开发运维（开发与运维一体化）。

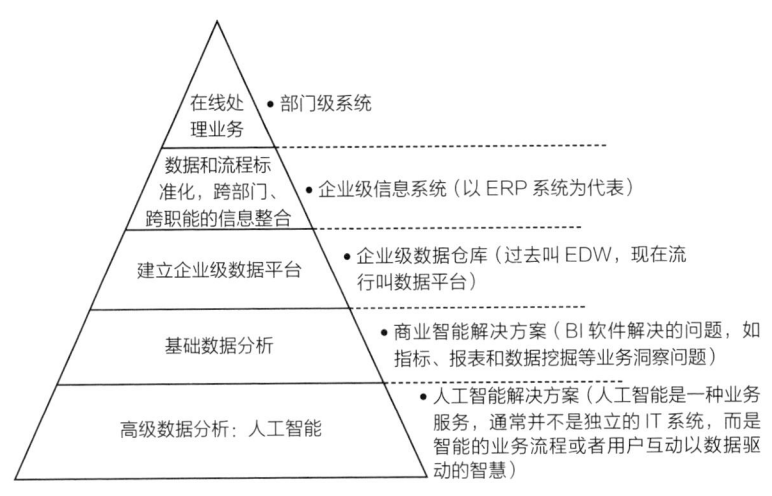

```
        在线处    • 部门级系统
        理业务
      ─────────────────────────────────
     数据和流程标
     准化,跨部门、 • 企业级信息系统(以 ERP 系统为代表)
     跨职能的信息整合
    ─────────────────────────────────────
   建立企业级数据平台   • 企业级数据仓库(过去叫 EDW,现在流
                      行叫数据平台)
  ─────────────────────────────────────────
                       • 商业智能解决方案(BI 软件解决的问题,如
    基础数据分析           指标、报表和数据挖掘等业务洞察问题)
 ─────────────────────────────────────────────
                        • 人工智能解决方案(人工智能是一种业务
                          服务,通常并不是独立的 IT 系统,而是
 高级数据分析:人工智能     智能的业务流程或者用户互动以数据驱
                          动的智慧)
```

图 2-6 企业数字化的 5 个发展阶段

2)特点:

- 将孤立的部门级系统连接起来,形成完整的业务闭环。
- 数据标准化、流程标准化得以实现,提升全企业的运营效率。
- 不仅适用于制造业的核心管理系统,广义上也涵盖零售、物流、金融等领域的核心运营平台。

3. 建立企业级数据平台

在整合企业业务流程的基础上,进一步抽取、清洗和汇总数据,建立企业级数据仓库或现代化数据平台(如数据湖)。

1)目标:为全企业提供一个统一的、高效的数据管理与存取基础,支撑数据驱动决策。

2)特点:

- 汇集 ERP 系统、外部市场数据、供应链数据等多来源数据。

- 数据清洗和建模的基础设施显著增强，数据质量和一致性得到保障。
- 形成数据治理体系，使企业具备利用数据支持全局决策的能力。

4. 基础数据分析

企业利用建立的数据平台，开展基础的数据分析工作。主要包括历史数据的指标分析、报表生成、统计学规律研究等，以形成对业务事实的基本洞察。

1）目标：帮助管理者理解过去的业务表现，并支持日常运营决策。

2）特点：

- 数据查询和展示功能，通过报表工具、仪表盘等实现可视化呈现。
- 数据挖掘方法辅助洞察业务规律，例如预测季节性需求、优化库存水平。
- 解决"看到业务全景图"的问题，但对业务优化建议较少。

5. 高级数据分析：人工智能

企业的数字化能力发展到高级阶段时，基于模式识别和机器学习技术，开始进行未来趋势预测和决策优化。人工智能被作为一种智能化的业务分析与优化工具，深度嵌入企业系统。

1）目标：通过人工智能算法，为业务流程优化、客户体验提升，以及预测性分析提供支持。

2）特点：

- AI 不是独立存在的软件，而是与 ERP 等信息系统无缝集成的工具。
- 典型应用包括需求预测、个性化推荐、智能客服、供应链优化等。
- 不限于分析历史数据，更关注实时响应和前瞻性洞察。

通过以上五个阶段，企业数字化从部门级的信息化起步，逐步实现跨部门整合、数据驱动决策，最终到达人工智能赋能的高级阶段，全面提升企业的运营效率和创新能力。

此外，企业数字化转型还需完成架构的转型，包括利用云计算基础设施提高资源的弹性利用率，构建模块化的数据和数字化平台，并在云端采用支持DevOps的开发和运维工具。最终目标是通过"云+端"的模式，实现实时的企业管理和开放的企业生态系统。这样，企业不仅能够内部优化，还能更好地与外部环境进行互动和协作。围绕核心系统的企业数字化架构，如图2-7所示。

数字化转型实现的特征涵盖了多个层面，从技术基础到业务应用，再到管理模式和用户体验。

- **数字化和数据驱动**：业务对象通过移动设备、物联网等手段进行数字化，例如，零售业的"人货场"或制造业的"数字孪生"。业务事件和决策基于数据分析和算法生成，不再仅依赖传统流程或简单判断。
- **业务模式创新**：数字化和数据化使得企业能够重构价值网络，重塑商业模式，开拓新的市场和服务模式。
- **IT架构现代化与云平台**：企业数字化的基本技术要求是建立或采用"云平台"。企业应建立核心的数字化平台，即采用平台即服务（PaaS）方式，迁移传统应用至数字化平台，并在互联网上建立数据访问通道，构建现代化的云架构，并与外部云服务进行对接。
- **敏捷与DevOps**：云平台支持应用程序的快速开发、部署和扩展。敏捷+DevOps作为新一代的系统构造方法和数字技术组织的管理模式，促进技术与业务需求的高效匹配。

模块化的系统架构
- 系统解决，快速适应变化
- 微服务架构
- 分布式系统的服务通信和服务发现
- 模块化方法是管理服务的前提
- 易于集成新功能

数字化平台
数据平台
遗留核心系统
基础设施

开发工具和技术

流程化的系统工程
- 云端集成开发工具
- 持续集成和持续交付（CI和CD）
- 自动化测试
- 标准化API支持敏捷工作方式

弹性的基础设施主干
- 动态、基于云的资源利用，灵活、快速满足业务需求

围绕核心系统的企业数字化架构

工业 生态整合 个性化　　营销　　供应链　　生态管理

用户案例

用户体验层
整合用户旅程，提供消费级的用户体验

数据平台
数据洞察驱动行动，集中的数据管理、处理和治理

精简的核心系统
国内通用无差异，合规、稳定、处理高效的流程

利用先进的云服务
大规模采用基于SaaS的、现成的先进业务流程

差异性创新
创新性、差异性开发

数字化能力

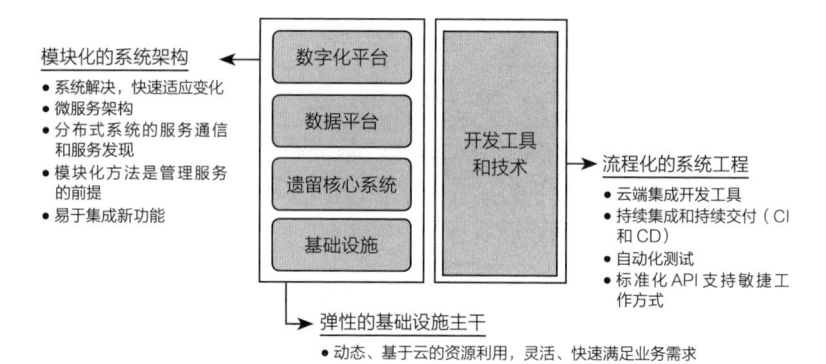

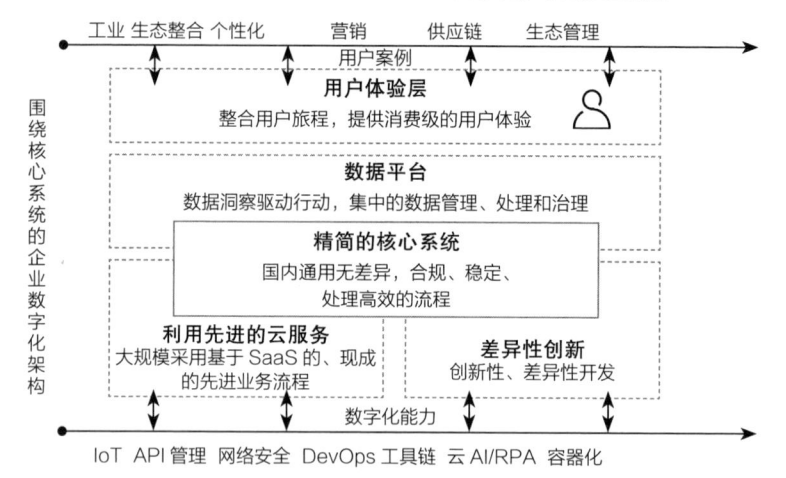

IoT　API管理　网络安全　DevOps工具链　云　AI/RPA　容器化

图2-7　围绕核心系统的企业数字化架构

注：
- CI——Continuous Integration，持续集成。
- CD——Continuous Delivery，持续交付。
- API——Application Programming Interface，应用程序编程接口。
- IoT——Internet of Things，物联网。
- DevOps——开发运维（开发与运维一体化）。
- AI/RPA——Artificial Intelligence / Robotic Process Automation，人工智能/机器人流程自动化。

- **数据湖与大数据分析**：企业收集和存储大量的结构化与非结构化数据，形成"数据湖"，根据业务需求实时处理并分析这些数据。
- **人性化技术与设计思维**：在持续变化的商业环境中，数字化应用需要为用户（包括外部和内部用户）提供自然化的使用体验，这与传统企业信息系统的使用模式大相径庭。用户交互和用户体验设计（UI/UX）在数字化时代发展为"设计思维"。
- **微服务和 API**：通过 API 和微服务技术封装业务逻辑，建立业务间的接口，提高业务应用程序的颗粒度，实现业务的"解耦"，这有助于便于跨渠道使用，快速重构业务。

实际上，对于许多连锁餐饮企业而言，数字化并没有完全取代传统信息化，而是以"双模式并行"的方式持续迭代，这种方式融合了传统的稳定性和数字化的灵活性。

2.2 连锁餐饮企业数字化顶层规划方法论

根据上海企源数字化顶层规划 A-ITSP 方法论，餐饮企业的数字化规划可以分三个步骤进行，分别是现状分析、数字化蓝图规划和 IT 治理机制设计，如图 2-8 所示。接下来对每个步骤进行详细介绍。

2.2.1 现状分析

对企业的数字化现状分析可从企业发展战略、业务现状、数字化现状等角度进行分析，并对标行业内标杆，得出企业的数字化需求和与目标之间的差距。企业数字化现状分析可以让企业深入了解自己的数字化现状，包括数字化应用程度、技术成熟度、

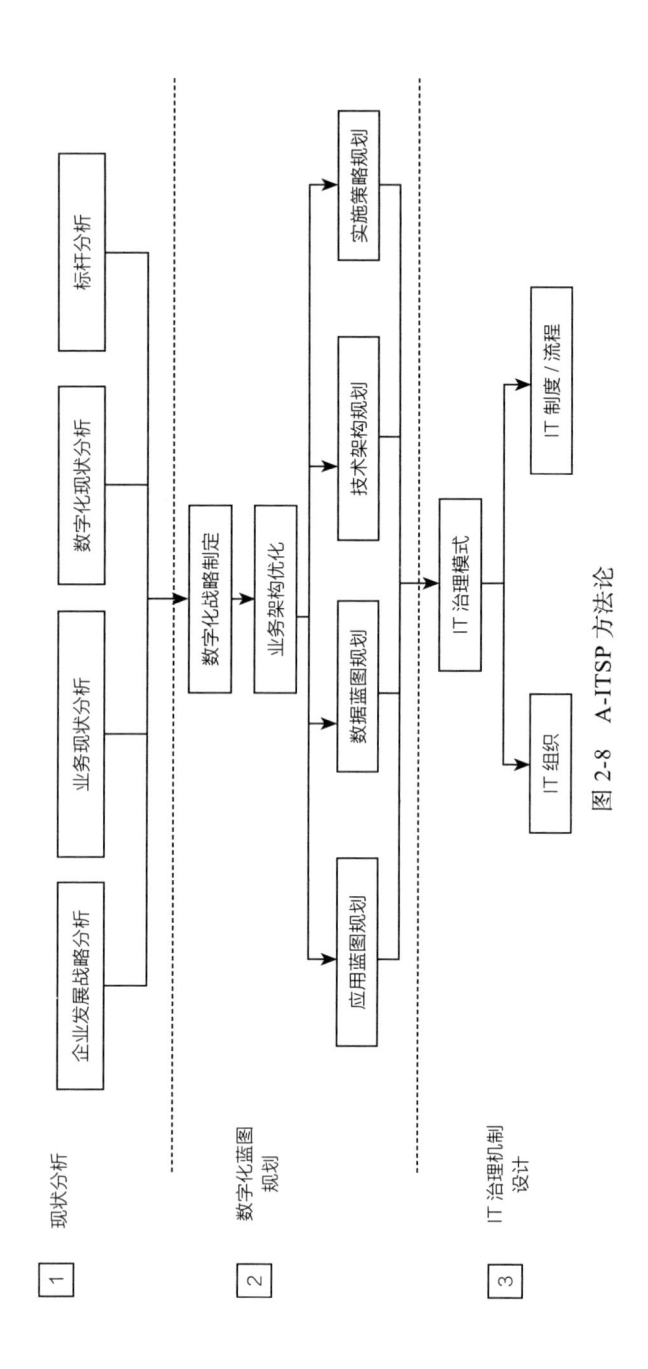

图 2-8 A-ITSP 方法论

数字化能力和数字化文化等方面。同时，也要了解企业数字化所处的外部环境，包括行业数字化水平、数字化竞争对手等。

企业数字化现状分析可以帮助企业重新审视数字化战略，以确定是否需要重新调整、转型或重新制定数字化战略。根据数字化现状分析的结果，企业可以确定数字化目标、优化数字化战略方向和 IT 组织架构，以支持业务增长和数字化转型。

该阶段主要是进行现状调研，调研前期需做好以下准备。

- **现有资料的整理和消化**：行业背景和发展、企业历史沿革、企业发展战略和规划、主要业务流程、数字化在企业的历史和现状、已实施项目的基本情况。
- **准备调研提纲和设计调查问卷。**

现状分析主要从以下方面展开。

1. 企业发展战略分析

在数字化转型规划中对企业整体战略进行分析。战略分析并不是为企业制定发展战略，而是要求企业有明确、清晰的发展战略。因为这是制定数字化规划的基础和依据。如果企业没有成文、明确和清晰的发展战略，数字化规划组应该首先会同领导层，根据项目调查的结果，共同明确企业发展战略，否则数字化规划就会成为无源之水。

2. 业务现状分析

业务现状分析是指对连锁餐饮企业的运营业务进行全面的综合性评估，包括对业务策略、内部管理、市场竞争力、客户需求等方面的评估。目的是确定组织或企业的现状及其存在的问题和潜在的机会，以此为未来的发展制定出合理和必要的战略方向和决策。

3. 数字化现状分析

数字化现状分析是指对组织或企业数字化运营现状进行评估和分析，以了解其数字化程度、数字化技术应用情况和数字化信息管理体系的强弱等。目的是更好地抓住数字化发展的机遇，优化企业的数字化运营管理，改善业务流程并提高企业运营效益。数字化现状分析是数字化转型和发展的基础，对于企业数字化发展具有重要作用。在数字化现状调研过程中，应该重点关注的内容如图 2-9 所示。

企业战略	• 战略目标是否明确？是否体现在具体的工作上？是否产生新的业务内容？ • 战略目标是否对 IT 建设具有明确的指导性？

业务流程	业务流程是否完善、成熟？

信息管理	应用架构
• 数据的采集与维护是否落实在完善、规范的流程中？ • 数据是否有统一的格式、标准以及清楚的关系结构？ • 数据的质量与准确性是否有对应的管理机制来核实？ • 数据与信息的梳理与分析是否有对应的工具来落实？ • 数据与信息的安全保密是否有对应的完善的管理机制？	• 有哪些业务流程的运营被应用系统支持？有哪些没有被支持？ • 应用系统对业务流程支持的深度与广度如何？ • 应用系统之间是否存在集成关系？如果没有，是否应建立集成关系？

IT 基础建设	IT 组织
• 存储设备（包括 SAN、NAS 等）的容量和性能如何？ • 网络设备的规格如何，如交换机、路由器、防火墙？ • 是否有备份设备和灾难恢复解决方案？ • 是否有物理安全措施，如机房环境、访问控制等？ • 是否有安全策略和合规性要求？	• IT 投资决策是如何形成的？ • IT 系统与设施的绩效是如何考核的？ • IT 组织架构为何？有哪些岗位？哪些职责是被外包出去的？ • IT 运营的支持服务具有什么样的服务流程与标准？ • IT 团队具备了哪些技术能力与管理能力？

图 2-9　调研重点方向

4. 标杆分析

标杆分析是一种比较分析方法，通过与行业中的领先企业或业界标杆的业绩和实践进行对比，可以评估组织的表现和潜在改进领域。标杆分析可以明确组织的优势和劣势，并识别提高业绩的机会，有助于组织制定战略和目标，并推进改进措施。

标杆分析的实施需要注意数据采集和精度的问题，数据的不准确可能导致分析结果的不准确。此外，企业应该选择合适的标杆对象，以确保标杆分析的有效性和准确性。标杆分析是一个持续不断的过程，需要不断推进和修正，以在不断变化的业务环境中保持有效性。

2.2.2 数字化蓝图规划

数字化蓝图规划主要包括数字化战略制定、业务架构优化，并据此延伸出应用蓝图规划、数据蓝图规划、技术架构规划、实施策略规划。数字化蓝图规划可以为企业的业务赋能，提升业务的创新能力，加速业务流程提高效率和降低成本，预判业务趋势和扩张市场，从而推动企业的长期发展。数字化蓝图规划可成为企业的助推器，助企业实现业务的快速提升，使企业成为数字化时代的佼佼者。

1. 数字化战略制定

统筹企业发展战略、业务现状、数字化现状和标杆分析后，识别数字化需求和数字化差距，在此基础上利用数字化技术寻找数字化的支撑点与愿景。例如，企业愿景是在国内同行业中占领先地位，为客户提供高效、高质的服务，则数字化愿景可对应制定为通过建立适当的信息系统安全机制，使得任何客户在任何地点、任何时刻都能够获取企业的商品信息，系统能够对客户的订单作出及时正确的反应,并规划企业进货和送货日程,确保在24小时内为客户送货上门。

2. 业务架构优化

根据实施经验笔者发现,连锁餐饮企业的业务架构一般分为战略层、运营层和职能层三大板块,如图2-10所示。

在明确企业业务架构的基础上,根据不同企业的需求决定是否需要细化业务流程的颗粒度,对核心业务流程进行优化。核心业务流程是指用来创造企业存在价值的可操作的核心流程,这种价值体现在企业的产品和服务上。核心业务流程和效率的高低,直接体现企业的管理水平。

核心业务流程数字化的需求是企业管理和数字化的结合点。已做了业务流程优化的企业,要审查核心业务流程是否优化到位;未做核心业务流程优化的企业要进行核心业务流程的优化。

3. 应用蓝图规划

应用蓝图规划是设计应用系统之间以及应用系统内部的层次和结构关系。应用蓝图规划需要全面考虑企业的业务特点和需求,制订全局和部门层面的数字化转型计划和指南。应用蓝图规划中应该详细列出数字化应用的场景和工具,包括从怎么样使用到细节的规定,如图2-11所示。

应用蓝图规划可以帮助企业确定数字化转型的方向和蓝图,减少资源和资金的浪费,同时还能够提升企业数字化转型的效率和成果。通过数字化应用蓝图的制定,可以明确数字化应用的目标和方向,帮助企业实现数字化转型的快速推进,提升企业的竞争力和盈利能力。

应用蓝图规划还可以帮助企业实现数字化技术的统一规划和协同管理,推动企业的数字化创新和转型。

第 2 章 连锁餐饮企业的数字化转型总纲

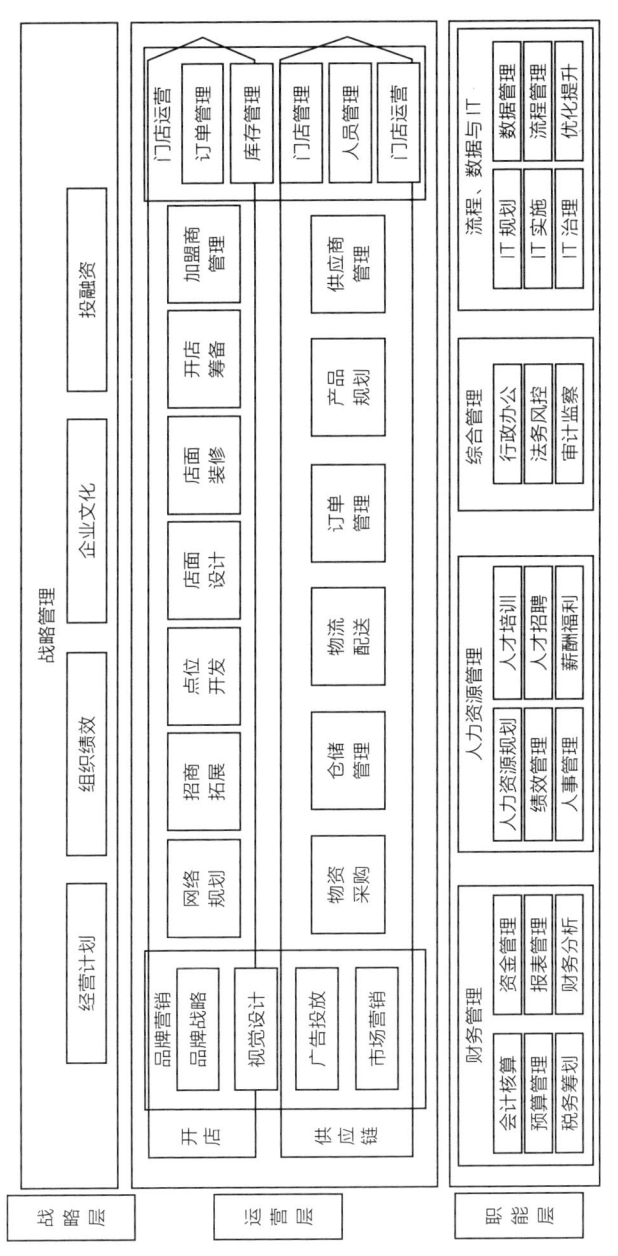

图 2-10 连锁餐饮企业的业务架构

065

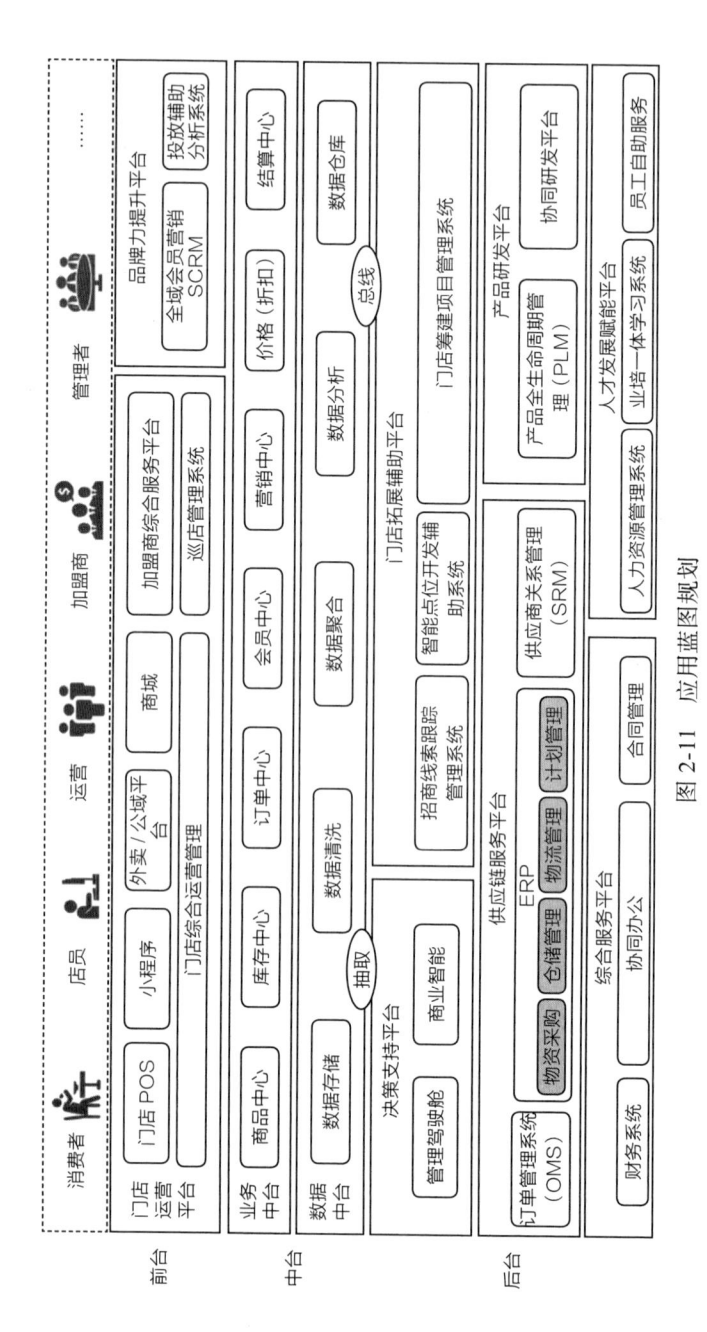

图 2-11 应用蓝图规划

4. 数据蓝图规划

数据蓝图规划主要包括数据架构设计、数据生命周期管理、数据治理和数据安全等方面。其中数据架构设计包括数据模型设计和数据仓库设计等；数据生命周期管理包括数据采集、存储、处理、分析、应用和报告等；数据治理包括数据质量管理、数据主管制度、数据标准化和数据共享等；数据安全包括数据保密性、完整性和可用性等。

数据蓝图规划可以帮助企业优化数据的管理和应用，提升数据价值和效益。通过数据蓝图规划，企业可以对数据进行统一规划和管理，避免出现数据孤岛和重复建设。

数据蓝图规划还可以降低数据操作的风险和成本，提升数据处理的效率和准确性，为企业的数字化转型和业务决策提供可靠的数据支持。

在数据集成方面，IT 架构演变过程可分成三个阶段，如图 2-12 所示。基于总线的模式是当前较为先进的架构。

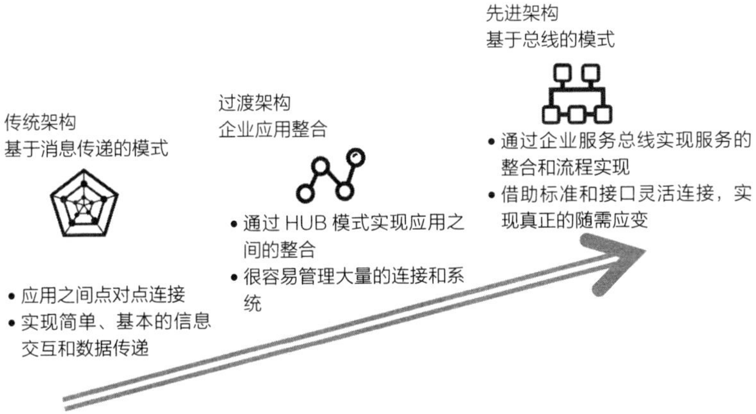

图 2-12　IT 架构演变的阶段

在数据存储方面，结合数据安全和应用情况，传统支撑类、保密性较高的应用部署在 IDC 机房，业务类、创新类应用部署在公有云，并通过公有云 VPN 连接。

5. 技术架构规划

新一代的技术应用架构设计应该采用全新的大平台小应用架构设计理念，通过 PaaS 平台，提供高质量、可重用的平台服务，实现面向互联网＋模式的转型，如图 2-13 所示。

建议连锁餐饮企业在未来新建系统时考虑采用 PaaS 架构，即在数据中心云平台（IaaS）的基础上，搭建 PaaS 平台，采用全新的大平台小应用架构设计理念，以架构松耦合、服务组件化为目标构建应用，逐步形成开源、开放的基于云架构的生态圈。

6. 实施策略规划

数字化实施策略主要回答如何从数字化现状（包括现有 IT 资产和管理模式）过渡到未来的数字化目标状态，并满足阶段发展的要求。其内容包括数字化执行计划、数字化投资分析、数字化系统选型策略。

数字化实施策略需要充分考虑企业的资源和业务特点，制定合理的数字化转型计划，明确数字化转型的目标和实施路径。好的数字化实施策略可以帮助企业实现数字化转型的有效推进并取得优异成果。通过数字化实施策略的制定，可以明确数字化转型的目标和具体行动计划，避免资源的浪费和方向的偏离。

同时，数字化实施策略还可以帮助企业有效协调和管理数字化转型中的各项工作，提高数字化转型的执行效率和效果。实施数字化战略可以让企业便捷地把工作自动化，并且很容易把工作对接或整合到企业现有的软件生态中。在企业内部操作系统逐渐对接的同时，数字化实施策略可以满足市场和用户不断变化的需求。

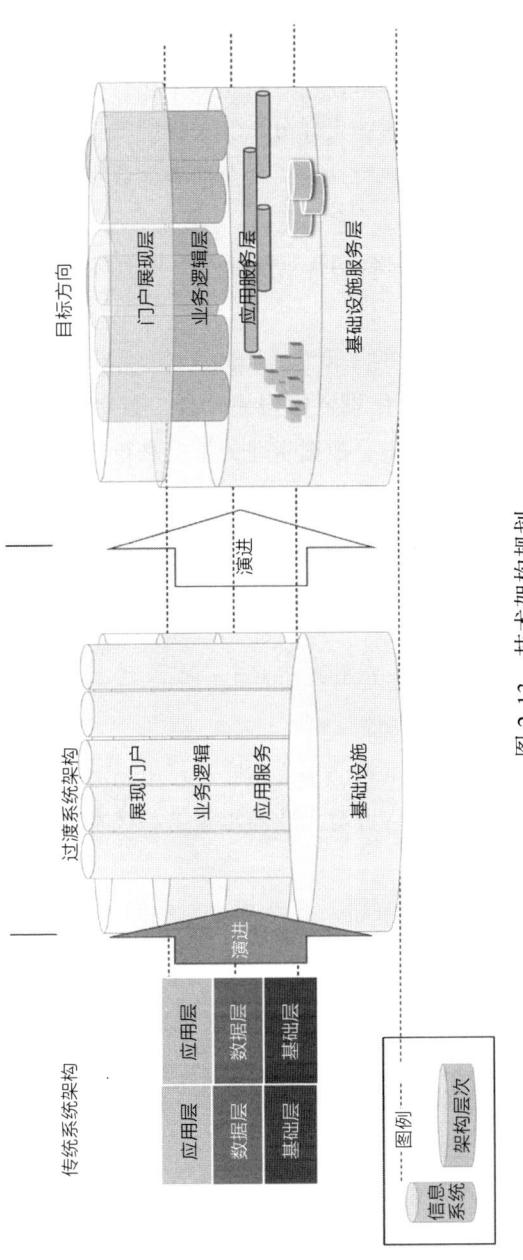

图 2-13 技术架构规划

（1）数字化执行计划

数字化执行计划的具体内容包括数字化转型的实施方式和步骤、执行进度和时间表、责任分工和关键绩效指标、风险管理和应对措施等。数字化执行计划需要全面考虑数字化转型的各个方面，关注实施的细节和风险管理。

实施计划要排出甘特图，示例如图2-14所示。

（2）数字化投资分析

数字化投资分析的主要内容包括投资规模和成本评估、数字化收益预测、数字化投资回报率计算、数字化转型风险分析等。在具体分析过程中，根据企业的情况和行业大环境，引用统计学、市场研究、行业数据等多种资料，进行系统化和科学化的分析。数字化投资分析需要全面考虑数字化转型的投资和获得的收益，帮助企业更好地掌握风险和机会，推动数字化转型的顺利实现。

数字化投资分析主要内容如表2-1所示。

（3）数字化系统选型策略

数字化系统选型策略的主要内容：对市场上数字化系统供应商和产品进行的调研，针对企业需求提供的技术方案、系统方案和实施规划。

数字化系统选型策略需要考虑企业的数字化战略和业务需求，使企业在系统选择之前有一个基于科学的分析和评估，从而制定更加符合实际业务和系统实施的选型方案和实施规划。

数字化系统选型策略的实施可以帮助企业更好地选择和推荐适合自身业务的数字化系统，从而快速实现业务数字化转型。通过数字化系统选型策略，企业可以及时了解数字化系统市场发展动态、供应商和产品情况、系统功能和使用情况，提供符合企业实际业务需求的系统选型和规划建议。

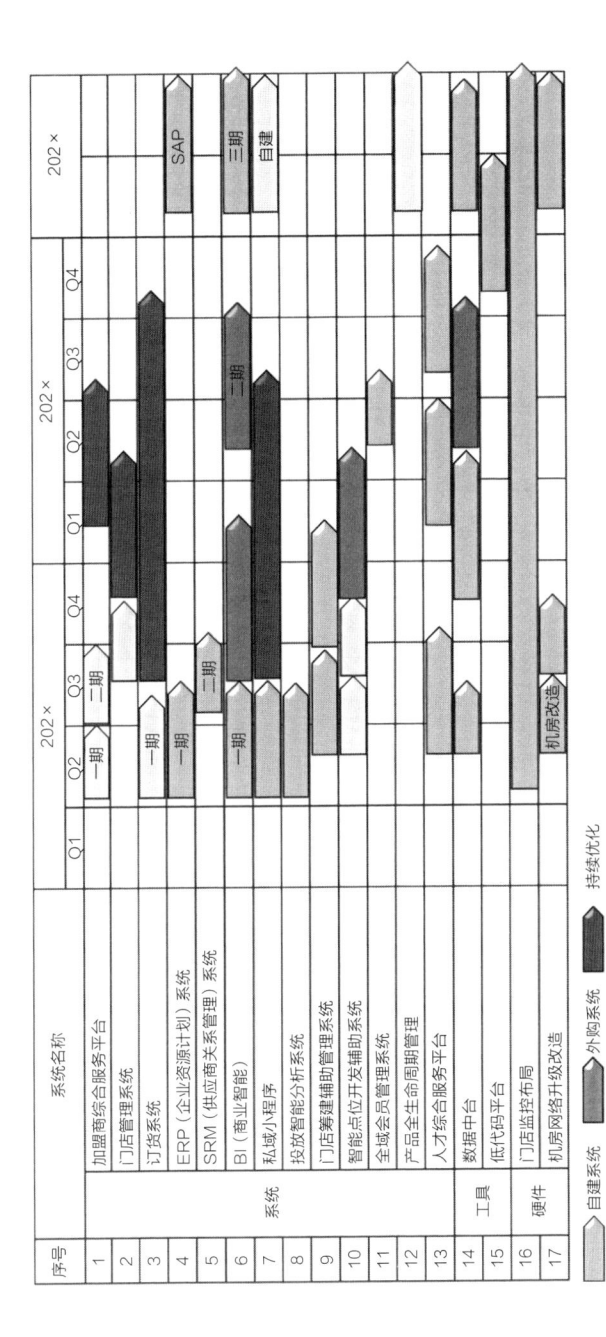

图 2-14 实施计划甘特图

表 2-1 数字化投资分析主要内容

类别	IT建设项目	系统名称	策略	费用估算	202×	202×	202×	备注
系统	新建系统	加盟商综合服务平台	自建	××	××	××	××	自建开发人工费用
		门店管理系统	自建	××	××	××	××	自建开发人工费用
		订货系统	自建	××	××	××	××	自建开发人工费用
		ERP（企业资源计划）系统	购买成熟套装软件	××	××	××	××	软件许可费+实施费
		SRM（供应商关系管理）系统	购买成熟套装软件	××	××	××	××	软件许可费+实施费
		BI（商业智能）	购买成熟套装软件	××	××	××	××	软件许可费+实施费
		私域小程序	购买成熟套装软件	××	××	××	××	按门店数的SaaS（软件即服务）模式+开发费用
		投放智能分析系统	购买成熟套装软件	××	××	××	××	软件开发费用+运营费
		门店筹建辅助管理系统	自建+购买成熟套装软件	××	××	××	××	软件开发费用+实施费
		智能点位开发辅助系统	购买成熟套装软件+定制开发	××	××	××	××	购买成熟套装软件按门店数收费
		全域会员管理系统	购买成熟套装软件	××	××	××	××	软件许可费+实施费

		自建	购买成熟套装软件				开发维护人工成本
PLM（产品全生命周期管理）							
	人才综合服务平台	目前应用系统功能优化及接口开发		××	××	××	软件许可费+实施费
				××	××	××	功能迭代优化及接口开发费用
软硬件	中台产品及相关组件			××	××	××	数据中台、技术中台、数据处理工具等产品
	软硬件运维费			××	××	××	软硬件原厂维护费用+每年可能增加的许可费
	监控、网络、信息安全及基础设施租赁等			××	××	××	租赁服务器、存储、云架构、信息安全等硬件及配套软件费
人	信息中心人力资源成本			××	××	××	信息中心人力成本
辅	管理准备及相关咨询费用			××	××	××	数字化方面的第三方咨询
合计							

此外，数字化系统选型策略的实施还可以为企业推荐更合适的支撑工具，避免过度或不必要的系统投资和操作成本，提高企业标准化和自动化的水平，有效提升企业的业务执行效率和竞争力。

数字化系统选型具体可以从以下维度考虑。

- 单个系统功能模块描述及各功能模块的关联。
- 单个系统实施方案：总体设计、分步实施，分步实施的时间表、方案内容和预算。
- 各供应商软件评估与建议。
- 对现有应用系统的评估。
- 对应用系统自身能力的分析，包括业务领域与数字化应用（模块、功能、集成状况、效果、问题）和流程与数字化应用（按业务流程分析数字化的覆盖状况，如销售流程，即获取客户信息——签订合同——生产——提货——开发票——回款——提供售后服务）。
- 用户反馈与评估。

2.2.3　IT治理机制设计

数字化建设需要治理机制提供保障，治理机制主要涉及IT治理模式、组织架构、流程/制度。数字化治理机制可以帮助企业整合不同的数字化解决方案和技术，确保数字化技术的有效整合和运用，提升数字化管理和运营的效率和效益，更好地支持企业业务发展。

1. IT治理模式

IT治理模式用于确定IT管理与运营中人员、资金、资产的组织和运用策略及相应责、权、利的配置关系，如图2-15所示。

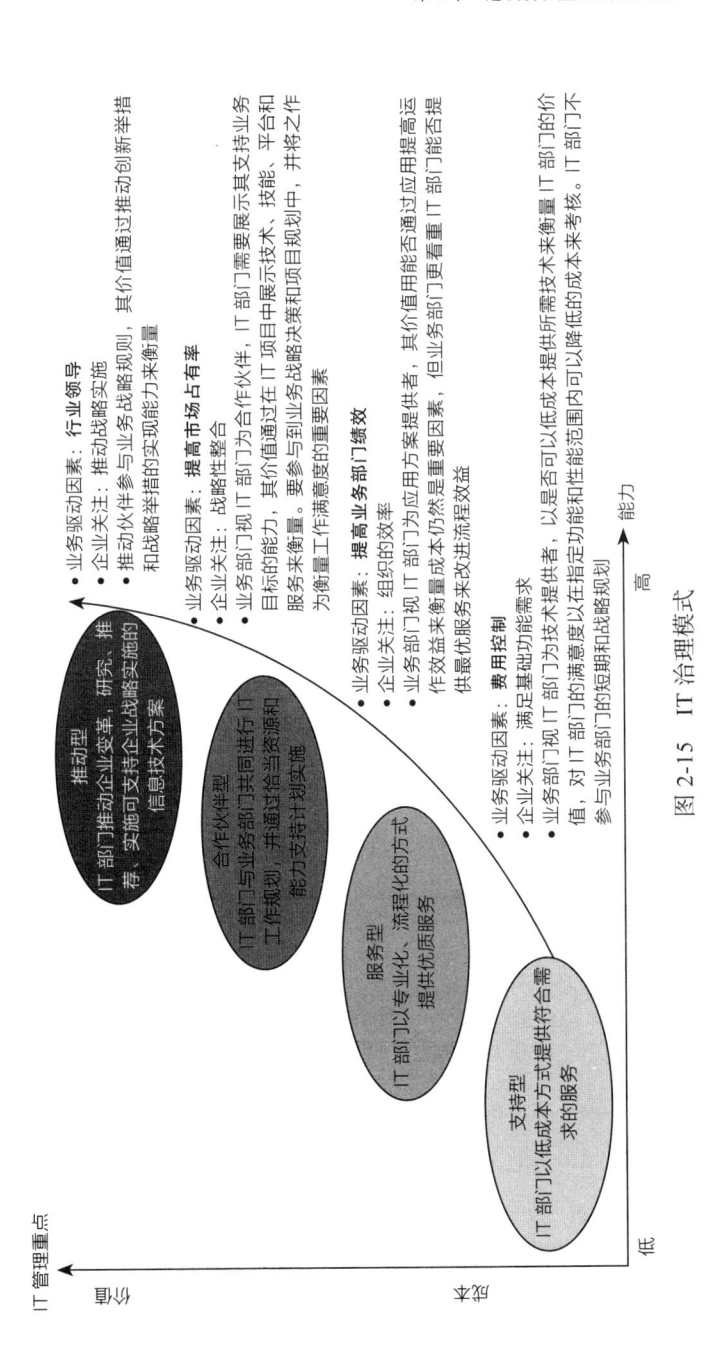

第 2 章 连锁餐饮企业的数字化转型总纲

推动型
IT 部门推动企业变革、研究、推荐，实施可支持企业战略实施的信息技术方案

- 业务驱动因素：**行业领导**
- 企业关注：推动战略实施
- 推动伙伴参与业务战略规则，和战略举措的实现能力来衡量其价值通过推动创新举措

合作伙伴型
IT 部门与业务部门扶肩进行工作规划，并通过恰当资源和能力支持计划实施

- 业务驱动因素：**提高市场占有率**
- 企业关注：战略性整合
- 业务部门视 IT 部门为合作伙伴，IT 部门需要展示其支持业务目标的能力，其价值通过在 IT 项目中展示策略技术、技能、平台和服务来衡量。要参与到业务战略决策和项目规划中，并将之作为衡量工作满意度的重要因素

服务型
IT 部门以专业化、流程化的方式提供优质服务

- 业务驱动因素：**提高业务部门绩效**
- 企业关注：组织的效率
- 业务部门视 IT 部门为应用方案提供者，其价值有能用能否通过应用提高运作效益来衡量成本仍然是重要因素，但业务部门更看重 IT 部门能否提供最优服务来改进流程效益

支持型
IT 部门以低成本方式提供符合需求的服务

- 业务驱动因素：**费用控制**
- 企业关注：满足基础功能需求
- 业务部门视 IT 部门为技术提供者，以是否可以低成本提供所需技术来衡量 IT 部门的价值，IT 部门在满足指定功能和性能范围内可以降低的成本来考核。IT 部门不参与业务部门的短期和战略规划

IT 管理重点：低 → 高
能力：低 → 高

图 2-15 IT 治理模式

图 2-15 展示了 IT 部门在不同发展阶段的四种不同类型的治理模式：支持型、服务型、合作伙伴型和推动型。图中横轴代表"能力"，指的是 IT 部门或团队的专业能力、资源整合能力以及与业务的协同能力。随着能力的提升，IT 部门的角色从基础支持者逐渐发展为战略推动者。图中纵轴代表"IT 管理重点"，从成本导向逐渐发展为价值导向，从"成本控制"发展到"价值提升"。

四种 IT 治理模式及其特点如下。

1）支持型治理模式及其特点。
- IT 部门以低成本方式提供符合需求的服务。
- 主要关注基础设施的稳定性和简单的需求支持。
- 价值贡献低，主要通过成本控制实现经济效益。
- 业务驱动因素：费用控制。
- 企业关注：满足基础功能需求。
- IT 部门与业务的联系较浅，IT 部门更多是被动响应业务需求。

2）服务型治理模式及其特点。
- IT 部门以专业化、流程化的方式提供优质服务。
- 能力提升，开始提供标准化、规模化服务，但仍以支持为主。
- 价值主要体现在效率提升和服务质量改进上。
- 业务驱动因素：提高业务部门绩效。
- 企业关注：组织的效率。
- IT 部门的价值通过改进流程、优化操作方式体现，逐渐超越简单的成本控制。

3）合作伙伴型治理模式及其特点。
- IT 部门与业务部门共同进行 IT 工作规划，并通过恰当资源和能力支持计划实施。
- 重点是通过技术和解决方案为业务战略提供支持,与业务目标高度对齐。
- IT 部门成为业务目标实现的重要参与者,价值显著提升。
- 业务驱动因素:提高市场占有率。
- 企业关注:战略性整合。
- IT 需要展示其支持业务目标的能力,参与到业务决策和项目规划中,强调 IT 项目与业务的契合。

4)推动型治理模式及其特点。
- IT 部门推动企业变革,研究、推荐、实施可支持企业战略的信息技术方案。
- IT 部门成为创新的引擎,通过前瞻性技术引领行业发展,为业务提供突破性竞争优势。
- 价值主要通过推动创新举措和战略举措的实现的能力来衡量。
- 业务驱动因素:行业领导。
- 企业关注:推动战略实施。
- IT 部门参与业务战略的制订和执行,创新能力成为其价值的关键衡量因素。

总的来说,四个类型的治理模式依次展现了 IT 部门从被动支持到主动驱动的演进路径。不同模式对应不同阶段企业对 IT 部门的定位和期望。企业可以根据自身的业务发展阶段和 IT 能力现状,选择适合的 IT 治理模式,并不断进行以提升 IT 部门对业务的价值贡献。

IT 治理模式可以确保 IT 服务的质量和水平,满足企业需求,增强业务可靠性与资源利用效率。此外,IT 治理模式能够规范 IT 环境操作,确保 IT 合规性和遵循法规标准,减少违规风险和责任。同时IT治理模式可以为企业提供全方位的IT环境信息，助企业更好地评估和控制IT环境的风险，促进科学决策开展。

2. IT 组织架构

IT 组织的架构因企业而异，但必须有三个层次：战略指导层、系统运作层和基础支持层。

- 战略指导层（项目领导小组）的责任范围：数字化战略规划、数字化项目决策、数字化标准、业务分析与需求定义、业务流程优化与数字化协同等。
- 系统运作层（项目推进组）的责任范围：用户需求评估、跟踪支持变化管理、应用系统开发实施、数字化项目管理、系统集成等。
- 基础支持层（IT 职能组）的责任范围：数据管理、网络运作与管理、应用系统维护等。

3. IT 制度 / 流程

企业的各 IT 系统建设一般以项目形式进行，因此首先要确立数字化项目建设管理规范，明确项目阶段及具体产出，实现以结果为导向的高质量项目管理。

IT 制度建设可以规范企业的 IT 运作，明确 IT 流程、规则和责任，避免人为因素和规范化缺陷带来的 IT 问题，可以优化 IT 资源配置和利用，提高企业 IT 运维的效率和质量等。

IT 制度建设的最佳实践分为以下 6 个阶段，如图 2-16 所示。

一般连锁餐饮企业的 IT 关键流程分为 3 个层面：战略层面、管理层面以及运作层面，如图 2-17 所示。

1）IT 年度计划管理流程：IT 年度计划管理流程是企业 IT 管理的重要组成部分，主要包括确定 IT 年度目标、制订 IT 计划、执行 IT 计划、评估 IT 绩效等环节。

第 2 章 连锁餐饮企业的数字化转型总纲

项目立项阶段	项目选型阶段	项目启动阶段	蓝图设计阶段	项目实施阶段	维护阶段
属于项目意向的提出阶段,业务部门提出数字化系统的期望,IT部门评估项目的必要性、投入的合理性、资源到位的可能性,评估对已建和在建系统的影响。	根据项目要求,IT部门明确系统建设策略,如需外购则进行招标、商务谈判,确认合作对象。	外购软件在完成项目的招投标工作以后,与乙方共同组建项目团队进行项目启动。自建系统也需要成立项目组团队。	蓝图设计阶段是根据业务部门提出的具体需求以及软件厂商的最佳实践,进行蓝图规划和需求设计的阶段。	该阶段为业务部门的需求完成后,把形成的系统交付给业务部门使用的过程。	系统顺利实施,并且通过验收,把系统交付给业务部门后,IT部门转为维护单位。
1)项目前期考察 2)项目可行性分析 3)项目立项申请	1)项目招标 2)招标过程管理 3)商务谈判 4)合同管理	1)乙方项目团队管理 2)项目计划 3)沟通流程 4)确定项目启动会	1)调研访谈与纪要 2)需求分析说明书 3)采购需求计划(如有) 4)系统设计说明书	1)系统使用操作手册 2)业务操作规范 3)培训操作手册 4)系统安装调试手册	1)项目验收文档 2)系统运行维护手册

图 2-16 IT 制度实施阶段表

```
┌─────────────────────────────────────────────────────┐
│ 战略层面的流程                                       │
│                          ┌──────────────────┐       │
│                          │ IT 年度计划管理流程 │       │
│                          └──────────────────┘       │
│- - - - - - - - - - - - - - - - - - - - - - - - - - -│
│ 管理层面的流程   ┌──────────────┐   ┌──────────────┐ │
│            ───→│ IT 需求管理流程 │──→│ IT 项目管理流程 │ │
│                └──────────────┘   └──────────────┘ │
│- - - - - - - - - - - - - - - - - - - - - - - - - - -│
│ 运作层面的流程   ┌──────────────┐                    │
│              ┌→│ IT 变更管理流程 │                    │
│              │ └──────────────┘                    │
│              │ ┌──────────────┐                    │
│              └→│ IT 服务管理流程 │                    │
│                └──────────────┘                    │
└─────────────────────────────────────────────────────┘
```

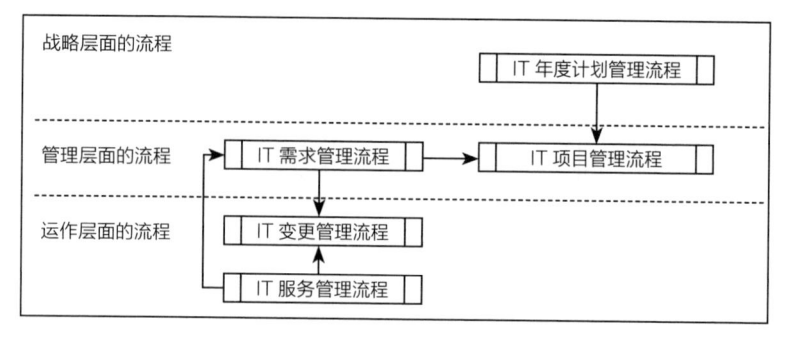

图 2-17　IT 流程

- **确定 IT 年度目标**：在制订 IT 计划前，需要明确 IT 部门的目标和方向，以确保 IT 计划与企业战略紧密相连。
- **制订 IT 计划**：依据 IT 年度目标，制定符合实际情况和资源预算的 IT 计划，包括项目安排和人员配置等。
- **执行 IT 计划**：根据 IT 计划中的安排和任务，落实 IT 工作，完成 IT 任务目标。
- **评估 IT 绩效**：基于 IT 计划执行情况和实际效果，对 IT 绩效进行评估，反馈 IT 计划的有效性和改进方向。

2）IT 项目管理流程：项目管理团队可以实现对 IT 项目的全面管理和掌控，以确保项目进程正常、成果完美，并最终实现项目的目标。

- **项目启动**：在项目启动阶段，确定项目的目标和范围，制订项目管理计划，并成立项目管理团队，以确保项目能够顺利开展。
- **项目规划**：项目管理流程的重要阶段，包括制订项目计划、明确项目目标、确定项目可行性、确定执行策略和方法等。
- **项目执行**：项目管理流程的核心阶段，主要包括项目任务分配、项目执行情况监督和控制、风险管理、资源管理等。在这个阶段，项目管理团队需要按照项目计划，高标准、高质高效地完成项目所有任务。
- **监督和控制**：项目管理流程的关键阶段，主要包括对项目执行情况的监控和评估，对项目变更进行管理，确保项目开展符合计划并能够达到预期效果。
- **项目收尾**：项目管理流程的最后阶段，主要包括项目交付验收、项目文档整理、项目后期维护和市场维护等工作。

3）IT需求管理流程：负责帮助企业理解和定义IT系统或产品的需求，以确保IT系统或产品符合业务流程和用户需求。
- **需求收集**：此阶段包括分析需求来源、确定需求收集方式和建立需求收集渠道等工作，以确保企业可以获得完整和准确的需求信息。
- **需求分析**：此阶段主要是对需求进行分类和整理，以确保现有的需求符合业务目标和产品设计要求，并在需求有冲突或者矛盾时协调各方，积极寻求解决方案。
- **需求确认**：此阶段主要是与相关方沟通并确认需求的表述和实现方案，以确保需求的准确性和可行性以及需求确认的一致性和完整性。
- **需求跟踪**：此阶段要持续追踪需求的执行情况和变化，对需求变化进行管理，及时调整项目计划或进行协商，处理异议。
- **需求交付**：此阶段主要是把整理好的需求信息转给项目团队并转化为一份技术开发和实施方案，然后交付给开发团队。

4）IT变更管理流程：主要涉及对IT系统、设备或软件的变更管理和控制。

- **变更请求**：发起人提交变更请求，包括变更的原因、内容、影响、紧急程度等信息。
- **变更评估**：变更管理团队评估变更请求的合理性、可行性和是否对现有系统及环境造成威胁等，然后确定是否需要进行变更。
- **变更计划**：当变更评估通过时，变更管理团队组织编制变更计划，包括变更内容、时间安排、变更过程、风险评估等。
- **变更批准**：管理者对变更计划进行审批，确保变更计划是否符合标准和政策要求，是否能实现业务目标。
- **变更实施**：根据已批准的变更计划，进行变更实施，详细记录变更内容、过程，开展测试和验证活动，确保变更正确且不影响业务。
- **变更测试**：对实施的变更进行测试和验证，以最大化减少变更可能带来的错误或不确定性。
- **变更验证**：变更管理团队根据测试数据和验证结果确认变更是否成功。
- **变更审查**：变更管理团队进行审查并记录变更的结果。
- **变更控制和报告**：变更管理团队按照流程进行变更控制和报告，明确缺陷和改进方法，最终确保变更管理过程可以得到不断优化。

5）IT 服务管理流程：指企业按照标准化的管理流程来提供 IT 服务，以满足用户需求、保证服务质量和提高用户满意度的过程。

- **IT 服务战略管理**：包括对企业服务策略、目标和业务计划的定义和管理，确保 IT 服务与业务目标相一致，并为之提供支持。

- **IT 服务设计管理**：进行 IT 服务设计和规划，以满足业务需求，确保符合标准和最佳实践，并降低实现和运营成本。
- **IT 服务过渡管理**：对新的或变更的服务过渡到生产环境进行协调和控制，以确保服务的可用性和控制变更的风险。
- **IT 服务运营管理**：对提供的 IT 服务进行日常操作和维护管理，确保服务的可用性、可靠性和安全性等。
- **IT 服务改进管理**：对 IT 服务进行监督和改进管理，以提高服务质量、满足用户需求、降低成本以及增加业务价值。

2.3　企业数字化转型规划的关键路径

数字化转型是连锁餐饮企业在当今快速发展的市场中保持竞争力和实现持续增长的关键策略。然而，这一转型并非易事，它需要企业从顶层设计开始，进行全面而细致的规划。企业必须认识到，缺乏清晰的数字化顶层规划会导致资源配置不合理、战略执行不力，甚至可能引发转型失败的风险。

因此，企业需要从战略层面出发，明确数字化转型的方向和目标，避免常见的误区，如全局策略重视不够、缺乏核心问题解决思路、未确定优先级最高的业务目标等。通过以客户价值创造为核心，结合企业生命周期的不同阶段，制定相应的数字化策略，企业能够实现从产品驱动到规模驱动，再到管理驱动和资本驱动的逐步发展。这不仅涉及技术体系、运营体系和组织体系的全面升级，还需要企业在实施过程中注重数据的积累和应用，优化业务流程，提升管理效率，最终实现数字化转型的成功和企业的长远发展。

2.3.1 "基础不牢,地动山摇",数字化顶层规划是基础

受经济快速发展和国内需求崛起带来的双重红利影响,中国连锁餐饮企业历经了多年的高速发展。然而,近年来,供给结构发生巨大转变,新技术、新产品、新生活方式以及新政策推动消费者消费主权的转移,揭示了连锁餐饮企业在快速扩张过程中面临的问题和矛盾。

连锁餐饮企业通过数字化工具实现了诸如获客、优化运营、营销推广等多个方面的效益。然而,在改善产品方面,如菜品选择是否通过客户反馈和大数据分析得出的?是否充分利用获取和收集到的数据来完善门店的运营和决策?这些才是企业通过数字化转型构建餐饮企业核心竞争力的关键点,这也体现出数字化与信息化思路的不同之处。

目前,许多行业仅使用 IT 工具和系统等,这些仍属于信息化建设的范畴,但企业的数字化思维正在逐渐提升。企业需要借助数字化工具使自身具备更强的竞争优势,并形成真正的核心竞争力,实质性地推动业务的发展。因此,企业需要更多的时间来完成数字化转型和建设。

上海企源在帮助连锁餐饮企业数字化建设过程中发现,企业常常存在以下痛点。

- 缺少对企业数字化建设现状的梳理。
- 数字化建设与企业战略脱节,企业对数字化建设的重点认识模糊。
- 产品研发积累的设计及试验数据都以纸质文件方式存储,未对过往数据进行有效挖掘分析。
- 未通过构建产品组件标准库、典型产品设计模板等手段提升研发设计效率。

- 生产计划的制订多凭经验，未能结合企业当时的生产能力进行综合考虑，容易出现考虑不周的情况。
- 工作人员对订单计划执行不严谨。
- 难以对人的标准工时、工作量实现精准管理。
- 在生产旺季存在大量人员外协需求，但缺乏相应管理手段。
- 产品仿真通过大量制造物理样板机重复做机械试验实现，人力、物力消耗大。
- 仍通过邮件、电话等低效的线下方式与供应商沟通，存在供应商准入不规范、考核不客观等问题。
- 采购流程大量使用手工录入操作，人工跟进各个流程，合同审批效率低、履约跟踪耗时长、对账付款难度大。
- 企业已积累了大量数据，但对于如何利用数据却毫无头绪，或是有相关构想但公司能力难以支撑相关工作的开展。
- 线下口头报障，难以准确获取故障信息，维修周期长。
- 传统售后方式全人工沟通，服务人员无法获取一手故障信息，难以匹配最佳维修方案，故障解决周期长，客户满意度低。

这一切问题的根因，我们认为是缺乏数字化转型顶层规划。连锁餐饮企业应该从战略层面出发，制订长期的发展规划，分期建设，抓住数字化转型的战略机遇期，并将构建数字化能力作为提升自身竞争力的核心手段，进而实现快速发展。企业应以终为始，制订全局性的数字化转型规划，打造好转型基础，依据规划逐步实现企业数字化发展战略。

数字化顶层规划是数字化转型的起点，其重要性体现在如下方面。

- 基于数字化转型战略规划数字化转型的策略和目标，确定企业数字化转型的方向和阶段工作重点，帮助企业明确数字化转型的范围和实施路径，确定数字化转型每个阶段的重点和优先级，以有效地管理和控制数字化转型的风险。
- 数字化顶层规划能够帮助企业在数字化转型中集中各种资源和投资，并且将各种资源和投资最优化地配置到数字化转型的关键领域，以提高数字化转型的效率和产出。
- 数字化顶层规划能够为数字化转型的实施和管理提供指导和支持，确保数字化转型的各个阶段有条不紊地推进，并且顺利地过渡到下一个阶段。

在帮助连锁餐饮企业进行数字化转型时我们发现，企业在数字化转型顶层规划方面存在以下几个典型问题。

- **对全局策略重视程度不够**。数字化转型需要从全局的战略规划层面进行考虑和设计，而不是孤立考虑行业中的某个部分或单一某类问题。许多餐饮企业数字化转型仅解决了下单或支付环节的局部痛点，未解决更深层次的问题，如获客、体验、降本和增效等问题。
- **缺乏对核心问题的认识**。企业应该将重点放在对核心问题的破解上，必须有一个周全计划和完整的解决思路。
- **未确定可行和优先级最高的业务目标**。数字化转型虽然有很多的机会，但企业需要在数字化转型中确定业务目标，否则整个数字化转型将缺乏明确和可操作的方向。
- **缺乏长期规划和投资**。数字化转型需要长期规划，包括但不限于预算和资源优化的计划。如果企业高估了自己的数字化执行能力，那么数字化转型的效果也很可能会大打折扣。一般来说，企业对数字化的投入不会立即见效。当下很多企业没有把关注点放到打牢基础上，没有在转型过程中积淀数字化能力。

- **可转化的数据价值被低估**。不重视数据价值,将无法用其优化业务决策和效率,并实现企业数字资产化和价值最大化。
- **没有建立可靠而灵活的 IT 基础设施**。企业没有有效的 IT 基础设施将妨碍数字化转型,IT 基础设施建设包括但不限于数据管道的建立、系统的升级、网络的优化以及应用程序的部署。
- **忽视人员培训**。数字化转型需要对员工数字化技能进行培训和加强,以新的技术、新的流程和新的思路为企业注入活力。企业数字化转型顶层规划落地离不开组织全员的配合和努力。

总而言之,数字化顶层规划是数字化转型的核心和基础,能够为企业提供明确的方向和指引。它不仅着眼于技术上的更迭和嵌入,同时也需要从组织文化、战略规划等多个维度进行考虑和设计。数字化顶层规划还必须从全局的战略规划上进行制定和整合,包括确定业务目标、长期规划和投资、数据价值、IT 基础设施、组织结构、人员培训等多个方面。只有进行全面而详细的数字化顶层规划,企业才能加强数字化转型中的战略规划和组织变革能力,从而确保数字化转型顺利进行,为连锁餐饮企业的增长和发展奠定良好的基础。

那么顶层设计到底要怎么做呢?我们认为应该关注一个核心——客户价值创造,以及 4 个企业生命周期阶段。下面就围绕这两个层面进行详细介绍。

2.3.2 数字化转型要以客户价值创造为核心

数字化转型的核心体系(又称业务模式和客户解决方案体系)如图 2-18 所示。通过个性化、定制化、功能增强、物流优化、营收模式创新以及设计和应用创新,为客户或消费者提供与众不同的产品和服务。在该体系中,需要以客户为抓手,创造以满足客户需求场景为核心的业务模式和场景。

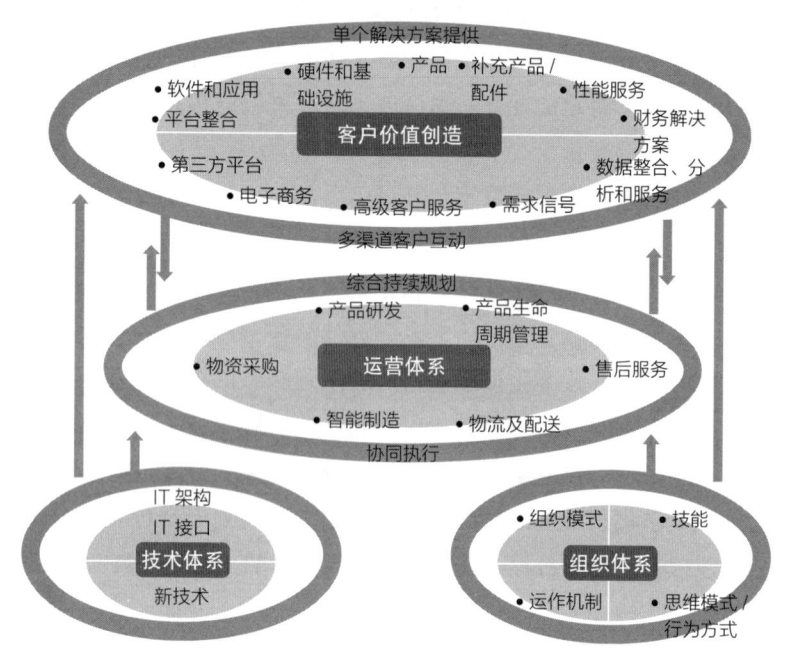

图 2-18 数字化转型的核心体系

具体来说,以客户价值创造为核心要从以下几个方面入手。

- 运营体系(又称解决方案支撑和价值链效率层),通过产品研发、规划、采购、生产、仓储、物流和服务等活动和流程,为客户解决方案体系提供支撑。在该体系中,以客户价值创造对内部运营体系的配置资源的要求为核心,内部运营体系要围绕满足客户价值创造所需的数字化要求进行构建。
- 技术体系,推动或支持其他三大生态体系的改进和突破,涵盖IT架构、IT接口等常规的IT规划方面，同时需要引入新技术，来满足未来更高要求的数字化场景，涉及人工智能（AI）、3D打印、工业物联网、传感器、增强和虚拟现实、机器人等工业4.0关键技术。
- 组织体系，涵盖企业组织能力和企业文化，涉及组织模式、运作机制、技能、思维模式/行为方式等促进数字化转型的因素。这个体系明确了数字化转型所需要的核心配置资源和组织能力。

2.3.3 企业生命周期各阶段数字化重点

我们认为对于连锁餐饮企业来说，扩张规划必须符合企业不同战略阶段的发展目标，企业发展阶段不同，侧重点也不同。一般意义上，我们会把连锁餐饮企业的发展分为4个阶段，即产品驱动阶段、规模驱动阶段、管理驱动阶段和资本驱动阶段。每个阶段，企业对于自身的战略定位与业务发展策略都不同，针对不同的战略阶段与发展策略，数字化建设扩张也需跟进匹配，以支撑企业不同阶段战略的达成。连锁餐饮企业4个发展阶段如图2-19所示。

1. 产品驱动阶段的数字化策略

在产品驱动阶段，作为企业方，首先考虑的是如何通过迭代产品组合找到可持续盈利的发展模式。此阶段，企业的主要挑战如下。
- 产品模型不确定，需要不断尝试。
- 产品持续更新迭代，找到合适的产品组合。
- 如何确保资金流充裕，并及时了解盈亏状况。

基于以上的挑战，企业此阶段的业务发展核心是明确自己的

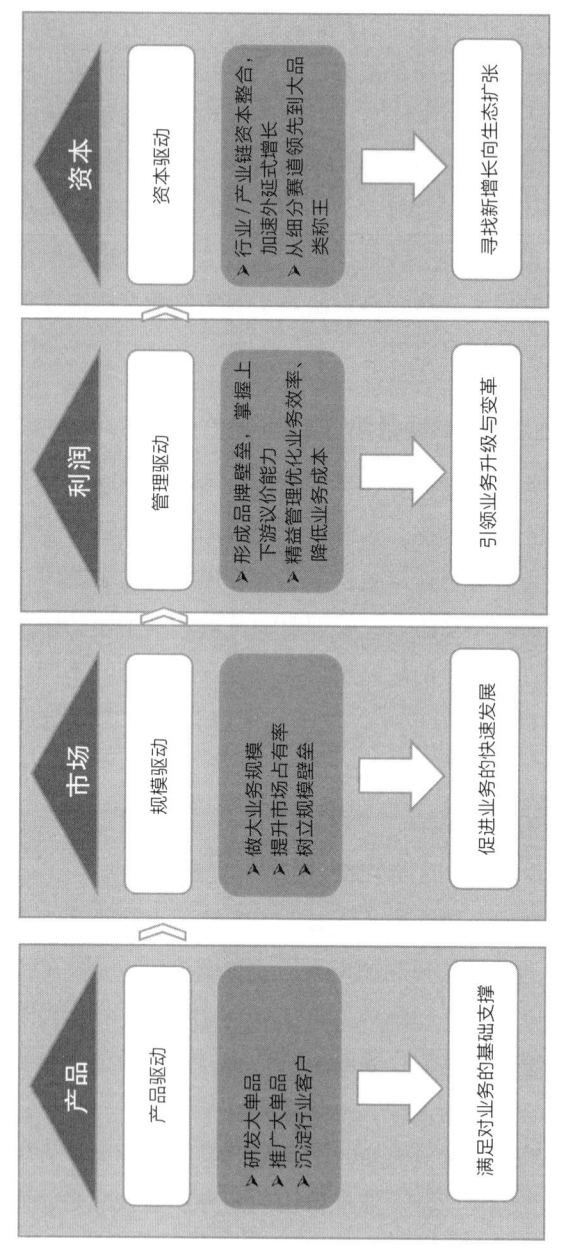

产品	市场	利润	资本
产品驱动	规模驱动	管理驱动	资本驱动
▶ 研发大单品 ▶ 推广大单品 ▶ 沉淀行业客户	▶ 做大业务规模 ▶ 提升市场占有率 ▶ 树立规模壁垒	▶ 形成品牌壁垒，掌握上下游议价能力 ▶ 精益管理优化业务效率、降低业务成本	▶ 行业/产业链资本整合，加速外延式增长 ▶ 从细分赛道领先到大品类称王
满足对业务的基础支撑	促进业务的快速发展	引领业务升级与变革	寻找新增长向生态扩张

图 2-19 连锁餐饮企业发展 4 个发展阶段

产品组合矩阵,通过市场不断试错,找到合适的产品模型。业务需要不断快速迭代至契合的状态,最终确定合适的产品组合,确认自己产品的核心用户群体,并初步确认店铺选址的关键点,并使经营账款清晰可统计。

本阶段的数字化应用主要是以点餐收银、会员系统及财务系统建设为主。为了配合业务的灵活多变,我们在推进数字化时,需要讲究"灵",能灵活、靠谱地支撑业务变化,打造出数字化的单店模型,以市场需求为导向,做到钱账清晰、响应及时,将单店的模型跑通。产品驱动阶段的数字化策略如图2-20所示。

产品驱动				
运营	选址	招商	营建	营销
基于大数据抓取实现区域和全渠道产品组合:主打产品、利润产品、引流产品和时令/特色产品,找到核心品类并不断进行迭代、优化,紧抓消费者心智	通过产品组合实现核心用户属性梳理,完成三图三表的商圈属性适配度的划分:商业商圈、社区商圈、交通枢纽商圈等	通过数字化工具,建立招商系统,具备基本的信息采集、信息筛选、加盟商画像建立等功能	根据业务需求不断打磨门店店型设计、选材方式和经营流程,寻找适配的收银POS系统、会员系统,为门店高效运营提供基础	建立数字化营销体系,通过系统对用户汇集、流量转化、会员标签、复购率等指标的达成做到有计划的推进

图 2-20 产品驱动阶段的数字化策略

2. 规模驱动阶段的数字化策略

如图 2-21 所示,规模驱动阶段企业方的目标是加快市场的发展,希望供应链稳定、安全,希望市场能多开店,可快速复制单店模型且风险可控,加大区域渗透、构建全国网络,不断提升区域市场占率。

规模驱动				
运营	选址	招商	营建	营销
建立运营"门店助手"系统,协助区域负责人通过数据全面了解门店运营状况,梳理解决关键节点的策略,进行复制、培训	通过三图三表实现门店选址策略,在成熟区域市场跑马圈地,新开市场逐步渗透,快速形成规模竞争优势	建立加盟商画像的四力(拓展力、经营力、资金力、资源力)模型,以数据化方式实现加盟商分级招募和管理	供应商数据化管理,供应商覆盖能力,企业成熟区域和新开区域的匹配	分阶段建立数字化营销体系,实现私域流量池的构建,实现流量的多渠道引流和管理,逐步实现营销目标

图 2-21 规模驱动阶段的数字化策略

此阶段,企业面临的主要挑战如下。

- 市场快速扩张,门店标准化管理难。
- 加盟商增多,门店管控难。
- 供应链业务增加,跟不上前端发展速度。

基于以上的挑战,此阶段的快速扩张就需要进行标准化与流程化。市场前端推进选址、营建、门店运营及数字化跟踪平台支撑业务稳步发展,后端供应链能匹配前端业务规模的迅速发展扩大。

在此阶段,数字化发展的核心是需要"稳",需要提前规划稳定可靠、具有业务前瞻性、兼容性强、可持续发展的数据互通的系统架构与平台,再结合业务发展稳步推动建立以 ERP 系统、质量管理、办公协同为代表的后端供应保障系统,以及以 POS 系统、门店管理系统为代表的市场前端系统,同时各系统应该实现功能集成和数据集成。数据标准化,也应及时纳入整个体系的主数据管理中,企业需要基于自己业务的特性,从上游到下游,从内部到外部,制定并规范具体指标的数字模型;各业务系统间的数据应建立集成、互通关系,制定标准数据模型,避免出现数据孤岛现象。

3. 管理驱动阶段的数字化策略

如图 2-22 所示，管理驱动阶段企业已经完成了市场的快速扩张，若需要保持持续发展，则需要通过规模效应、精耕细作和控制成本，提升整体利润，保持长期竞争能力。

管理驱动				
运营	选址	招商	营建	营销
自动采集数据，系统地生成预设的各类报表，共享企业内外的信息资源，帮助管理层快速实现运营的精细化管理	数据管理平台化，通过三图三表的数据分析，实现更加精细化的管理与门店运营，提升管理效率	建立加盟商资源库，建立子公司、加盟商、总部三方沟通平台，实现多资源互补，逐步形成加盟商自治管理体系	品牌形象优化体系建设，精准、高效地实现营建效果预期目标，逐步实现营建服务一站式管理	BI 决策、AI 分析，通过核心数据的自动抓取与分析，形成策略指导赋能，建立初步的营销竞争壁垒

图 2-22 管理驱动阶段的数字化策略

此阶段，企业的主要挑战如下。

- 市场扩张或营收增长降缓。
- 内部管理体系庞大。
- 变动性经营成本过高。

基于以上挑战，企业在此阶段需要逐步向平台化、自动化方面发展，实现更加精准化的管理。在数字化方面，则需要更"全"，需要连接各方数据，使之畅通、稳定、可挖掘，形成统一的整体。不仅企业内部要做到数据互通，还要与外部市场互通，同时，通过技术研发，实现指标数字的自动采集、汇总和加工。对此，我们建议以数据为中心，重新升级，构建各业务平台，如供应链端的采购平台、智能制造、智能配送等，实现供应链端的精细化运营；市场端的自助收银、订单平台、营销中台、数据中台等，支撑市场端的灵活多变；决策端通过 BI 决策、AI 分析等，实现高效决策与及时预警，从而实现对业务的一体化支撑。

4. 资本驱动阶段的数字化策略

如图 2-23 所示，资本驱动阶段是企业发展到一定程度后，想利用资本化，通过行业整合进行产业链上的外延增长的阶段。

资本驱动		
数据	营销	融合
整合行业与上下游内外的数据，借助大数据分析快速寻找新的增长机会，建立资本平台/载体	系统地对市场大环境数据进行实时分析与预测，调整营销策略，提高品牌溢价，巩固行业的领先地位	快速、灵活地对接新技术、新方向的需求，利用资本手段实现行业整合，构建产业生态链

图 2-23 资本驱动阶段的数字化策略

此阶段，企业的核心关注点如下。

- 关注行业动态。
- 关注上下游发展空间。
- 寻找新的业务增长机会。

基于以上关注点，企业更加重视数据，数据已成为企业的核心资产。除了来自企业自身沉淀的数据外，企业可通过对行业与上下游内外部企业的数据的挖掘，寻找新的业务模型与增长机会，并在更高维度，依据数据预测未来市场走向、行业趋势。此阶段企业的数字化核心策略是"连"，以物联网、区块链等新技术，将企业数据融合到互联网，借助大数据进行趋势分析，挖掘新的发展空间，支撑企业的资本化转型与落地。

2.3.4 绝味数字化顶层规划实操案例

绝味食品股份有限公司（以下简称"绝味"）成立于 2008 年，是一家以休闲卤制食品的生产和销售以及连锁加盟体系的运营和管理为主营业务的公司，为国内现代化休闲卤制食品连锁领先品牌之一。截至 2021 年年底，绝味在全国共开设了 13 714 家门店（不含港澳台），员工达 4000 余人，全年营业收入超 65 亿元，纳税额超 6.8 亿元，已发展成为全国最大的休闲卤制食品连锁专卖网络和生产体系之一。

支撑绝味业务发展和管理变革的关键动作，是绝味两次里程碑式的数字化顶层规划与落地实施，这主要分为两个阶段：规模扩张期和生态构建期。

1. 规模扩张期：构建体现绝味管理思想的信息管理平台

该阶段主要处于 2008—2013 年，在这个阶段绝味的主要战略方向是"跑马圈地，抢占市场"。该阶段信息化面临的主要问题如下。

- 绝味上线的 SAP（企业管理解决方案）系统并未完全覆盖绝味核心业务，只实现了生产和财务的支持，而且只在湖南分公司上线，正在向全国推广中。
- 绝味员工整体上对信息化缺乏理解，管理模式和信息系统的管理模式存在较大差异，员工对信息系统的内涵缺乏一致的认识，导致系统实施推广有较大压力。
- 伴随着绝味较快的发展速度，公司开展了较多的新业务，而这些新业务的管理细节，新老业务之间的衔接，需要进一步的明确。管理模式的确定是信息化建设的前提。目前绝味对于信息化治理还是空白的，亟须规范绝味的 IT 治理体系。

为解决上述问题，绝味提出组合拳解决方案。首先，从战略明晰、管理及信息化现状分析开始，提出管理及信息化提升的综合策略；其次，明确部分新业务的运营模式，讨论并明确部分新业务的运营模式，以及集团对该部分的管控模式；再次，梳理流程 E 化（流程电子化），上下业务协同的核心流程；然后，基于绝味发展战略、连锁业务模式和管理特点，搭建绝味的信息化蓝图；最后，基于信息化蓝图与绝味组织情况，设计未来绝味的信息化治理架构。

解决方案按照信息化规划的总体思路：回顾绝味的企业战略、管理和 IT 现状，并根据管控模式和业务分析结果（尤其是企业核心能力）得出 IT 战略和蓝图。

通过前期调研访谈和问卷分析，明确绝味食品在目标共识、管理机制、业务运作和信息系统四大层面存在的问题并对这些问题的解决方案进行逐一落实和跟踪监管，在未来的运营管理中，不断调整和改进，以确保企业持续发展和良好的业绩表现，并与信息化规划紧密结合。

对业务流程的分析，主要从梳理业务流程体系入手，这是为了更好地了解企业的业务流程和数据流，并确定 IT 规划方向。

绝味食品一级流程包括 17 个流程域，如图 2-24 所示。

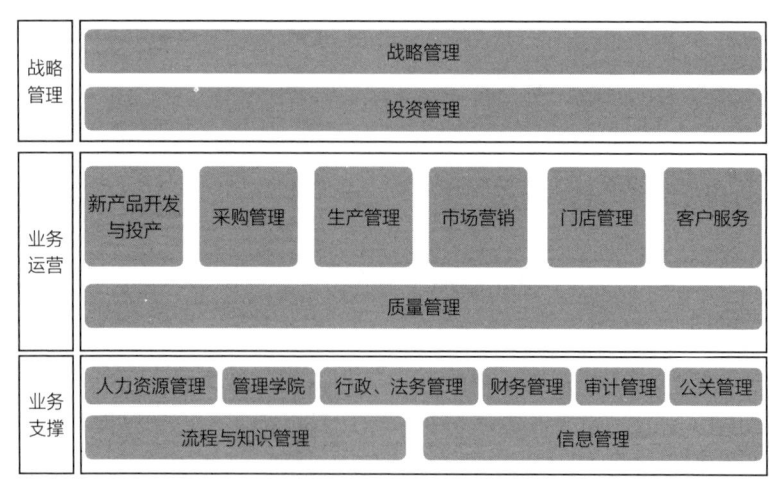

图 2-24　绝味食品一级流程总图

综合企业战略、管理和 IT 现状、管控模式、业务分析结果，以及管理无盲区的诉求，得到包括愿景和行动的绝味 IT 战略。绝味 IT 战略愿景是：通过信息化建设构建体现绝味管理思想的信息管理平台，促进数据信息共享和运营效率提高，最终实现全员、全业务、全流程的信息化支撑。

为执行绝味 IT 战略规划，绝味从下述 5 点展开工作。

- **组织**：建立健全 IT 组织架构和决策机制，明确业务与 IT 的关系。
- **行动**：统一规划应用系统架构；分步实施 IT 应用系统。
- **基础技术保障**：优化 IT 基础架构，完善 IT 基础架构的管理策略。
- **运行维护**：建立 IT 服务管理意识，打造 IT 服务管理流程。
- **管理配合**：IT 与管理/业务优化、资源利用是互动、支持与相互促进的关系，战略体系、组织架构、业务流程、内控体系既是信息化的支撑对象，也是决定信息化成功与否的前提条件。

经过上述分析得出，要构建信息化蓝图，绝味需要建立 14 个紧密集成的系统平台，并通过集成门户实现统一登录，根据业务重要性和技术可行性等因素，对系统建设的优先级排序，接着分析各系统的功能需求，并制定信息化实施路径和投资估算。

为保障信息化规划实施，绝味主要从信息化定位（见图 2-25）、组织、流程/制度、人员发展等方面建设治理体系，远期可根据需要进行标准建设。

绝味在该阶段所做的信息化规划工作对企业的业务发展帮助非常大，可为企业增长和巩固市场地位提供强有力的支持。绝味的信息化规划将整个企业的经营管理、财务核算、人力资源、采购与物流、销售管理、市场营销等业务流程进行了系统化整合，更好地实现了产品生产、销售和服务的全流程控制，为公司的战略目标实现提供了支撑和保障。信息化规划也为绝味提供了更完善的数据管理和分析能力，使绝味能够更加精确地了解市场需求、客户反馈和业务运作情况，更好地把握市场机会和业务趋势。

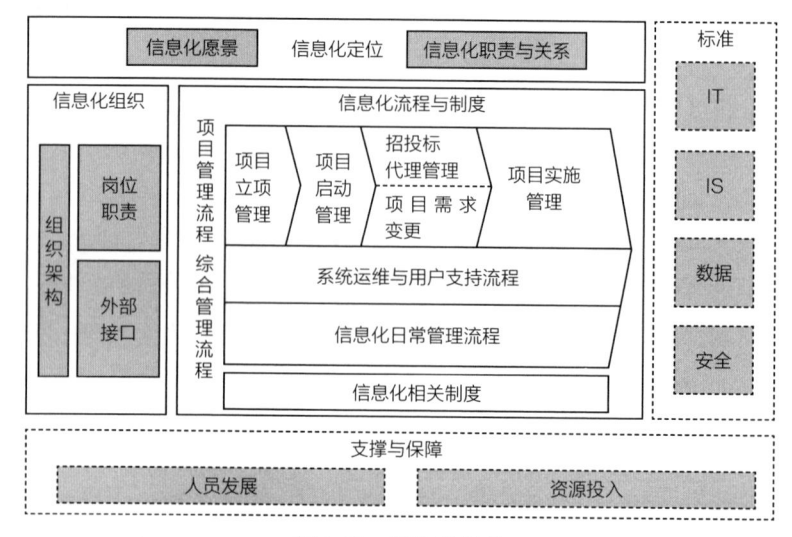

图 2-25 信息化定位

2. 生态构建期：打造一流的特色美食平台

该阶段主要为 2019 年至今。在这个阶段绝味的主要战略方向是"深耕鸭脖主业，构建美食生态"。绝味以上市为契机，深耕主营业务，并通过产投一体化打造一流的特色美食服务平台。绝味通过市场营销、产品研发、采购、生产质量把控、仓储物流体系管理和销售渠道全链路建设，为片区、分子公司、门店和海外事业部提供服务与支持。

第 2 章 连锁餐饮企业的数字化转型总纲

（1）战略业务升级的信息化核心需求

对集团来说，对下属板块的管控以及服务社会化过程，需要借助 IT 手段落地。短期来看，集团需要加强"七力"：加盟商的管控力、供应力、质量力、组织力、信息力、渠道力和公共资源力。长期来看，集团要依托上市公司，提供社会化与专业化服务，并通过管控财务化打造轻量级总部职能部门，建设品牌矩阵（包括品牌、渠道），建设绝味供应链，如图 2-26 所示。

图 2-26 绝味供应链

对绝味的主营业务来说，核心需求是供应链系统的升级、全面覆盖，以及新零售端信息化建设。新零售的表现形式主要为"基础设施＋全渠道＋物流＋数字化＋以人为本"，最终希望实现人人零售、无人零售和智慧零售的商业形态，如图 2-27 所示。

图 2-27 新零售的表现形式

此外，供应链与销售者端打通、满足海外 IT 服务与协同的需求也是绝味要做的。要实现主营业务从消费者端到供应链的打通，对绝味来说，内部的信息化水平提升是关键，要打通需求计划、采购仓储、生产质量和分拣配送价值链；外部主要从加盟商和消费者两方发力，加盟商端主要提升终端销售信息化水平，消费者端建设消费者会员管理体系，如图 2-28 所示。值得注意的是，终端销售信息化水平是制约整个价值链效率的瓶颈。

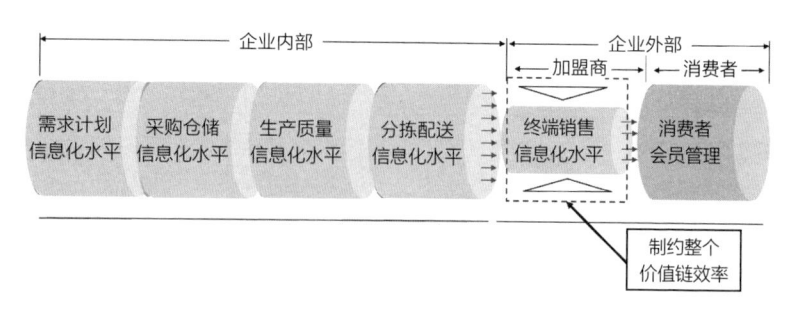

图 2-28　企业内外部要求

海外 IT 服务与协同的需求主要指通过多站点协同，解决国内总部、分子公司与海外分子公司之间的数据协同。

从服务体系共享的角度看信息化需求，共享平台需要保障信息流、资金流、物流、商流的高效统一，实现高效、灵活的数字化供应链。平台型企业要提供"ITO+BPO"，即连接生态伙伴时，需要的不仅是 IT 云应用连接还是服务连接。从业务平台、技术平台与数据平台协同的角度，赋能生态圈建设，并为绝味美食平台提供服务。

从大数据需求角度来看，可以从以下 3 个层面实现绝味大数据的融通。

- **业务价值链层面**：绝味品牌，从消费者到营销（门店到分子公司到区域）到供应链（生产、研发、采购、物流）全面打通。
- **品牌矩阵层面：**短期核心是柔性供应链的打通，长期核心是加盟商资源和会员体系的打通。
- **服务体系层面：**将硬件与软件、供应链服务、渠道管理、营销服务等多维度数据打通。

（2）绝味信息化现状及核心问题

绝味为了明确信息化现状和面临的核心问题，从以下几个方面进行深入调研。

1）对绝味现有系统进行盘点，如表2-2所示。明确责任部门与外部供应商，从主要功能和业务流程、应用情况、应用效果自我评价、建设与维护部门、使用范围、系统状态、启用日期等维度进行全面复盘。

2）从公司业务蓝图出发（见图2-29），明确系统覆盖业务情况。业务蓝图一般从战略管理层、业务运营层和职能支撑层进行梳理，在业务蓝图的基础上，明确系统是否已经覆盖到位，是否存在系统缺失等情况。

3）明确绝味数据建设目前最关键的痛点是主营业务的供应链与零售端系统未打通，导致内外数据孤岛，制约了整条价值链效率的提升。

主营数据方面是缺乏对用户完整信息的收集，尚未针对用户数据进行分析利用。关键用户数据缺失，会导致出现用户体验管理与持续运营目标不清晰、方向模糊不定等问题。

绝味拥有3000多万的存量用户，系统内沉淀了大量数据，但当公司想要通过分析用户画像来支持营销策略时，发现系统内的用户数据缺少统一标识，各业务部门通过各渠道收集的用户数据未能打通，无法精准识别用户。

4）零售企业IT架构经历了五阶段变化，如图2-30所示。绝

表 2-2 绝味现有系统盘点

序号	系统名称	主要功能和业务流程	应用情况	应用效果自我评价	建设与维护部门	使用范围	系统状态	启用日期
1	SAP-ERP ECC6.0(PRD)	SD\PP\MM\FICO	系统运转状态正常，但是业务流程应用未按照业务蓝图设计完全执行到位，现场管理水平还没有达到系统要求	满意	信息部	绝味食品股份有限公司以及所有生产型子公司	正常使用	2010.12.1
2	SAP-ERP ECC6.0(PRD)	HR（人事与组织管理）	系统运行正常，HR模块应用不深。用户操作不熟练导致跟OA接口报错较多	不满意	信息部	绝味食品总部、所有生产及营销型子公司	正常使用	2014.4.16
3	SAP-ERP ECC6.0(PRD)	QM	系统运行正常，涉及系统的业务流程得到了很好的执行，正准备进行推广	满意	信息部	湖南子公司	正常使用	2017.3.20
4	Q-Vendor	供应商证照管理及质量评估	部分功能在使用，基于SAP_QM业务数据的供应商质量评估限于QM使用范围及评分规则的变化已经没有被使用，未来考虑被SRM替代	不满意	信息部	绝味食品股份有限公司以及所有生产型子公司	正常使用	2017.3.20

	系统	功能	描述	满意度	部门	公司	状态	时间
5	BI	数据分析及管理	系统运行正常，应用良好、已完成全集团的推广	满意	信息部	绝味食品股份有限公司以及所有生产型子公司	正常使用	2015.9.10
6	OA	协同办公	系统运行正常，应用良好、已完成全集团的推广。但目前产品版本为2011年发布，PC端部分功能与移动端体验有待提升	基本满意	信息部、运营管理部	绝味股份/绝味鸭脖/网聚投资/北京数字营销	正常使用	2013.5.8
7	绝微（KK）	即时通信	系统运行正常，应用良好、已完成全集团的推广	满意	信息部	绝味股份/绝味鸭脖/网聚投资	正常使用	2013.2.1
8	RMS	门店进销存	系统运行正常、部分应用良好、已完成全集团的推广	基本满意	信息部	绝味食品股份有限公司，所有子公司，加盟商以及门店	正常使用	2016.5
9	CSC	云巡检、云培训	系统运行正常、部分应用良好、已完成全集团的推广	基本满意	信息部、营运中心、质量管理中心	绝味食品股份有限公司，所有子公司，加盟商以及店员	正常使用	2017.5

(续)

序号	系统名称	主要功能和业务流程	应用情况	应用效果自我评价	建设与维护部门	使用范围	系统状态	启用日期
10	视频、音频系统	远程视频会议、音频会议	系统运行正常，应用良好，已完成全集团的推广	基本满意	信息部	绝味食品总部、所有生产及营销型子公司、北京数字营销、个人手机连线	正常使用	2013.6
11	邮件系统	企业邮箱	系统运行正常，应用良好，已完成全集团的推广	满意	信息部	绝味股份/绝味鸭脖/网聚投资	正常使用	2012.9
12	店POS	门店营业管理	系统运行良好，部分应用良好，已完成全集团的推广	基本满意	北京数字营销中心	绝味鸭脖	正常使用	2016.5

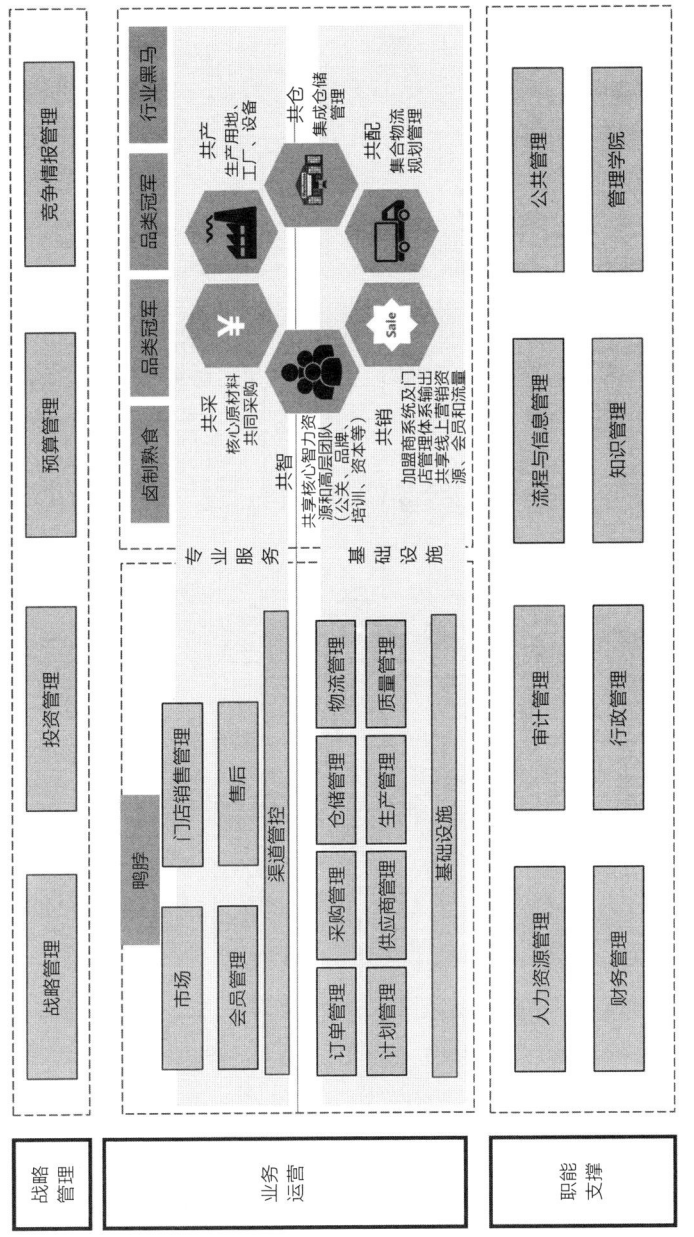

图 2-29 公司业务蓝图

图 2-30 IT 架构模式

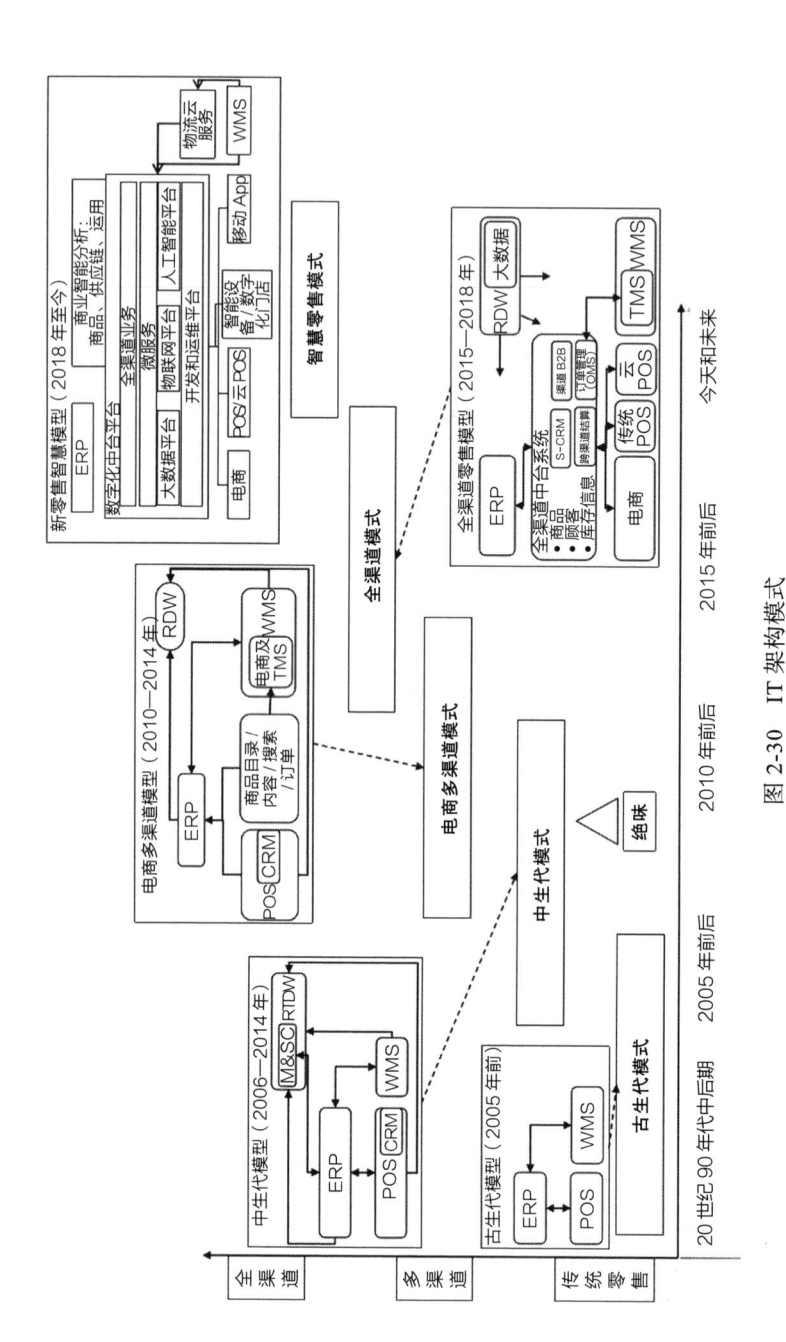

注：
- M&SC——Manufacturing & Supply Chain，制造与供应链。
- RTDW——Real-Time Data Warehouse，实时数据仓库。
- ERP——Enterprise Resource Planning，企业资源计划。
- POS——Point of Sale，销售时点。
- CRM——Customer Relationship Management，客户关系管理。
- WMS——Warehouse Management System，仓库管理系统。
- TMS——Transportation Management System，运输管理系统。
- App——Application，应用程序。
- S-CRM——Social Customer Relationship Management，社交化客户关系管理。
- B2B——Business to Business，企业对企业。
- OMS——Order Management System，订单管理系统。

味处于中生代模式下，落后于零售行业发展水平。在该阶段的主要特征是 CRM（客户关系管理）产生和数据仓库应用。零售企业的关注点从渠道和商品端向消费者端发展，产生了以会员管理为核心的零售 CRM。这个时代的数据仓库大多用于对多维数据建模、分析，并且从各业务系统中提取、清洗和加载数据，为了提高数据分析的系统效率，数据仓库和业务系统是分离的，也就是所谓的 OLTP（Online Transaction Processing，联机事务处理）和 OLAP（Online Analytical Processing，联机分析处理）之分。

5）从 IT 组织方面进行诊断，并对标同类型企业 IT 组织建设情况，绝味发现目前 IT 团队资源比较分散。深耕原因，发现专职 CIO（首席信息官）缺失，高管在信息化上的专注投入度不足，导致 IT 资源分散、系统集成度差。

6）从信息安全管理端进行调研发现，绝味信息安全管理存在着三大漏洞：一是绝味重视安全技术，却忽视安全管理。绝味在防火墙等安全技术上投资很大，而相应的管理水平、手段没有提升，包括管理的技术和流程，以及对员工的管理。二是在安全管理中不够重视人的因素。人是信息安全管理中最活跃的因素，人的行为是信息安全保障最主要的方面，而绝味的信息安全管理缺乏对人的行为的管控。三是员工接受的教育和培训不够，安全意识不强。员工对内部文件的上传和发布太过随意，导致敏感数据存在安全漏洞。

整体而言，绝味主营业务目前还是以传统 ERP 系统建设为主，缺乏以用户为中心、大协作大整合的互联网思维。通过针对性调研，绝味发现需要加强数字化转型，引入更多的数字化技术和数据驱动的方法，以满足用户需求和提高整体业务效率。此外，需要进行对内对外的大协作，集聚内外部专业技术力量，加强沟通协作，整合业务流程和资源，推进数字化整合和变革。

(3)绝味面向未来的数字化规划

总体来看，绝味目前的信息化系统建设偏重传统的后台服务，未来大数据、数据分析展示等应用将成为重点，中前台建设也将成为重点。绝味将建立一个以自己为中心，连接生态圈品牌、客户、上下游伙伴，整合所有相关软件，实现新一代协作和创新的价值云平台。

绝味以数字化为工具，实现整个美食平台的大整合后，站在用户的角度来看，任何人在任意设备登录，都可使用来自后台的任意应用服务，与任意相关人联络和协作；站在软件的角度来看，新平台是面向任意应用软件、设备的万用集成器，可实施各种集成方案；站在生意的角度来看，新平台可连接和整合生态，实现集团战略升级。基于目前完善的L3企业资源管理层，未来逐步向L4决策层和L2生产制造执行层扩展，如图2-31所示。

从应用层面来看，建立全渠道系统中台（见图2-32），将比较死板的SAP解放出来，可以满足多渠道时代的前端业务灵活性需求。

全渠道零售的显著特点是出现了所谓全渠道系统中台，把零售主数据（渠道、商品、顾客、价格）、动态数据（库存、订单）集中起来进行处理，围绕这些主数据形成社交CRM、订单管理系统（OMS）等应用。全渠道系统中台可处理跨渠道结算（例如，在线上业务和门店之间进行订单的内部结算）任务。

全渠道中台的好处是可以对接多样的业务前端，支持业务前端的灵活变化，尤其是以"产品创新"为运营特点的电商业务，将这些功能从相对死板的SAP中解放出来，从而解决了前述多渠道时代SAP不适应电商要求的问题，传统SAP则主要保留着采购、生产计划、库存/应付财务账和财务管理等功能。

图 2-31 决策支撑平台

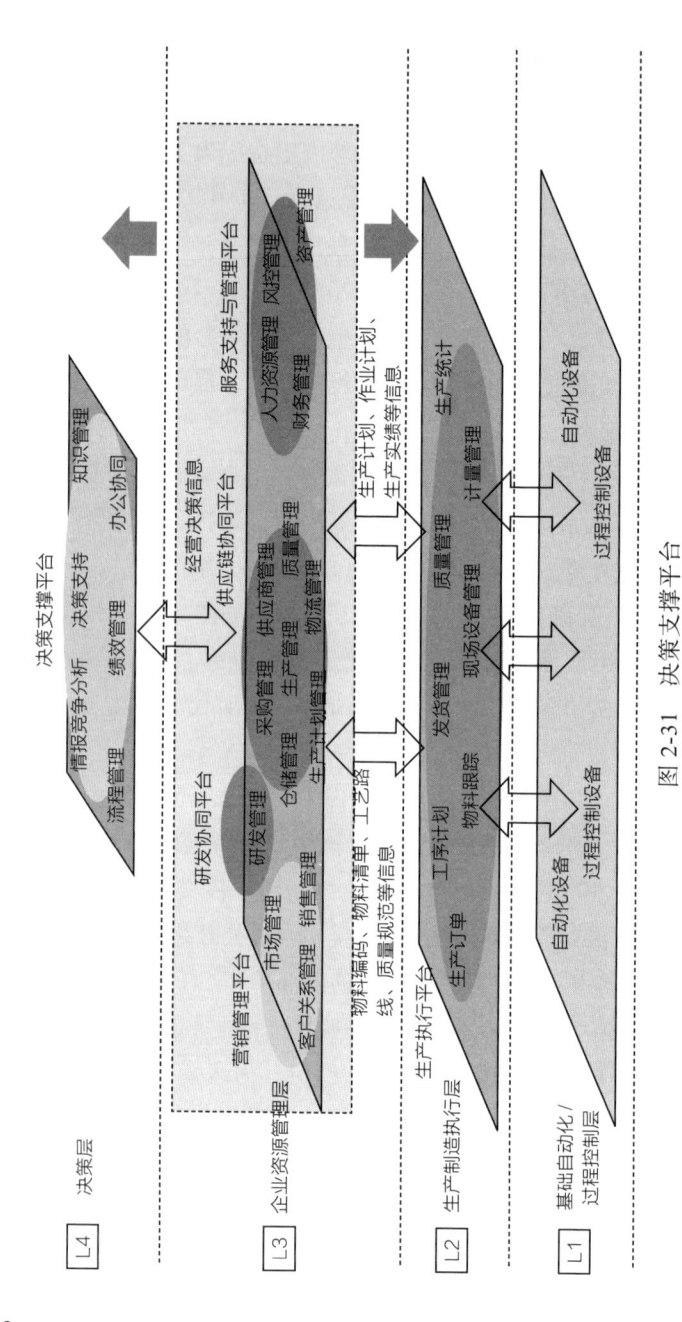

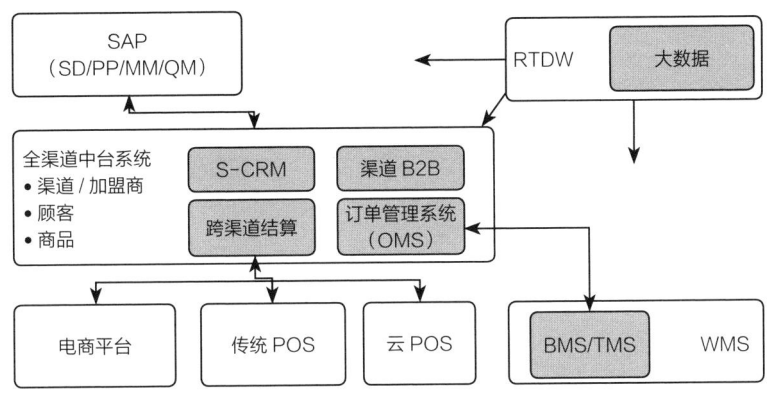

图 2-32　全渠道系统中台

注：
- SAP——SD/PP/MM/QM，SAP 系统（销售与分销 / 生产计划 / 物料管理 / 质量管理模块）。
- RTDW——Real-Time Data Warehouse，实时数据仓库。
- S-CRM——Social Customer Relationship Management，社交化客户关系管理。
- B2B——Business to Business，企业对企业。
- OMS——Order Management System，订单管理系统。
- POS——Point of Sale，销售时点。
- BMS/TMS——Business Management System/Transportation Management System，业务管理系统 / 运输管理系统。
- WMS——Warehouse Management System，仓库管理系统。

| 第 3 章

数字化赋能门店扩张与运营

第 2 章详细探讨了连锁餐饮企业数字化转型的方法论。我们认识到,数字化转型是一个系统化的工程,需要从业务驱动的角度出发,实现企业的降本增效。无论是在初创期的产品驱动阶段,还是在成熟期的资本驱动阶段,数字化转型都是推动企业发展的核心动力。通过顶层规划,企业可以确保数字化转型与业务战略紧密结合,形成全渠道、全域的数据驱动决策。通过绝味的案例,我们也看到了数字化顶层规划在实际业务中的应用和成效。本章将聚焦于线下实体店的数字化赋能,探索如何通过数字化手段优化门店扩张与运营,构建社交零售新模式,实现线上线下融合运营,并利用数据智能化提升门店管理效率和盈利能力。

数字化门店扩张与运营的价值如下。

- **构建社交零售新模式**。数字化门店可以重构业务流程,通过社交营销、视频直播、智能小游戏、营销互动、智能售后等方式，打通线上线下一体化交易，轻松连接人、货、场，实现客流与销量的双重增长，提高效率，降低成本。
- **线上线下融合运营**。开通线上智慧门店，实现线下与线上流量融合，一体化运营。利用线上门店预约、外送、营销等功能，全面提升用户购物体验。用户足不出户便可了解产品特性，不再受限于时间和空间上的限制，极大改善用户体验。
- **数据智能化**。通过数据智能化，可以精准掌握门店客流数据，实时统计各时段人流进出情况，后台自动生成数据报表，从数据角度对门店经营进行分析，帮助管理者诊断门店状况。
- **商品数字化管理**。通过门店的数字工具，全面实行数据智能化管理。将商品信息共享，随时掌握销量与存量，提升库存周转率。打通数字化商品全流程，助力商家提高成单率；展现各门店业绩，方便管理者进行准确决策。

3.1 数字化门店扩张与运营的方法论

3.1.1 数字化门店扩张的 5 个方向

随着企业业务的不断扩展和市场竞争的加剧，传统的门店管理模式已难以满足现代企业的发展需求。为了适应这一变化，连锁餐饮企业开始探索和实施数字化门店扩张策略。这一转型不仅涉及技术的应用，更关乎管理理念和运营模式的革新。以下是对数字化门店扩张 5 个方向的深入解析。

1. 店面标准化

使用数字化系统打造店面管理的数字化标准，并使用数字化系统进行远程门店监管，设置标准化内容，例如，统一的门店产品列表、统一的店面装修形象、统一的菜品菜单样式、统一的收银管理风格。通过店面数字化标准打造高品质的单店模型形象，并快速复制和推广。

2. 运营管理标准化

传统连锁门店运营管理一般会制定门店管理 SOP（Standard Operating Procedure，标准操作流程）手册，但随着门店数的快速增加，门店员工难以完全按照品牌方的标准 SOP 严格执行到位，随之出现大量门店管理问题。

数字化系统管理将快速协同及扁平管理变成现实。品牌方将门店的标准作业 SOP 手册集成到协同管理数字化系统中，门店任何一个异常问题将转化为一系列异常数据，借助系统实时呈现并实时解决，通过信息数据的实时共享，实现门店运营管理的平台化和标准化，如图 3-1 所示。

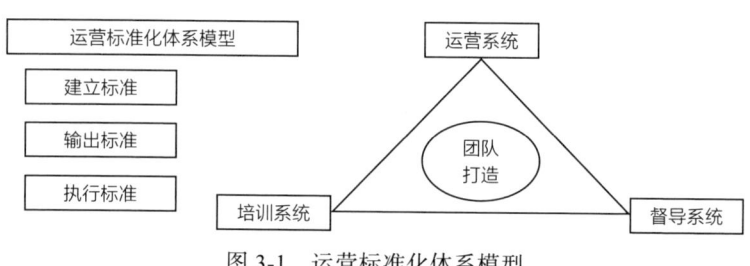

图 3-1　运营标准化体系模型

3. 加盟管理数据化

品牌方可借助数字化系统实时监控加盟门店的经营与管理信息，监管其是否与公司的标准要求保持一致。品牌方实时掌握加盟门店的运营数据，能更有效地服务和管理加盟商。

通过数字化系统实时发布加盟政策信息，可以使加盟商、品牌方双方信息交互沟通更加高效，大大降低了沟通成本。通过数据共享，加盟门店信息对加盟商、品牌方双向透明，更加有利于双方的长期合作共赢。

4. 业务财务一体化

通过数字化建设，将企业经营中的三大主要流程，即业务流程、财务会计流程、管理流程有机融合，在数字化系统中建立基于业务事件驱动的财务一体化信息处理流程，使财务数据和业务融为一体，如图 3-2 所示。将企业的经营信息实时记录到数字化系统中，将企业的财务、业务和管理信息集中于一个数据库。当需要信息时，通过报表工具自动输出所需信息，最大限度地实现数据共享，真正将管理会计作用发挥出来。

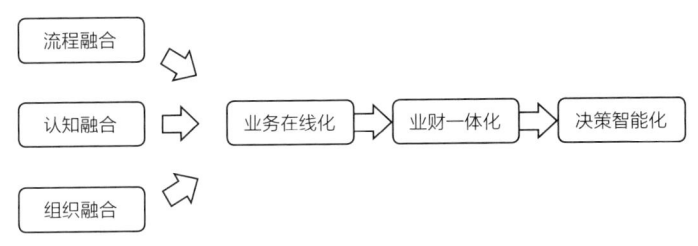

图 3-2　融合过程

业财一体化中，财务人员的工作不再是简单的收单据和日常财务记账，而是和业务强绑定，跟踪和优化业务流程。把财务管理工作前置，将事后监督改成事前事中管理，管理层可以随时查看业务和财务数据，提升决策效率。

5. 经营决策数据化

经营决策数据化是对传统的依靠经验进行经营决策管理的深化发展，如图 3-3 所示。随着 IT 技术的发展普及，部分行业龙头企业运用数据对业务发展状况进行监控，并率先使用智能决策模

账单类型分布

自提 56 886 单 (4.9%)
外卖 152 637 单 (13.2%)
堂食 943 947 单 (81.8%)

a)

时段账单分布

账单量/单

210 000
180 000
150 000
120 000
90 000
60 000
30 000
0

时间

b)

餐段分布

夜宵 1027 单 (0.1%)
早餐 122 090 单 (11%)
午餐 313 239 单 (27%)
下午茶 165 810 单 (14%)
晚餐 551 304 单 (48%)

c)

客单价分布

账单量/单

250 000
200 000
150 000
100 000
50 000
0

0~10, 10~20, 20~30, 30~40, 40~50, 50~60, 60~70, 70~80, 80~90, 90~100, 100~110, 110以上

客单价/元

d)

图 3-3 经营决策数据化

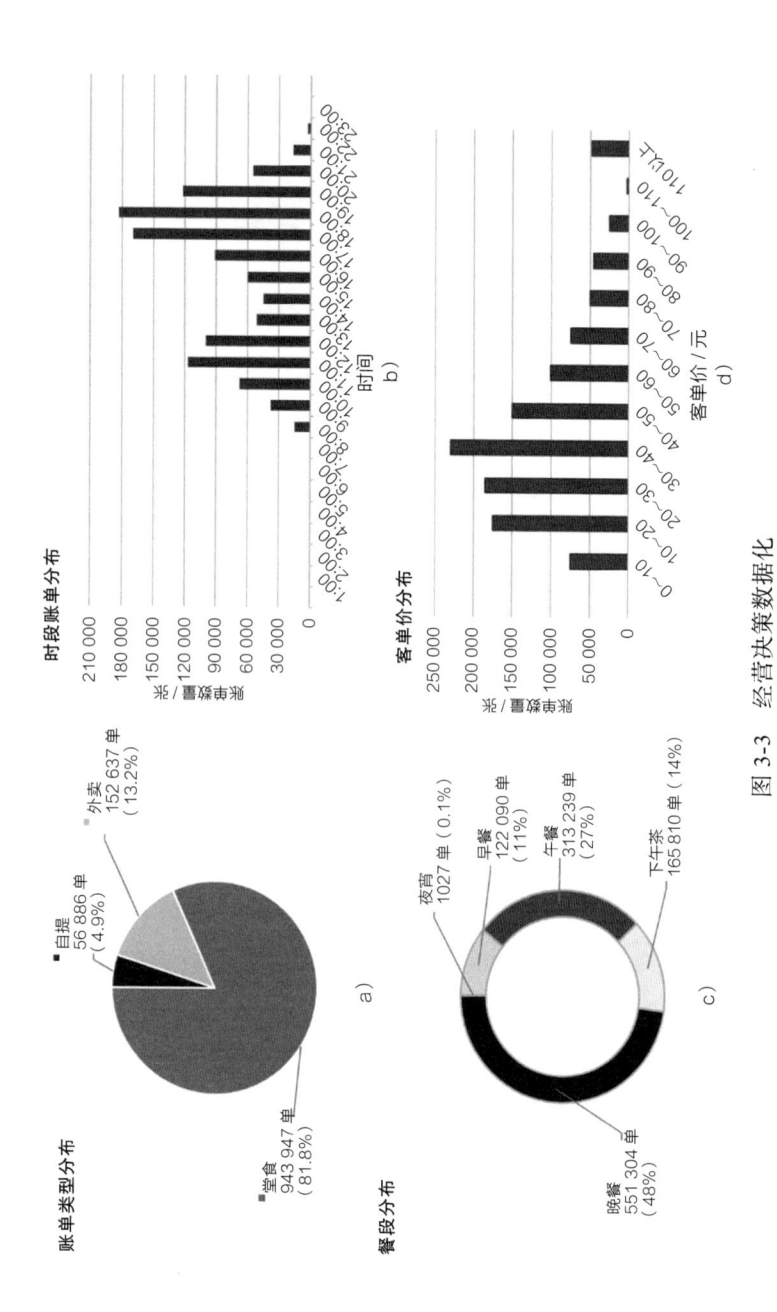

注：因四舍五入和保留小数点后位数的原因，合计百分比有微小出入。

型指导管理决策工作的开展。经营决策在结合经验的基础上更看重企业的经营数据所反映出来的问题，从而达到决策有的放矢、问题高效解决的目的。

通过翔实的数据展现和智能报表分析，明确当前经营状况，发现不足，为管理者提供准确的数据作为决策依据。一切企业活动最终结果都以数据呈现，达成一定的数据指标，循环改进，持续发展。

3.1.2 数字化门店运营方法论

门店的扩张一直是连锁企业盈利的核心，因此标准化管理是其生命线。如今，随着互联网的持续发展，数字化手段已成为帮助连锁企业实现门店规模不断扩大和跨区域标准化的最佳途径。如何高效开店、建立可复制的模式并在此基础上增加盈利，成为连锁企业关注的重心。

1. 开 / 闭店全程标准化执行

连锁企业应将连锁行业规范管理模式融入开 / 闭店的各个环节，建立对"门店开设"到"门店关闭"的全过程管理机制，规范跨地区开店业务，形成统一管理输出流程，省时省力。

（1）开店管理

为了实现连锁企业开店各业务环节的相互关联，建议将计划评审、证照注册、装修施工、团队组建、商品陈列、市场营销等开店阶段呈现出来，从而实现开店过程的标准化集中管理，如图 3-4 所示。

（2）闭店管理

闭店这一环节往往会被企业忽略，事实上，闭店管理对于连锁企业再次开店有着无可替代的价值。连锁企业门店更好地完成闭店，规避风险，是抓住可能提升企业口碑及品牌形象的最后一环。

开店管理

计划评审	证照注册	装修施工	团队组建	商品陈列	市场营销
市场调查	证照台账	装修设计	门店招牌	配货申请	广告策划
店铺选址	证照登记	建材采购	面试审批	陈列设计	投放申请
预算申请	证照信用	装修施工	员工入职	入库申请	开业活动
综合评估		设备采购	人员培训	陈列标准	促销申请
开店意向书		图纸库	人才库		活动标准
开店合同		施工日志			促销案例

图 3-4 开店管理

- **制定一个详细的时间计划**：包括门店的关闭日期、退租日期、员工解雇时间和资产清算日期等。这个计划应该对各部门有明确的细节安排。
- **员工沟通**：需要向员工传达确切的闭店计划。如果可以，应在争议解决前提前与员工交谈并听取其意见，员工多半会感到被尊重和重视。
- **与供应商沟通**：尽量减少对供应商的影响。如果有库存需求，最好提前通知他们。
- **与税务机关沟通**：提前告知税务机关停业信息，需要查看地方政府的条例以确保文件和期限是正确的。
- **清算资产**：与当地税务机关和房主达成共识，开展各种业务的结算工作，清算资产，这包括股票以及所有物品，不能留有任何存货。
- **关闭账户**：在进入关闭流程之前，请确保交易账户、POS账户和电子支付等已经关闭，并设置相关的反腐机制。

2. 门店精细化运营

要使连锁门店的跨区域多店铺管理有效执行、监管有力并能够实现任务的追踪和记录，关键在于精细化运营管理。因此，建议连锁企业通过数字化升级技术，实现全过程任务的集中管控和系统化，从任务分配、反馈、调整到成果共享都要规范化。这种管理方式可以降低经营风险，促进门店的盈利。

（1）智慧门店洞察，提高渠道管控能力

智慧门店洞察是指利用图像识别技术对零售终端产品的展示进行识别、分析和应用，实现零售终端的数字化管理，包括门店图像采集、图像识别、分析应用三个环节。

在门店图像采集环节，品牌商可以利用移动访销系统，通过自有或者经销商业务代表进行门店图像拍摄，除少数头部品牌商外，绝大部分品牌商由于自身规模或商业模式的限制，自有业务代表数量有限，难以覆盖全部终端门店，往往会借助经销商业务代表进行图像采集。然而，考虑到利益交割等问题，品牌商会对经销商业务代表采集图像的真实性存在疑虑，难以达到预期效果。

为避免这一问题，品牌商也可以委托第三方进行图像采集，通过智能货架、智能货柜、部署移动机器人等方式采集图片信息，或者采取众包的方式进行图像采集，提高门店覆盖范围，确保门店图像信息的准确性。图像采集后，借助图像拼接、图像识别等技术，品牌商可以对特定产品信息进行识别，将图像信息变成结构化的数据，并根据需求形成分析报表。

图像数据的应用主要体现在以下几个方面：一是了解产品真实的铺货情况，即产品覆盖的区域和门店覆盖的数量，有助于优化产品投放策略；二是了解产品陈列情况，强化对业务代表的监督和对渠道商的管理；三是了解促销活动在终端门店的执行情况，提高活动管理效率；四是了解竞品的铺货、陈列、促销活动等信息，发掘空白市场机会，优化市场策略。比如针对不同零售渠道的不同零售场景，某食品集团需要对全国 8000 名销售代表访店情况进行管理，通过与第三方合作，该集团每月识别图片 450 万张，利用数据驱动业务执行，其货架占比提升 8%，铺货率提升 4%，门店执行效率提升 59%，并通过对竞品的分析，优化了市场执行策略。

（2）精准把控门店综合成本和利润分析

餐饮门店可以采用一些财务管理软件（如 ERP 系统、财务管控平台等）来实现对复杂财务信息的整理汇总、财务报表的自动生成和分析等功能，可通过数据挖掘、自动化处理等手段，实现对门店各项费用的监管和分析，预测未来的趋势，准确掌握门店的盈利状况。

利用数字化工具，餐饮门店可以更高效地管理成本、分析利润、优化经营策略，实现经营效益的最大化。通过餐饮 POS 系统的记录和分析（见图 3-5），可以对收入结构（包括线上收入、刷卡收入、现金收入）、成本结构（包括食材成本、人力成本、能耗费用、折扣、税金）等数据进行分析，形成财务损益表，并进一步开展财务报表、销售报表、营业数据分析，从而制定更科学的管理策略，优化餐品定价。

通过建立成本验算系统（涉及食材成本、能源成本、人力成本等）来实现成本控制和利润分析（见图 3-6），比如通过对每件餐品的配料及单价数据进行建模，对成本的占比进行分析，找出成本较高的餐品予以改进或淘汰，同时进行人均毛利的比较分析，为门店的战略制定提供数据支持。

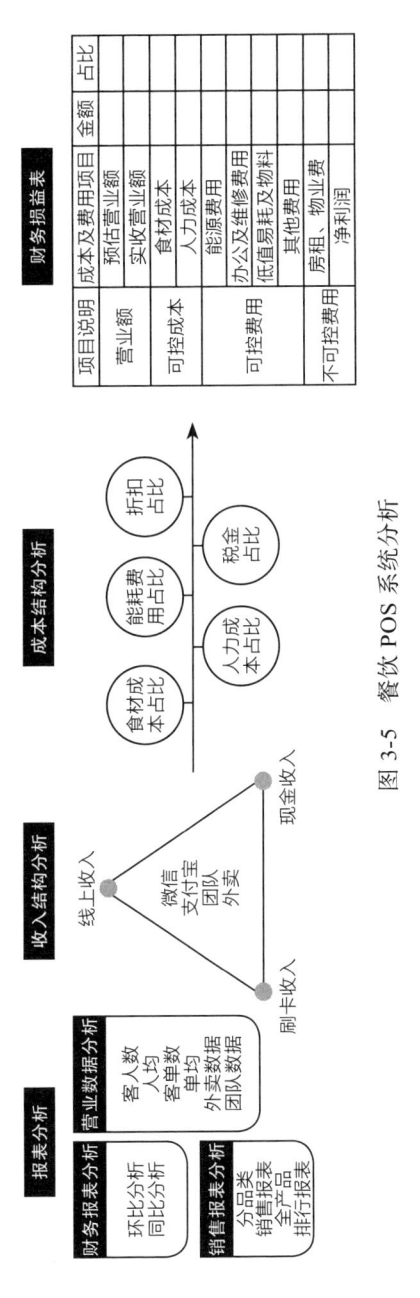

图 3-5 餐饮 POS 系统分析

注：客人数——进店的客流量/位，人均——人均消费金额/元，客单数——订单数量/个，单均——订单平均消费金额/元。

图 3-6 成本验算系统

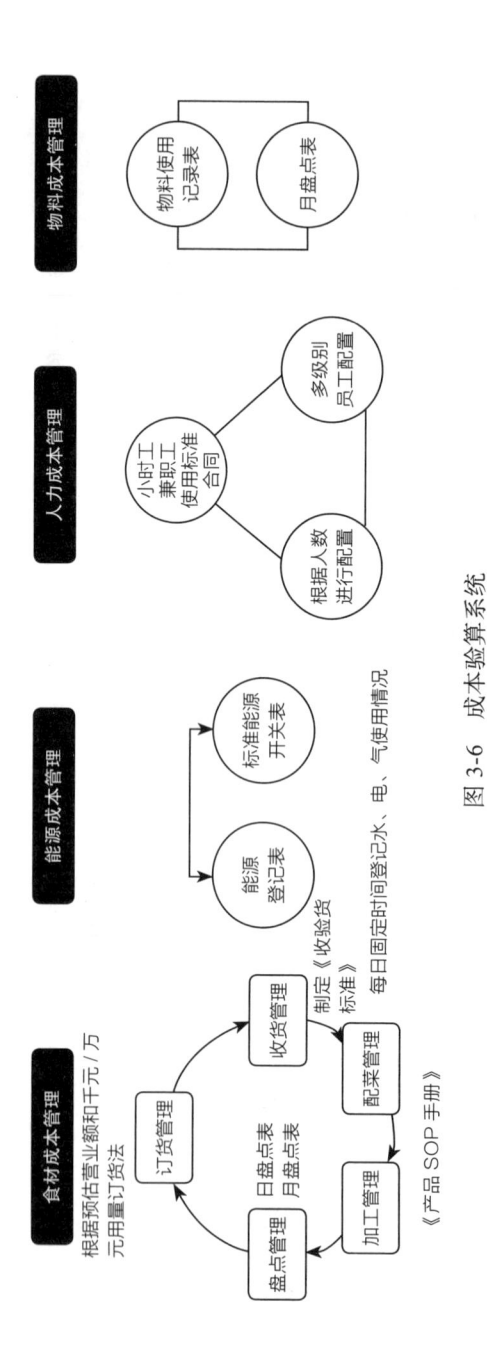

3.2 用腾讯 LBS 选址的步骤

LBS（Location Based Services，基于位置服务）大数据平台适用于所有零售客户，包括餐饮、茶饮、鞋服、美妆、食品、潮玩、3C（计算机类、通信类和消费类电子产品）、特卖、超市、母婴、药房等企业，主要包括 4 个功能。

- **渠道拓展**。从宏观到微观洞察所有待评估点位的格局，进行多维数据对比，优选最适合自身入驻开店的商场。
- **门店画像与经营分析**。通过查询线下客流、客貌、商圈业态，为店铺升级、调改提供数据基础。通过门店所在商圈的客流、客貌评估门店经营状况。
- **选品组货**。结合商圈/购物中心主力客群的特征、到访偏好等信息，灵活调整门店货品结构，实现"千店千面"。
- **指导线下营销策划**。结合客户画像数据、商圈数据进行精细化运营，针对不同偏好特征客群制订活动策划、地推选点方案等。

用腾讯 LBS 进行门店选址，主要分为如下 5 个步骤。

1）**城市宏观选址**。腾讯 LBS 结合统计年鉴数据和城市规划战略，对城市进行宏观分析，研判各城市进驻顺序。大数据服务提供 PaaS 级能力，系统平台可推荐优秀服务商伙伴，根据业务需求定制化开发。

2）**焦点区域定位**。在城市范围内定位焦点区域，并结合人口、交通便利度、房价等要素计算出市场容量，挖掘门店的潜力区域。

3）**候选点评估**。在焦点区域内创建候选点址的覆盖商区，并洞察商区内竞争业态，设计评分体系建模，定量评估该候选点进行评分。

4）销售额预测。通过机器学习构建回归模型，进行销售额预测，洞察高相关度特征工程，从而科学辅助门店选址。

5）基于移动端查看地图场景，并根据实际现场调研勘察情况，进行数据采集，或更新已有数据。

3.3 数字化门店扩张与运营案例

3.3.1 绝味食品的"三图三表"模型

绝味发展历程及最近几年门店数量变化如图 3-7 和图 3-8 所示。绝味集团经过多年实践探索，并通过自身实践和反复验证，总结出一套系统的门店扩张底层方法论——"三图三表"选址模型。该模型以 POS 系统与 CRM 营销平台数据为基础，通过多维度分层筛选确定店铺位置；通过 CSC 运营管控平台保障门店运营标准化、在线化与数据化；通过多系统一体化互通实现门店端业务的管理闭环；通过 BI 智能分析工具将传统的依靠个人经验进行迭代的方法转化为一套可学习、可优化的管理体系。该模型实现了业务流程、数据双驱动，促进了门店经营的规范化与可复制性，使企业在规模扩张阶段如虎添翼迅速发展起来，实现门店规模扩张提速。

1）**市场总览图**：省内各地级市场新开门店数量情况及各商圈数量情况。以单个子公司为单位绘制此图，再在每个城市区域中，分级标出该城市所有商圈个数。在子公司所辖区域涉及邻近省份城市的，需将该城市并入主体市场一起绘制。

2）**市场总览表**：如表 3-1 所示，要体现省内各地级市存量门店、新开门店、关闭门店数量预算情况，商圈数量情况，以及各个区域发展策略。

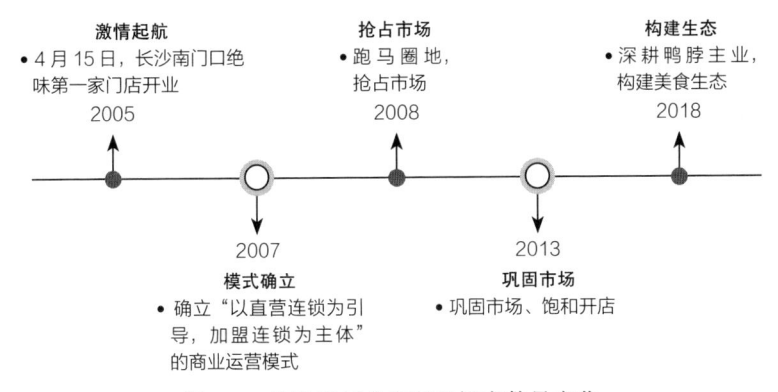

激情起航
- 4月15日,长沙南门口绝味第一家门店开业
  2005

抢占市场
- 跑马圈地,抢占市场
  2008

构建生态
- 深耕鸭脖主业,构建美食生态
  2018

2007
模式确立
- 确立"以直营连锁为引导,加盟连锁为主体"的商业运营模式

2013
巩固市场
- 巩固市场、饱和开店

图 3-7 绝味近年来发展及门店数量变化

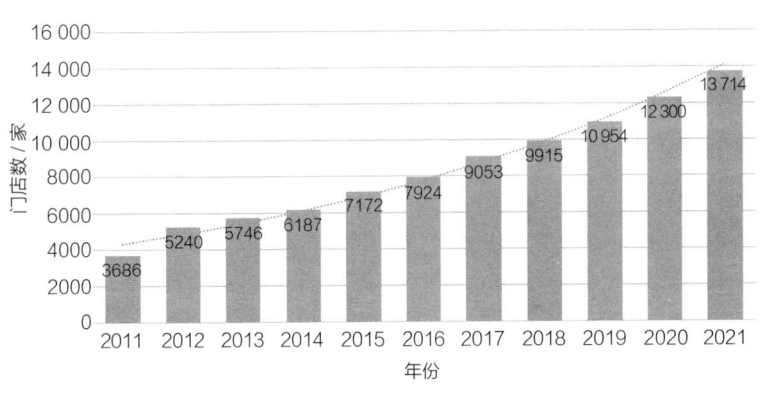

年份	门店数/家
2011	3686
2012	5240
2013	5746
2014	6187
2015	7172
2016	7924
2017	9053
2018	9915
2019	10954
2020	12300
2021	13714

图 3-8 门店增长趋势图

3)**城市覆盖图**：每个地级市内的商圈分布、存量门店分布、新增门店分布、竞品及对标品牌门店分布。

4)**城市覆盖表**：如表 3-2 所示，城市内各商圈我司门店、直接竞品门店、对标品牌门店数量及占比情况。

5)**商圈覆盖图**：商圈内商业情况，竞品分布情况，公司存量及待开发各店型门店分布情况。

6)**商圈覆盖表**：如表 3-3 所示，商圈内待开发门店类型、优先级别、具体位置、首选/次选铺面的位置、盈利分析及后期跟踪。

表 3-1 市场总览表

城市	门店数				商圈数量			发展策略（点面策略）
	2019	2020			核心	次级	外埠	
	期末	新开	关闭	净增长	期末			
								示例
合计								

注：1. 2020 年新开、关闭、净增长、期末总门店数必须与分子公司级整体预算保持一致。
2. 此表城市列以地级市为单位填报（北上广深或其他有必要细分或者有代表性的最具有地标意义的市场可以酌情处理）。
3. 核心商圈指该城市排名前列的最具代表性的商圈，其零售总额、品牌影响力、客流量在该城市均排名前列。
4. 次级商圈指该地级市核心商圈以外的购物型、文旅型、枢纽型、综合社区型或其他性质的商圈。
5. 外埠商圈一般指县城商圈。
6. 核心商圈、次级商圈、外埠商圈填报该城市的商圈数量，言简意赅阐述该城市门店划分标准可酌情处理。
7. 发展策略以店面策略为主，兼顾其他策略。言简意赅阐述子公司级的门店发展策略，三种性质的商圈划分标准可酌情处理。

第3章 数字化赋能门店扩张与运营

表 3-2 城市覆盖表（例：长沙）

商圈名	编号	门店数						直接竞品门店数			对标品牌店数		
		2019年店数		2020年店数				名称	2019年店数		名称	2019年店数	
		期末	占比	新开	关闭	净增长	期末	占比		店数	占比		店数	占比
例：五一	H1													
例：东塘	C1											示例		
例：其他	W1													
合计														

注：1. 编号原则，H代表核心商圈，C代表次级商圈，W代表外埠商圈。
2. 占比＝该商圈店数／当期城市总店数。
3. 直接竞品指与绝味品类属性相同、客群相同、产品结构类似的品牌。
4. 对标品牌指与绝味在客味或客群类属性上类似的品牌。
5. 本表中2020新开、关闭、净增长、期末值必须与预算一致。
6. 原则上非商圈点位2019期末门店总数不得高于当期占比20%。

表 3-3 商圈覆盖表（例：五一商圈）

点位编号	门店类型	优先级别	基础信息			盈利分析				后期跟踪		
			具体位置	铺面次序		预估销售	预估租金	盈亏平衡点	投资回收期	责任人	加盟商	后续支持
				首选铺面位置	次选铺面位置	(元/天)	(元/月)	(元/天)	(月)			
例：H1-01	概念店	高	国金中心1F 茶雪の茶与星巴克之间	目前中岛盛香亭位置	中岛多经点位COCO奶茶店	15 000	120 000	11 825	7	示例		
合计												

注：1. 每一张商圈地图对应一张商圈覆盖表。
2. 具体位置与铺面图可能尺寸精准与详细，严禁太过宽泛的描述。
3. 后期追踪暂时可空缺，主要用于后续定期追踪开发结果。
4. 门店类型仅限于概念店、旗舰店、标准店、简装店。
5. 高优先级一般用于概念店，其他皆为普通级。
6. 该表的总点位数必须2倍于"城市覆盖表"中该商圈"2020新开店数"。
7. 投资回收期一栏独的计算不考虑转让费。
8. 非商圈点位的覆盖请汇总于单独的一张表，点位数同样必须2倍于城市覆盖表中"其他（非商圈）" 2020新开店数。

当下，成本高、人流不稳定等因素成为连锁门店经营的硬伤。下沉渠道给绝味提供了一个新的扩张思路。随着经营的深入，绝味发现下沉市场也有一线市场不可替代的优势。

- **消费者忠诚度高**：只要你服务到位，顾客回购率就高，老顾客还能为你引流。
- **消费者购买力较强**：三、四线市场生活压力相对较小，居民可支配收入也要多一些，而且下沉市场的消费者生活节奏相对较慢，时间也更加充裕，他们具备充足的消费条件。

本案例是绝味使用"三图三表"的典型案例，目前绝味在案例城市有近30家门店，主要布局在该市五大核心商圈，这些点位人流大、消费力强、收益可观，一直保持着稳健的盈利。绝味当地市场团队因地制宜，凭借扎实的服务、科学的门店布局与专业的管理模式，通过5个步骤的渗透升级，实现全部门店的全面盈利和品牌渗透强化。

第一步：升级门店形象。改变绝味门店在顾客心中的既有印象。

第二步：打造堡垒式商圈。在当地一个核心商圈500米范围内开设5家门店，抢占核心点位，提升品牌势能。

第三步：提升管理。面对不断扩大的经营规模，开展公司化运营模式，提高门店管理标准化，完善组织架构，明确分工，责任清晰。

第四步：提高顾客满意度。打造样板店，不断复制成功经验，试吃引流，提升消费体验，聚拢绝味"铁粉"。

第五步：渠道下沉。总结过往成功经验并复制推广，以社区作为切入点，重点围绕县城及乡镇区域进行深度开发，提高品牌渗透率，形成规模效应。

3.3.2　某全球知名咖啡连锁品牌数字化门店运营案例

某全球咖啡连锁店，拥有千万级别会员数量，但随着便利店咖啡的逐渐兴起，以及中国本土互联网基因的新型咖啡连锁的诞生，老牌咖啡巨头的市场份额被压缩，品牌需要快速建立便捷灵敏的数字化门店运营体系，通过颠覆性变革来谋求新的生机。

尽管该企业已经通过用户调研了诸多可延展的营销场景，但因为线上（App、小程序）线下（门店）数据的割裂，营销触点间的壁垒，导致诸多二次服务运营场景无法优化串联，流失了培育忠诚度的机会。其重要原因在于，这些企业尚未采取上下协调一致的策略，企业的业务系统林立，缺乏统一分析体系，难以有效驱动业务运营。

该企业数字化门店运营核心痛点主要为以下两点。

- **数据孤岛问题严重，数据价值难以释放**。多家服务供应商，数据彼此不互通；运营操作流程复杂，涉及多部门、多次数据提取；营销触点未打通，服务场景无法串联，流失客户忠诚的培育机会。

- **海量用户管理缺乏，品牌市场份额被压缩**。用户线索散落在各渠道，并未串通整合；无差别化沟通，单次沟通成本高，成效低；用户圈群依赖技术部门。

为解决上述问题，该公司引进门店运营标准化产品与业务定制化服务的组合，带来了切实可见的效果提升，从而在根本上帮助企业降本增效，提升企业的综合竞争力，精准预测市场趋势，快速抢占市场先机。这主要通过"三大重塑"实现。

- **重塑运营场景，优化用户体验**。通过实时营销手段，改变门店面销的营销方式，基于支付/社交平台互联网营销手段，优化人工智能PL（认知、兴趣、购买、忠诚）各环节的流程体验。
- **重塑分析方式数字化，洞察用户转化模型**。追踪活动运营及会员旅程中每一次浏览、点击、领取、使用行为，构建活动漏斗转化模型及用户转化 MOT 模型，将问题定位到运营的具体操作环节，合理优化营销策略。
- **重塑运营操作流程，提升运营效率**。通过搭建一站式营销管理操作平台，赋能运营人员独立操作复杂营销活动，并支持高性能高并发的业务模式。

3.3.3　某茶饮连锁品牌实现高效渠道扩张

优秀的品牌都在寻求大规模高质量的发展，如何大规模、高质量地选店和精耕是品牌发展面临的重要挑战。

1. 客户背景

该品牌在全国累计拓展 5000 多家门店，对于加盟门店的规划和店址筛选，较依赖招商开发人员的主观经验。在区域规划、选址决策中缺乏客观信息数据支撑，难以形成一套符合品牌拓展规划和精准选址的评估体系。

客户希望借助数字化选址系统，制定科学的全国区域发展策略，建立门店选址评估模型、单店成功模型以及销售预测模型，将门店历年的经营数据信息进行沉淀、分析和有效利用。

2. LBS 选址解决方案

LBS 选址主要涉及以下几个方面。
- **模型定制**：通过品牌萃取获得选址关键要素，融合业务经验与内外部数据集建立选址模型。
- **城市甄选**：输出优先扩张潜力城市建议清单。
- **商圈优选**：输出优选商圈及黄金栅格，潜力点位按照潜力排名从高到低铺开。高潜力位置输出定点评估报告。
- **成熟区域优化布局**：从目标城市中优选出合适的网点，并优化门店布局。
- **网点分析**：对门店做消费客群画像及深度分析报告，为精准选店及精细化营销提供数据支撑。
- **竞品追踪**：追踪主要竞品门店分布及开店数据。
- **系统互通**：打通 OA 和信息系统，一键下发，专人跟进，打通工作流。

3. 结合内外部数据实现门店经营分析

LBS 通过门店所在商圈的客流、客貌评估门店经营状况（见图 3-9），为店铺升级、调改提供数据基础，定期分析门店销量、进货量，评判其业绩，建立漏斗模型以筛选商圈客流量、周边客流量与购买量数据，评估店铺客流量健康程度。

腾讯 LBS 认为，只有颠覆自有数据结论，优化模型才能做出正确的决策。

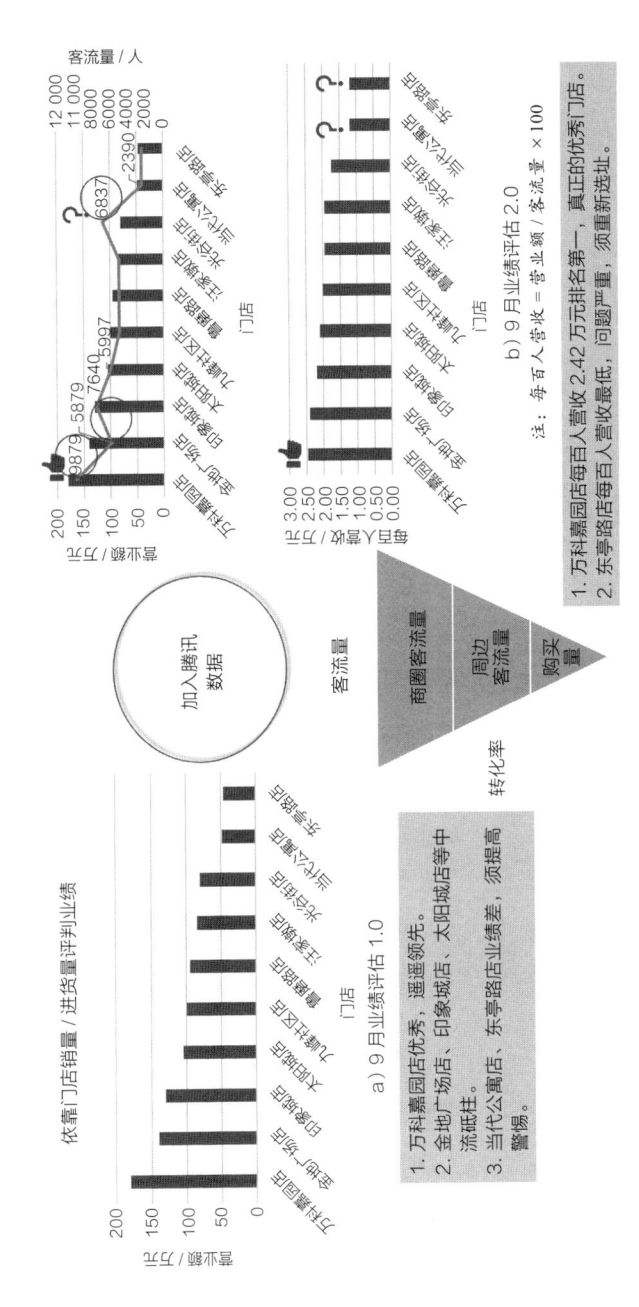

第 3 章　数字化赋能门店扩张与运营

图 3-9　门店业绩评估与客流量

第 4 章

数字化营销解决方案

本章将转向数字化营销,探讨如何利用互联网技术和数字化手段,设计和执行全渠道的营销策略。这不仅涉及线上线下的融合,还将包括公域和私域流量的结合,以及如何通过数字化会员运营深化用户关系,从而推动品牌增长和市场份额的扩大。

连锁餐饮企业的数字化营销指的是在数字化环境下,通过互联网技术和数字化手段,以线上为支撑,线下为延伸,设计、执行、评估、优化全渠道的营销策略和活动,目的是达到提升品牌知名度、促进销售增长、提高营业额和利润等目标。在数字化营销中,连锁餐饮企业可以利用数字化工具进行流量获取、转化和运营,获取大量的消费者数据,并将其分析结果应用于营销策略和推广策略的制定,以实现精准营销,提高用户体验,最终形成企业品牌推广的闭环。在当今餐饮行业,互联网数字化已经成为吸引年轻消费者和持续品牌曝光的关键。流量获取成本已经成为餐饮行业的第四大成本，餐饮品牌正进入竞争流量获取能力的时代。数字化营销已经逐渐成为互联网时代连锁餐饮企业市场竞争的重要的手段和趋势。

4.1 餐饮企业数字化营销的发展趋势

在数字化浪潮的推动下，餐饮行业经历了从传统经营模式到线上线下全渠道数字化经营的深刻变革。这一转变不仅重塑了餐饮企业与消费者之间的互动方式，也为企业带来了新的增长机遇和挑战。随着线上线下一体化、多渠道销售模式的兴起，以及公域与私域流量的有机结合，餐饮企业正逐步构建起一个全新的经营生态。

从全渠道经营到会员精细化运营，餐饮企业正站在数字化转型的新起点上。面对日益激烈的市场竞争和不断变化的消费者需求，企业必须不断创新和优化其数字化战略，以实现更高效、更智能的运营。接下来，我们将深入探讨餐饮企业如何通过数字化手段，实现从流量获取到用户深度运营的全面升级，以及如何通过技术和服务创新，打造具有持久竞争力的餐饮品牌。

4.1.1 线上线下一体，全渠道数字化经营成为必修课

如今，餐饮企业已经被数字化与移动互联网深度改变，线上线下全渠道数字化经营成为餐饮企业应对不确定性的必修课。过去十多年，移动互联网的兴起让餐饮行业发生了翻天覆地的变化。传统时代，堂食业务是餐饮的主场，所有的资产、设备、产品、顾客和人才都聚集在线下门店。然而，如今，餐饮企业的顾客、门店和产品等都已经线上化，并形成了一个数字化的"孪生世界"，线上和线下的地位旗鼓相当。面对各类黑天鹅等

不确定因素的影响，整个餐饮行业更加意识到线上主场的重要性，意识到完全依靠堂食的经营模式取得的成果是非常脆弱的。这种巨变促使餐饮从业者重新审视时间和空间设置，重新认识经营的触达能力。实际上，用户在哪里，经营就应该触达哪里。线上线下一体化已经成为餐饮行业发展的趋势。只做线下，将错失线上发展的增量机会，同样，只做线上，会因市场规模的绝对值还不够大而限制发展。在餐饮创业中，线下线上不能二选一，只有同时复合两个渠道、深耕双向，餐饮品牌才能赢得更大的发展空间。因此，在数字化转型的道路上，餐饮企业需要同时拥有线上门店和线下门店两个主战场，共同构成下一代门店的运营阵地。

近年来，"堂食+外卖+新零售"这种"三店一体"的新模式在餐饮领域获得了成功，如图4-1所示，整合各个渠道的流量，成为新增量的重要来源。这种多场景、多渠道销售模式使得餐饮企业能够实现全时段的营业，并为其找到新的增长渠道，增强抗风险能力，满足消费者的不同需求。堂食适合那些希望在餐厅内享受用餐环境和服务的消费者，外卖则方便了那些想要在家或办公室享受美食的消费者，而新零售则提供了零食、调料、礼品等商品的销售渠道，为餐饮企业带来了额外的收入。

根据中国互联网络信息中心的数据，截至2020年年底，网上外卖的用户规模已经超过5亿人，而2021年的网民渗透率迅速提升至52.7%，仅次于网络游戏。然而，与网络食品和网络购物等互联网应用相比，餐饮外卖的用户数量仍有很大的增长空间。根据美团的数据，餐饮企业提供在线优惠活动的门店数量从2019年到2021年增长了18.5%，平均每家门店的在线优惠活动数量从2019年的3.4个增长到2021年的4.1个，增幅达到17%。

图 4-1 三店一体

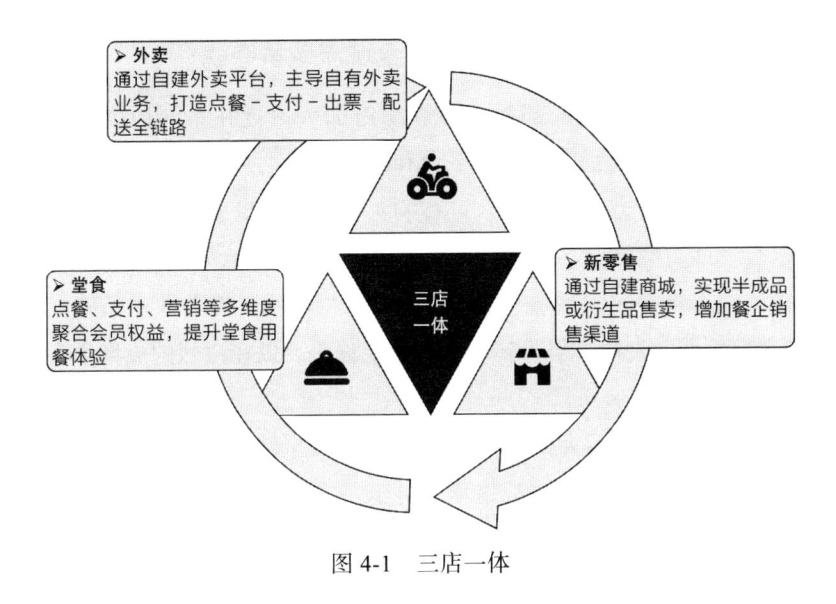

外卖：通过自建外卖平台，主导自有外卖业务，打造点餐－支付－出票－配送全链路

堂食：点餐、支付、营销等多维度聚合会员权益，提升堂食用餐体验

新零售：通过自建商城，实现半成品或衍生品售卖，增加餐企销售渠道

三店一体

餐饮企业经营正面临着新的动力，即零售化。为适应线上线下双主场的发展趋势，餐饮产品形态需要做出相应调整。预制化和零售化等多样化供给方式在市场上的需求进一步增长，增幅明显。在获取流量和持续增长的双重需求的推动下，零售化和食品化成为中餐经营的新动力。比如在遇到禁止堂食和封控等不确定"黑天鹅"事件时，线下实体门店遭遇困境，消费者的就餐行为明显也发生了变化，线上餐饮和居家烹饪行为增加，餐饮消费形式日益多样化，外卖、外带、预制菜等都在考虑范围之内。除了传统的堂食之外，还有更加灵活、细分的餐饮需求等待满足。在线下流量受阻时，餐饮品牌开始寻找突破点，探索新增量。他们加大了外卖业务的比重，并探索将餐饮产品零售化和食品化。借助新技术和新渠道，他们打破了餐饮堂食的时空限制，将经营范围延伸到全天候、无物理空间限制的领域。

4.1.2 公域私域结合，打响"全域流量争夺战"

近年来，各大头部餐饮品牌纷纷加大力度在不同的渠道上拓展流量，尤其是在短视频平台和团购平台上，通过主播的吆喝和特价促销等方式吸引观众进行购买，以获得更多的曝光和销售机会。随着餐饮市场进入存量竞争阶段，卷外卖、上团购、开直播、搞私域……品牌在多个渠道同时"下注"，越来越多品牌向"全域经营"进阶，努力转变成为全能选手，以在激烈的流量争夺战中取得优势。

没有公域做不大，没有私域走不远。"全域经营"成为互联网下半场精细化运营的决战之地。对于一线的从业者来说，全域经营是大势所趋，在提升品牌影响力、实现用户精细化运营、降低运营成本、提升用户体验，以及实现数据驱动的决策等方面具有重要意义。

首先，我们需要重新思考私域与公域。公域流量与私域流量是这几年比较热门的话题，私域流量快速得到了零售、服务行业中众多企业的重视。公域流量主要指的是通过各种外部渠道和平台获得的流量，包括线上的搜索引擎、社交媒体、团购平台等，以及线下的广告、传单等。餐饮企业会通过在这些渠道上进行推广、宣传和营销，吸引更多的潜在用户。私域流量则是指企业自身拥有的用户群体，包括会员、粉丝、订阅者等。餐饮企业通过建立会员体系、开展粉丝运营、发送定向营销消息等方式，与这些用户建立更紧密的联系，提高用户忠诚度和二次消费率。私域流量的优势在于餐饮企业可以随时、任意频次地与这些用户进行沟通和互动，提供更深入的服务和推广。无论公域流量，还是私域流量，对于企业而言都有不同的应用场景与价值，企业面对公域流量与私域流量，不应该是一个选择题。公域流量与私域流量，都是对企业有价值的流量，但企业在运营公私域流量时，应本着一个重要的原则，即"私域为本，公域为用"。私域流量是支持企业长期健康发展的根本，公域流量是企业私域流量的重要来源，两者要在合理的成本范围内，相互结合，利用好，如图 4-2 所示。那么企业应该如何定位公域流量和私域流量？可以参考以下策略：公域做品牌，私域做关系；公域做拉新，私域做复购；公域做曝光，私域做裂变；公域做种草，私域做互动。

过去，餐饮品牌的传播渠道主要是传统的线下广告、大众点评、微信公众号等。当下，快手、抖音和其他直播视频平台正在成为新的传播窗口。餐饮企业需要勇于尝试，积累自己的流量，综合公域和私域的力量，实现全域流量的获取。通过公域渠道吸引新用户，通过私域渠道提高用户黏性和复购率，从而达到全域流量的目标。单一的媒介已经无法成就一个品牌，只有把握全域数字化营销才能真正成功地打造一个餐饮品牌，如图 4-3 所示。

4.1.3　以用户为本，数字化会员精细运营成为关键

餐饮行业经过十多年的发展，数字化基础设施已经基本普及，成熟度和实用性也已经进入先进行列。在这个过程中也产生了大量的业务数据，包括但不限于收入、会员、菜品、成本、费用、采购等相关数据。对这些经营数据的利用使企业进入数字化精细运营阶段。从消费者的角度看，在数字化的浪潮下，消费者行为的多样性、品质化、社交化和数字化的趋势变得越来越明显。传统以商品为中心的营销模式已经向以用户为中心的模式转变，会员运营也进入了精准运营的新阶段。在这种变革的背景下，餐饮企业和消费者都经历了显著的变化。消费者期望通过交易建立更有意义的人际关系，因此会员运营更加关注用户的归属感、社会认同感和其他情感和内在需求。

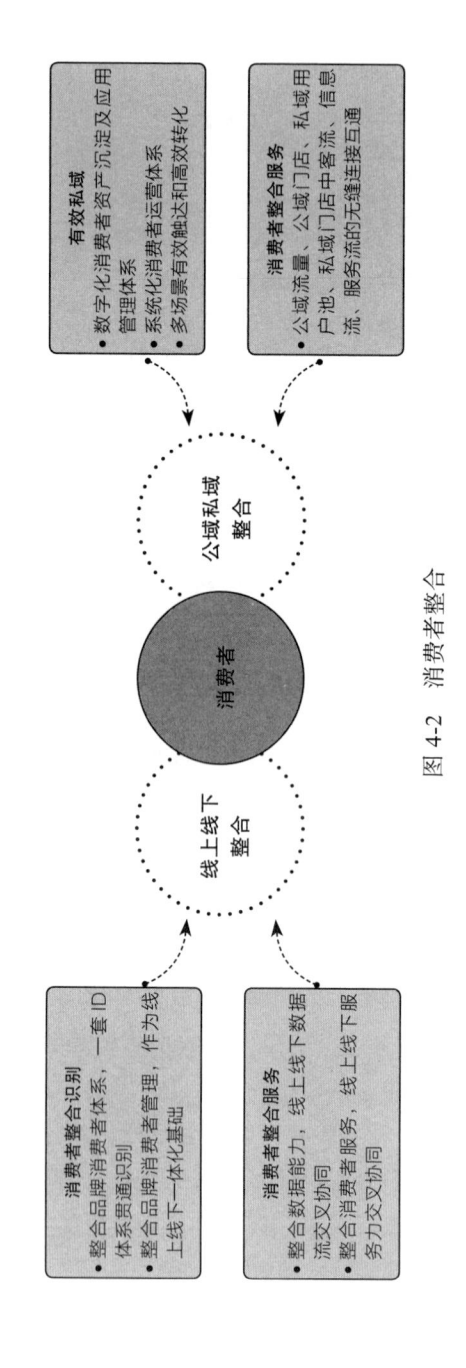

有效私域
- 数字化消费者资产沉淀及应用
- 系统化消费者运营体系管理体系
- 多场景有效触达和高效转化

消费者整合服务
- 公域流量、公域门店、私域用户、私域门店中客流、信息流、服务流的无缝连接互通

公域私域整合

消费者

线上线下整合

消费者整合识别
- 整合品牌消费者体系,一套 ID 体系贯通识别
- 整合品牌消费者管理,作为线上线下一体化基础

消费者整合服务
- 整合数据能力,线上线下数据流交叉协同
- 整合消费者服务,线上线下服务交叉协同

图 4-2 消费者整合

图 4-3 数字化运营

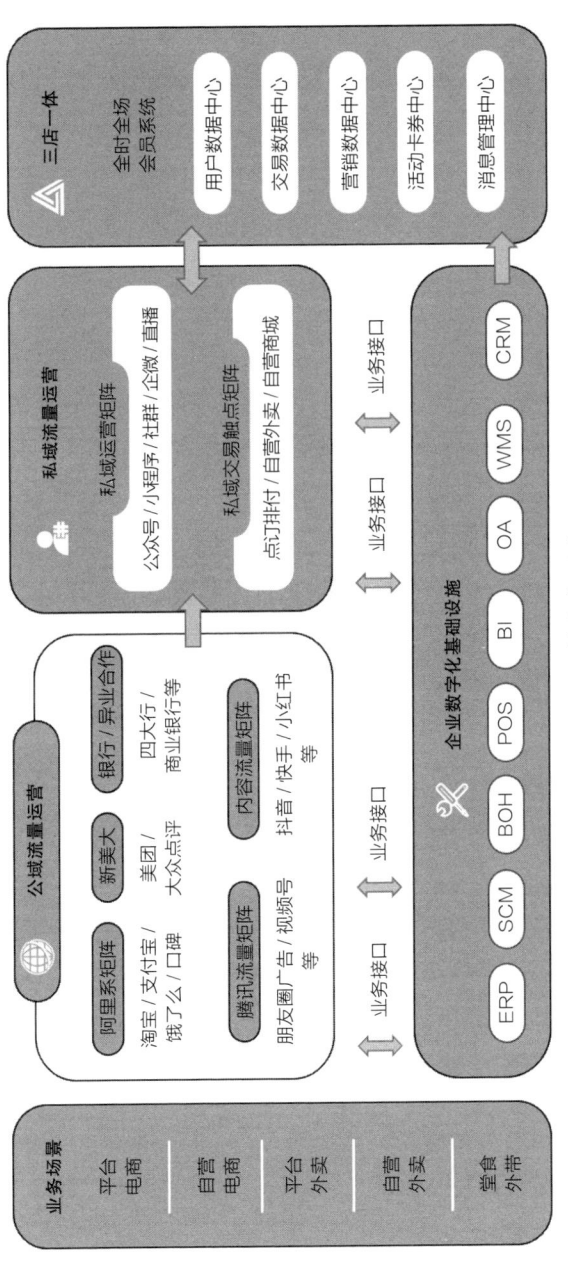

注：
SCM——Supply Chain Management，供应链管理。
BOH——Back Of House，后台管理。
OA——Office Automation，办公自动化。

对于餐饮企业来说，会员经济不再局限于一次性交易，更注重建立稳定和持久的用户关系，追求客户的全生命周期价值，以应对激烈的市场竞争压力。这需要餐饮企业能够清楚地勾勒出用户的画像，即了解用户的行为信息、反馈、痛点和需求，通过多维度分析来塑造会员画像，并进行全生命周期的精细化运营。通过数据分析和技术手段，餐饮企业可以实时了解会员的消费习惯、偏好和需求，提供个性化的推荐和定制化的服务。比如基于数据模型进行深度运营，包括精准营销、生日营销、忠诚营销、消费提频等手段。例如：根据会员数据，识别即将过生日群体，提前发起生日祝福；关注会员活跃度曲线和流失拐点，识别会员最佳唤醒时间，自动发起活动等。餐饮企业在数字化时代需要注重会员运营，通过精细化的用户画像和个性化的服务，建立稳定和持久的用户关系，提升用户的归属感和社会认同感，实现可持续发展，如图4-4所示。

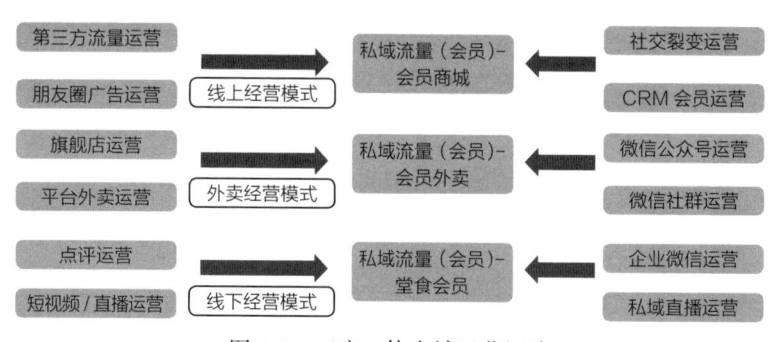

图4-4 三店一体全域运营矩阵

4.2 数字化营销方法论

餐饮企业品牌高质量增长公式如图4-5所示，数字化营销将成为餐饮企业高质量增长公式的加速器，二者相辅相承，形成全新的数字化营销方法论。

餐饮企业品牌高质量增长 = 渠道增长 × 生意增长 × 用户增长

图 4-5 餐饮企业品牌高质量增长公式

4.2.1 渠道增长：线上线下一体的全渠道运营

当今消费者迫切需要一种与众不同的购物方式，希望获得个性化、始终如一的全渠道体验。仅靠数字方式复制传统的商业模式已不能满足消费者的胃口。与此同时，市场竞争日趋激烈，利润不断受到侵蚀，迫使商家必须提高经营效率。长期以来在传统的营销模式下，餐饮企业较难找到抓手。各渠道之间信息不透明，分销冲突时有发生，营销较难形成合力，而数字化时代如何发挥大数据优势，形成线上线下一体的全渠道数字化运营模式，满足客户个性化需求，提升客户体验，成为亟待解决的难题。

传统渠道运营模式经常出现乱价、渠道冲突等现象。其中，渠道冲突有多种表现形式：有些可能是无害的市场竞争摩擦；有些可能对品牌商有利，促使加盟商适应竞争环境；有些冲突则可能对品牌商造成严重损害。危险的渠道冲突通常发生在一个渠道开始服务于已经有其他渠道服务的客户群体时，可能导致渠道经济的恶性发展，加盟商可能报复品牌商或停止销售产品。

判断渠道冲突隐患的关键在于回答 4 个问题：渠道是否服务于同样的最终用户？是否存在互利的误解？加盟商利润下滑是否由新渠道引起？各渠道的衰退是否影响品牌商利益？

如果渠道冲突具有潜在危险且品牌商大量产品依赖该渠道，品牌商必须采取行动来缓解形势。渠道冲突不可避免，但并非所有冲突都同样危险。关键在于识别冲突的根源和潜在隐患，而优秀的品牌商能够预见并重新思考渠道策略，以防止潜在的问题发生。缺乏渠道管理能力的品牌商可能会在冲突面前反应过激或坐视不管，从而导致更大的损失。

全渠道管理是一种解决渠道冲突的十分有效的手段，它通过整合线上线下及多渠道资源，提供了一个统一的平台来协调和管理不同销售渠道之间的关系。这种管理方式有助于消除数据孤岛，确保各渠道间信息的透明和一致性，从而减少因信息不对称导致的冲突。全渠道管理强调以客户为中心，通过数据分析和市场洞察，实现对客户需求的精准把握和满足，这不仅提升了客户体验，还促进了渠道间的协同合作，共同为品牌商和加盟商创造更大的价值。

多渠道运营的连锁餐饮企业明白，为了适应数字化的未来，它们需要进一步开展业务转型。但它们面临一个巨大的问题：地域的扩张、渠道的多元化以及客户期望的不断变化，导致了企业的组织架构异常复杂，而且各个地区、各个部门往往各自为战。这导致运营成本和库存居高不下，工作效率低下，降价促销成了经常使用的手段，而这又对利润产生严重影响。面对这种环境，全渠道怎么布局成为难以攻克的一个挑战。

线上线下一体化渠道通过线下渠道建设来提升品牌认知度，利用有限资源占据高价值空间，打造多品类丰富选择，从上往下拓店策略，优化团队招募培养，实现线上线下数据打通，注重数据洞察和柔性供应链体系搭建。

渠道增长是指通过拓展各种市场渠道，增加销售渠道和服务渠道，促进企业的业务增长和潜在营收。只有适应现代市场及消费者需求，采用更精准和多样化的营销渠道和方式，才能实现企业发展的长期稳定。连锁餐饮企业的渠道增长包括以下几个方面。

- **线下渠道**：由于连锁餐饮企业的经营特性，线下渠道是其最主要的销售渠道，可以通过开设新门店、加盟连锁店、优化店铺布局等方式，提高线下门店的经营能力，增加销售机会。
- **线上渠道**：连锁餐饮企业可以开设官方网站、社交媒体账号、App、第三方平台销售和送餐业务等，增加线上销售渠道和服务渠道，吸引更多的潜在客户。
- **外卖平台合作**：连锁餐饮企业与第三方外卖平台合作，强化外卖渠道的覆盖范围和扩展性，提供多样化的送餐服务，提高用户的购买体验和忠诚度。
- **O2O 渠道**：O2O（Online to Offline）即线上到线下的业务模式，连锁餐饮企业可结合自身实际情况，开发相关 O2O 业务，只有通过线上与线下多元渠道的整合和拓展，才能更好地稳住市场和增长潜力，如图 4-6 所示。

4.2.2　生意增长：公域私域结合使单客价值最大化

生意增长是指通过不断提高经营效率、增加营销渠道、扩大销售规模和优化服务质量等手段，实现营业额、客流量和盈利水平的稳定提升。只有重视品牌价值、优化生产、提高服务质量、拓展销售渠道等方面的工作，才能在激烈的市场竞争中获得优势，并获得长期稳定的发展。连锁餐饮企业的生意增长可以从以下几个方面展开。

- **品牌价值提升**：连锁餐饮企业需要不断提升品牌价值和知名度，以吸引更多消费者和投资机构的关注，从而实现营销的最大化效果。
- **业务覆盖拓展**：连锁餐饮企业需要通过扩大业务范围、创新业务模式等多种方式拓展业务，以增加销售额和利润水平。

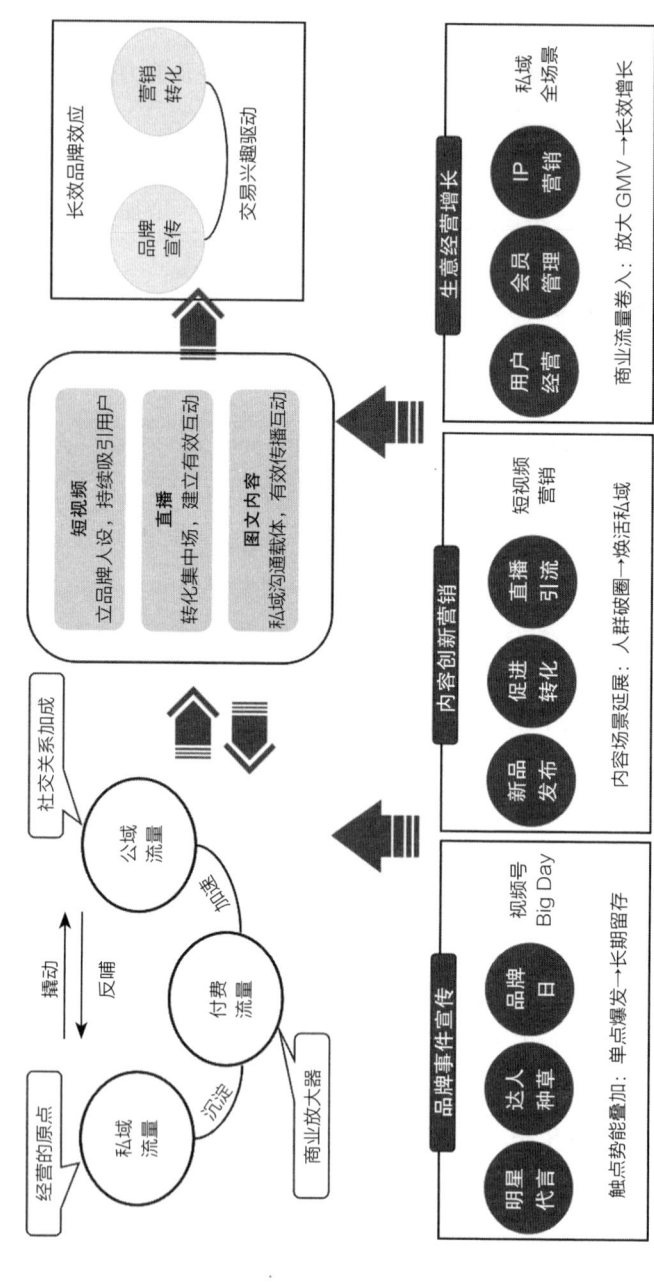

图 4-6 线上线下一体化的运营平台

注：GMV——Gross Merchandise Volume，商品交易总额。

- **优化供应链**：优化供应链管理，控制成本支出，提高生产效率，节约成本，减少浪费，从而为企业带来更大的利润和收益增长。
- **满足客户需求**：连锁餐饮企业应注重顾客需求，提高餐品质量和服务质量，不断改进生产和服务流程，如图4-7所示，提升用户体验，增加客户满意度和忠诚度。

众所周知，私域不是天然存在的，所有私域用户一定是从公域或其他渠道吸引过来，成为企业用户后再进入私域。那么品牌可以通过哪些渠道实现私域用户的积累？

- 线上渠道，一方面品牌可以通过微信域内的朋友圈广告、公众号、视频号等渠道获得公域流量，另一方面可以通过私信、评论区、包裹卡、人工智能外呼以及RPA（机器人流程自动化）形式将其他平台域内的流量引入私域流量池。
- 线下渠道，可利用商品包装、二维码、门店物料，以及快闪店活动等方式实现线上私域的快速积累，其中导购也是线下私域用户的重要来源之一，对于零售企业来说，导购日常维护的私域池能够发挥更大的价值。
- 异业和IP合作，微盟已打造了包括蒙牛早餐奶×桂格燕麦等多种形式的异业和IP合作，通过异业提炼不同品牌的价值主张和共同点，达成声量和销量的提升。

品牌在运营私域用户过程中，需要用数字化工具不断进行数据治理、用户打标以及分层。在分层过程中，我们会识别出哪些是沉默用户，哪些是活跃用户，哪些是价格敏感型用户等。我们可以通过数字化工具将私域用户分层后，再去做不同渠道的引流并完成销售转化。例如针对一些主流电商平台，我们可以将公域和私域看作一种合作关系，在大促节点时，通过在私域企微1对1的引导、社群互动，将价格敏感型用户引导到平台电商进行转

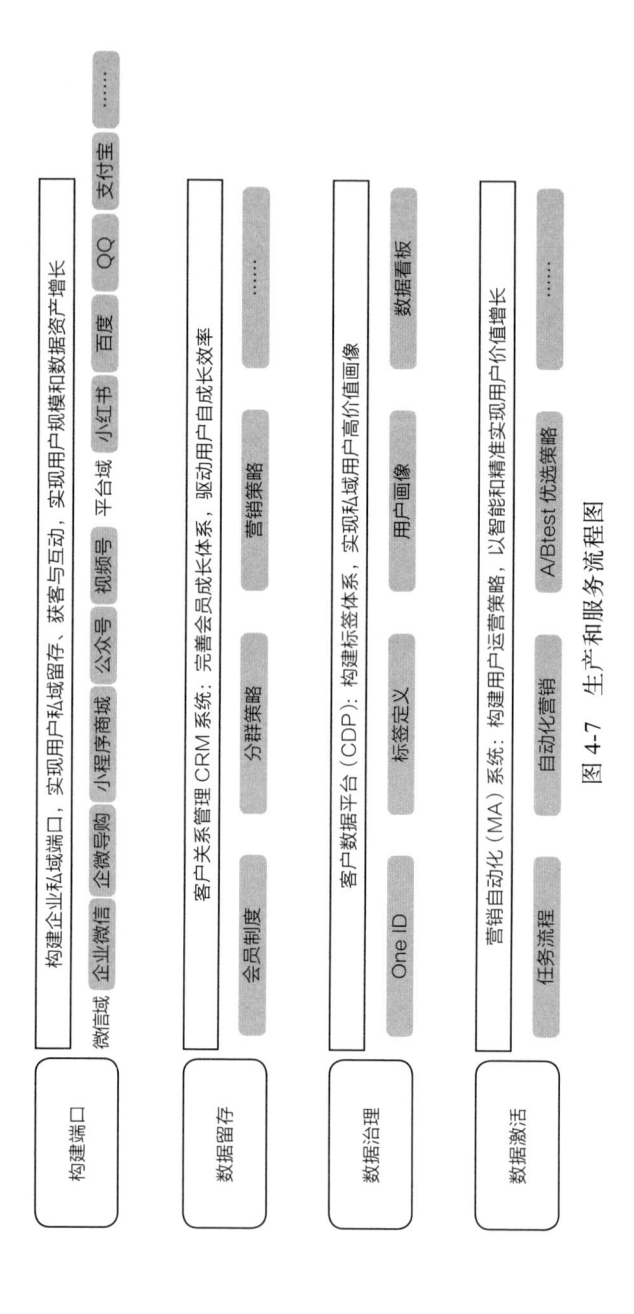

构建端口	构建企业私域端口，实现用户私域留存、获客导购、实现用户规模和数据资产增长
	微信域：企业微信、企微导购、小程序商城、公众号、视频号
	平台域：小红书、百度、QQ、支付宝、……

数据留存	客户关系管理CRM系统：完善会员成长体系，驱动用户自成长效率
	会员制度、分群策略、营销策略、……

数据治理	客户数据平台（CDP）：构建标签体系，实现私域用户高价值画像
	One ID、标签定义、用户画像、数据看板

数据激活	营销自动化（MA）系统：构建用户运营策略，以智能和精准实现用户价值增长
	任务流程、自动化营销、A/Btest优选策略、……

图 4-7 生产和服务流程图

化；也可以通过公域广告针对老客户进行定向投放，借助微信广告跳转到京东、天猫等电商平台，实现用户下单。同时，在私域中品牌还可以利用外部的资源，例如社群分销和达人分销等，去推广商品链接和店铺链接，通过分销裂变实现转化的持续放大。

在餐饮行业中，私域流量的建设和运营尤为关键，因为它有助于提升顾客忠诚度、降低获客成本，并提高复购率。具体做法如下。

- 建立会员系统：通过会员注册，收集顾客信息，提供会员专享优惠、生日特权、积分兑换等功能，增强顾客黏性。
- 微信公众号/小程序：利用微信公众号发布餐厅动态、优惠活动，通过小程序提供在线点餐、预约座位等服务，方便顾客操作，同时收集用户数据。
- 社群营销：建立微信群或其他社交平台的社群，定期发布优惠信息、互动活动信息，维护顾客关系，同时收集反馈，优化服务。
- 个性化推荐：根据顾客的消费记录和偏好，通过短信、邮件或 App 推送个性化的菜品和定制化服务。
- 线下活动：举办线下活动，如美食节、烹饪课程、品鉴会等，吸引顾客参与，增强品牌体验，同时增加顾客与品牌的互动。
- 顾客反馈机制：建立有效的顾客反馈渠道，鼓励顾客提出评价和建议，及时响应并改进，提升顾客满意度。
- 私域流量的数据分析：对收集到的顾客数据进行分析，了解顾客行为和偏好，为营销决策提供依据。
- 品牌故事和文化传播：通过内容营销，讲述品牌故事，传播餐饮文化，提升品牌形象，吸引并留住有共同价值观的顾客。

通过上述策略，餐饮企业可以有效地构建和管理自己的私域流量，实现更高效的顾客管理和营销推广。

4.2.3 用户增长：数字化会员精细运营

用户增长是指通过各种市场推广活动和用户服务，吸引更多的潜在消费者使用该连锁餐饮企业的产品和服务，从而提高企业的用户总数和业绩增长。具体来说，连锁餐饮企业的用户增长包括以下几个方面。

- **新用户增长**：引入并获得新增潜在用户，促使他们第一次使用连锁餐饮企业的产品和服务。常通过口碑传播和营销活动等方式吸引新用户。
- **用户留存**：不断提高和改善用户体验和服务，维持现有用户的忠诚度和满意度，并通过多种渠道持续提供优惠促销活动等手段，确保用户的留存。
- **用户回流**：对于一些流失的老用户，可采取营销活动等方式重新引导其回流，并加强与用户的接触和沟通，提高用户关系管理的水平和效果。
- **用户复购**：通过各种优惠、折扣等营销策略，以及产品交叉销售等方式，逐步提升用户的消费频次和消费水平，促使用户对连锁餐饮企业更加依赖。

具体举措如下。

1. 全场景建设，激发品牌生意增长

不同社交媒体平台和电商领域的私域建设与运营策略共同构成了一个全面的品牌私域运营框架，旨在通过精细化运营和创新的营销手段，建立和维护与消费者的长期关系，如图4-8所示。

第4章 数字化营销解决方案

微信生态私域建设					小红书生态私域建设		快手私域建设
▶ 公众号运营	▶ 商城运营	▶ 直播运营	▶ 社群运营		▶ 小程序运营	▶ 小红书专业号	▶ 定制经营主业
品牌调性设计	商城及触点搭建	品牌对外形象调研	社群分层运营		小红书商城搭建	素人达人内容种草	打造品牌主页优质内容
菜单栏布局规划	页面设计/会员中心	视频号 Big Day	沉淀高价值用户群		选品运营建议	内容沉淀产品亮点	定制服务号内容体系
内容运营规划	选品运营规划	品牌联名 IP 打造	泛用户群维护		产品联动种草爆量	商城优惠活动分享	分子体系化/精细化运营
后台消息提醒	引流/爆款/高利润	直播流程监控	社群日常运营		引流款打造	平台 IP 活动联动	增强产品画面感/卖点
引流-沉淀路径	会员成长体系搭建	达人库筛选	社交海报设计推送		KOL/KOC 挂锁	品牌联名打造	打造专业人设嘴反哺经营
引流商城链路	会员充值积分体系	培训/带教/代播	优量/节日大促		会员体系搭建	评论区内容引导	深挖粉丝需求

内容运营	直播赋能	达人合作	客户成功	服务保障
生产高质量的内容文案/短视频/直播等	适配电商行业的组货策略和直播代运营能力	建立 KOL/KOC 达人库提供长期稳定合作	SaaS/销氮及定制开发等产品售后支持	全链路的品牌服务能力保障消费者购物体验

图 4-8 线上运营建设

微信、小红书和快手等平台的私域建设,以及公众号、商城、直播、社群和小程序等不同渠道的运营侧重点有所不同,但基本内容均包含品牌建设、内容营销、用户群体沉淀、产品选品、会员体系搭建等多个方面。此外,KOL和KOC的合作、品牌联名IP的打造,以及提供高质量的内容和客户服务等策略也尤为重要,旨在增强品牌影响力,提升消费者购物体验,并实现商业价值的最大化。

2. 精细化私域内容服务力

回顾私域的实践及演进过程,大致可分为两个阶段:第一阶段以社交关系链接为基础,实现分销铺货。随着社交媒体的发展,新平台流量增长越来越迅速,私域进入第二阶段,即从公域渠道引流,再到私域完成留存和转化。在这个阶段,我们看到一些非常活跃的客户,他们更多集中在低频高消行业,由于高客单价拉长了成交周期,需要与用户建立更高的黏性和信任,例如家居家装、教育培训、婚纱摄影等。

私域对于品牌的战略意义是显而易见的。过去几年,快消品行业也逐渐进入私域生态中。基于快消品更加复杂和丰富的生意模式,私域进入全面的全域联通的时代。围绕全域用户经营,品牌不仅要完成公域和私域的整合,同时也要完成品牌和渠道的整合,以及线上线下营销的整合。

用户在私域如何被激活?我们可以回到经典的AIPL(Awareness、Interest、Purchase、Loyalty,知道、兴趣、购买、忠诚度)模型,在整个用户的生命周期中,我们需要不断通过内容运营(A)、活动运营(I)以及商品策略(P)激活用户,通过这样的组合策略让用户成为品牌的忠实消费者(L)。在做用户沉淀的过程中,我们会在私域生态建立全方位的触点,不断与用户发生更多的联系和交易，如图4-9所示。其中，公众号是流量枢纽阵地，视频号是加热拉新阵地，企微是长效运营阵地，社群是社交互动阵地，最后落到商城——流量变现阵地。

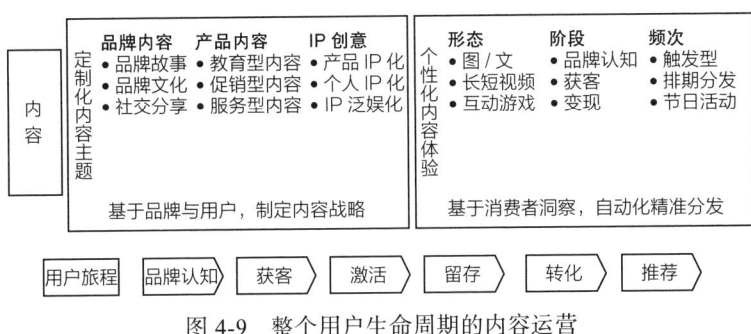

图4-9 整个用户生命周期的内容运营

3. 内容创新营销

内容创新营销是指通过创新、多元化的内容形式和策略，不断提供有价值、有吸引力的品牌内容，以提升品牌认知度、印象和忠诚度，从而为品牌持续增长提供品质保障。餐饮企业可以从以下几个方面做内容创新营销。

- **品牌故事营销**：通过讲述品牌背后的故事、诠释品牌的设计理念、传递品牌的核心价值等方式，激发消费者对品牌的情感共鸣和认同感。
- **UGC（User-Generated-Content，用户生产内容）营销**：通过引导用户参与品牌内容创作和分享，提高用户互动性和参与感，增加品牌曝光度和声誉。
- **互动内容营销**：通过互动营销游戏、虚拟现实演示等手段，增加品牌与用户的互动性，提高用户参与度和品牌黏性。
- **多元化内容营销**：通过多样化的内容创作形式，如文字、图片、视频、直播等，提供丰富、多元化的品牌内容，吸引更广泛的用户关注和参与。
- **社交媒体营销**：引领社交媒体营销趋势，结合热门话题、社交平台，打造有趣、有价值的品牌内容。
- **内容运营管理**：通过优化内容运营策略、分析数据等方式，提高内容传播效果，提高用户参与度和信任度，提高用户品牌忠诚度。

4.3 数字化营销工具

说到营销数字化，很多人肯定会想到大众点评、微信、社群、公众号、视频号、抖音、小红书、搜索引擎等。这些营销工具是必不可少的，但是介绍这些工具使用的图书和文章已经很多了，所以这里就不展开了。本节重点介绍更深层次的数字化营销工具。

餐饮企业的数字化营销需要借助数字化工具才能实现全渠道打通、全域流量获取、会员精细化运营等，从获客到互动、转化、复购、裂变，打通全渠道数字化营销通路，巩固私域阵地。数字化营销工具主要包括用于数据留存的客户关系管理（CRM）系统、相当于中央数据中心的客户数据平台（CDP）系统和用于数据激活的营销自动化（MA）系统这三大类，如图4-10所示。对应的具体产品很多，企业可以选择现有产品，也可以选择自研。

CRM系统是一种以客户为中心的软件系统，旨在帮助企业管理与客户的关系和互动。它的核心功能包括客户数据的收集、存储和分析，客户互动的跟踪，销售过程的管理以及客户服务和支持的提升。CRM系统通过整合客户信息，使企业能够全面了解客户的需求和行为，从而制定更有效的销售策略和营销计划。简而

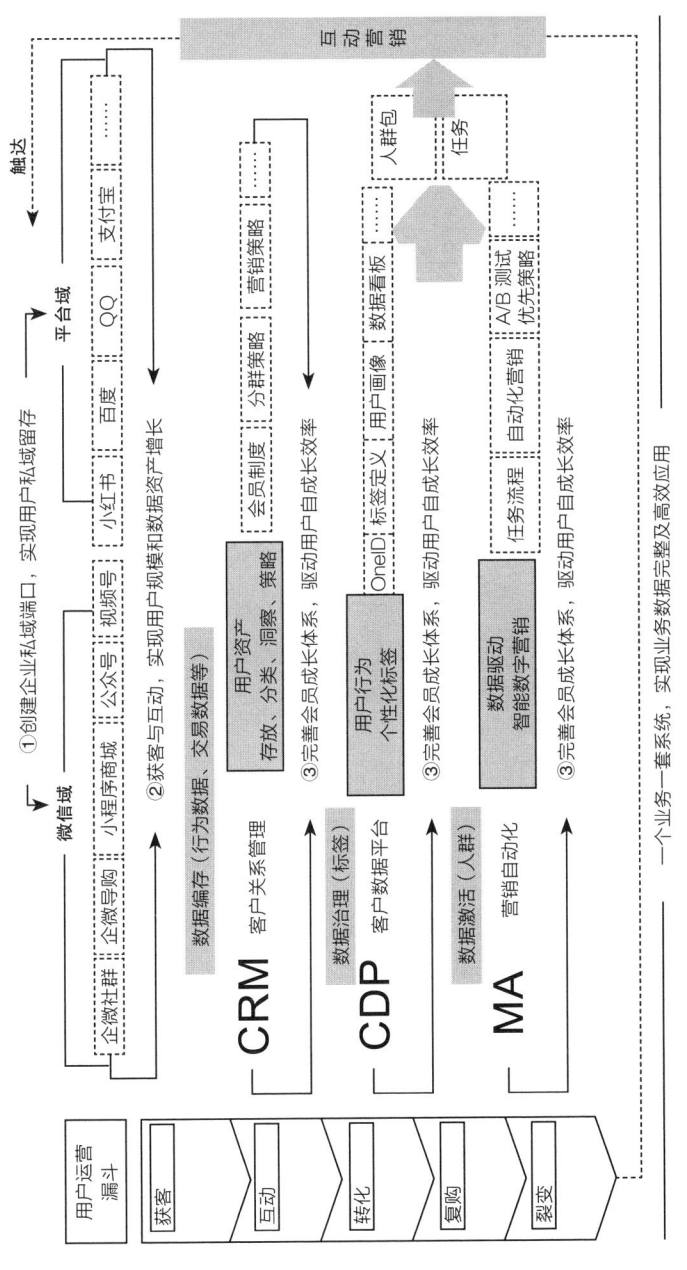

图 4-10 一个业务一套系统

言之，CRM 系统是企业与客户关系管理的重要工具，它通过技术手段优化客户互动过程，帮助企业提高销售效率，增强客户服务质量，最终实现业务增长和市场竞争力的提升。

CDP 是一种从多个来源集成客户数据的软件，它为组织提供了应对不断变化的消费者行为所需的工具。CDP 的主要功能包括数据收集、数据预处理并建立映射关系、用户细分、数据应用和报表输出。CDP 通过整合不同平台和渠道的客户数据，创建统一的客户视图，帮助企业更好地理解客户偏好，并创建个性化的营销活动、内容和用户体验。CDP 的优势体现在于数据一致性、处理效率、数据存储、数据细分和数据耗用等方面，它能够消除数据孤岛，确保所有团队都在同一个信息库中工作，从而提高营销活动的针对性和效果。

MA 系统是一种通过技术手段实现营销流程自动化的工具，它涵盖了从潜在客户获取、线索培育、客户转化到客户留存等多个环节。MA 系统的主要功能包括客户数据管理、营销流程自动化、营销效果追踪、自动化报告生成和跨渠道营销。通过这些功能，MA 工具能够优化营销流程，提高营销效率，降低营销成本。MA 系统通过自动化工具和技术，帮助企业构建全面的客户画像，自动执行一系列营销任务，实时追踪营销活动的效果，并生成各类营销报告，为企业决策提供数据支持。

上述三类系统并不是割裂的，我们认为，餐饮企业应该以这三类系统为核心构建"全渠道一体化平台、全域营销获客平台、会员精细化运营平台"，下文将从这三个平台详细展开介绍。

4.3.1 全渠道一体化平台

餐饮企业需要构建全渠道一体化平台，以便为消费者提供一体化的体验。这个平台包括门店一体化、服务一体化和权益一体化 3 个方面。

1）门店一体化：这部分主要涉及以下几个因素。
- **品牌**：保持品牌形象的一致性，无论是实体店还是线上。
- **会员**：会员系统整合，确保消费者在任一门店都能享受会员权益。
- **库存**：统一管理库存，实时更新，以便客户可以了解各门店的产品存货情况。

2）服务一体化：这部分主要涉及以下几个因素。
- **自助服务**：允许客户通过自助服务系统点餐、结账，提升服务效率。
- **智能推荐**：根据客户的历史购买记录和喜好，提供个性化菜品推荐。
- **智能客服**：24小时在线客服，能够解答客户疑问，处理订单问题。

3）权益一体化：这部分主要涉及以下几个因素。
- **积分**：客户可以在任何门店或线上消费时赚取积分。
- **优惠券**：统一的优惠券系统，客户可以在任一门店使用。
- **会员日**：定期会员日活动，为会员提供额外的优惠和权益。

餐饮企业全渠道一体化平台还包括其他辅助功能，例如智能分析和数据反馈，这些可以帮助餐饮企业更好地理解客户，并提供更加个性化的服务。通过这些集成化的功能，餐饮企业可以提升客户满意度，加强客户忠诚度，并最终推动销售增长，如图 4-11 所示。

4.3.2 全域营销获客平台

全域营销获客平台最主要的作用就是辅助企业完成引流并使客户留存下来。所谓全域，就是私域和公域全覆盖。

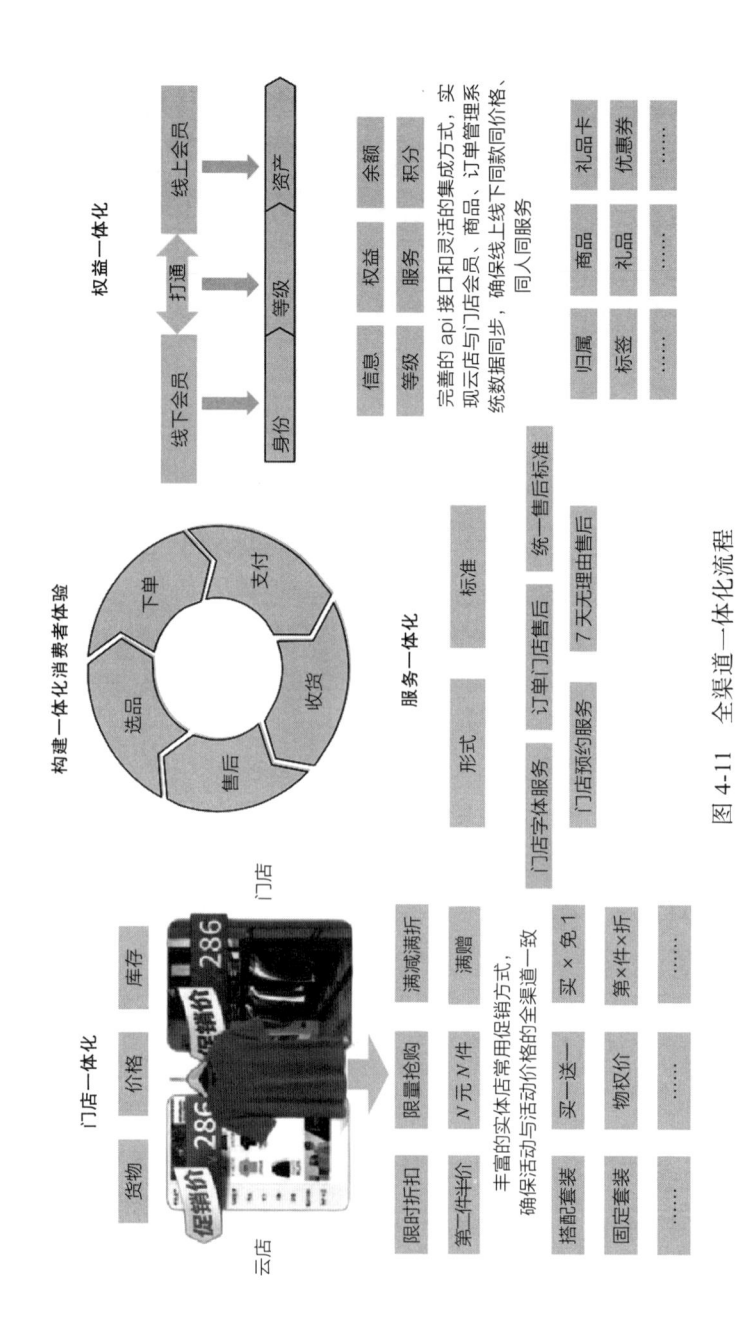

图 4-11 全渠道一体化流程

1. 服务半径与服务方式

对餐饮门店的服务半径进行详细划分，根据不同服务半径内的消费者特点，可以有针对性地进行全域营销平台和运营策略的选择，如表 4-1 所示。

- 1km 以内的用户往往是直接到店客户，因此门店应注重提供良好的到店体验，通过一系列运营动作如扫码点单、面对面发券、等位服务等，来促进客户的持续复购。
- 在 1～3km 的服务半径内，门店应通过各种营销活动吸引商圈人流到门店，例如储值活动、积分兑换、礼品卡、优惠券等，这些活动可以有效地锁住这部分客流。
- 在 3～5km 的服务半径内，除了传统的门店覆盖范围，品牌商家可以借助生态平台的能力进行外卖到家服务，通过全渠道主数据管理、消息触达与活动投放、团购业务管理、外卖点单、聚合配送等服务来协助运营与资源策略布局。
- 对于 5km 以外的远距离客流，品牌商家可以依靠生态平台提供的电商内容、消费场景等方式，通过微商城、电商小店等衍生更多的零售场景。同时，类似数盈这样的产品可以提供电商业务管理、统一分账、数据分析、智能 BI 等产品服务帮助品牌商家突破场域交易限制。

通过扩大门店的辐射范围，品牌商家可以获得更多的门店客流和用户群，提升运营效果和营业额，实现运营目标，如图 4-12 所示。

2. 优化客户留存的方式

私域场景化运营工具可以通过以下方式优化客户留存。

表 4-1 新型消费连锁品牌全域经营生态

渠道	1km扫码点餐 促进反复到访	3km预约到店 人群引至门店	5km外卖便捷到家 服务到家	5km+电商 突破场域交易
线下门店	到店业务管理	自营外卖业务管理 物料投放管理 门店储值 门店发券活动	配送管理 骑手管理 POI售卖团购 POI快捷点单 门店评价管理 直播短视频挂载宣传门店 门店社群运营	配送费分账明细 营销补贴分账明细 日结账单 门店余额订货 智能补货建议 经营异常告警 渠道订单分析 商品销量排名 门店客群分析
品牌与营销	蜻蜓BC 智能POS 小程序码 自助点餐机	优惠券 礼品卡 权益卡 品牌储值 储值活动 积分兑换 互动游戏	外卖点单 聚合配送 全渠道消息触达 全渠道用户管理 全渠道门店管理 全渠道商品管理 全渠道订单管理 全渠道活动投放管理 精准事件营销 广告投放	微商城业务管理 电商业务支付 聚合支付 统一分账 发票管理 经营诊断 巡店考核 埋点管理 数据分析 智能BI

第4章 数字化营销解决方案

微信生态	到店点单小程序 面对面发券	商家会员卡 支付有礼发券 企业微信 订阅消息 预约到店点单小程序	学生卡 视频号微信团购 商家粉丝群 自营外卖小程序 订阅地图点单小程序 腾讯地图快送 门店快送	自营微信商城
支付宝生态	到店点单小程序	商家会员卡 支付有礼发券 订阅消息 预约到店点单小程序	学生卡 支付宝团购 芝麻GO 人群有礼 消费圈实券 直播实券 商家粉丝群 自营外卖小程序 高德地图点单小程序	L100会员通 阿里本地通实券 自营微商城
美团	美团在线点单	美团联名卡 美团团购自核销 美团在线点单预约到店	外卖会员 人群有礼 美团团购直播实券 商家粉丝群 团购配送 美团外卖	
抖音	核销点单小程序		抖音会员 抖音外卖团购配送 抖音团购 抖音直播 POI、直播、短视频实券	抖音电商
快手			POI、直播、短视频实券	快手电商
小红书	到店核销点单小程序		小红书团购	小红书电商

图 4-12 四大运营目标

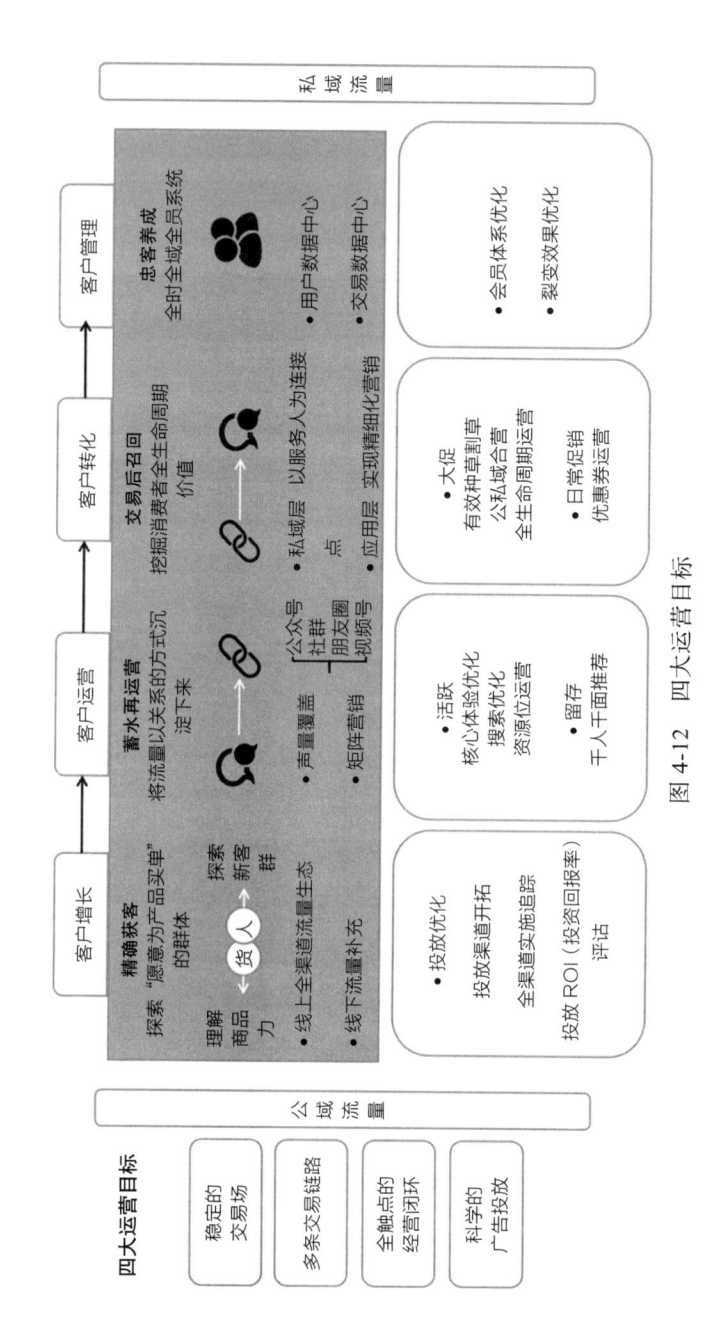

- **个人/群营销任务**：工具支持多类型营销内容推送，可以根据客户的特征和需求定制不同的营销任务。通过智能提醒执行功能，工具可以定时提醒执行营销任务，确保活动的及时发布和执行。一键定向触达客群功能可以根据客户的属性和行为特征，快速将营销内容推送给目标客群，提高营销效果和转化率。
- **客户个性运营**：场景化运营工具提供多重运营功能，可以根据不同客户的特征和行为，实现个性化的运营活动。通过分析客户的购买历史、喜好和偏好，工具可以推荐相应的产品或提供个性化的优惠活动，提升客户的参与度和满意度。
- **社群精细化管理**：场景化运营工具内置了完善的群运营能力，可以实现群精细化管理。通过设置自动化运营能力，工具可以自动化地管理社群，包括自动回复、定时发布等功能，提升社群的互动性和参与度。这有助于增强品牌影响力，提高顾客忠诚度。

综上所述，场景化运营工具可以帮助餐饮企业优化客户留存，实现个性化运营和社群精细化管理，提升客户满意度和留存率，如图4-13和图4-14所示。

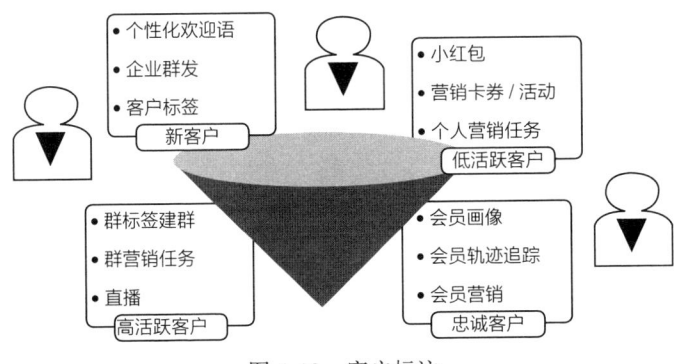

图4-13 客户标注

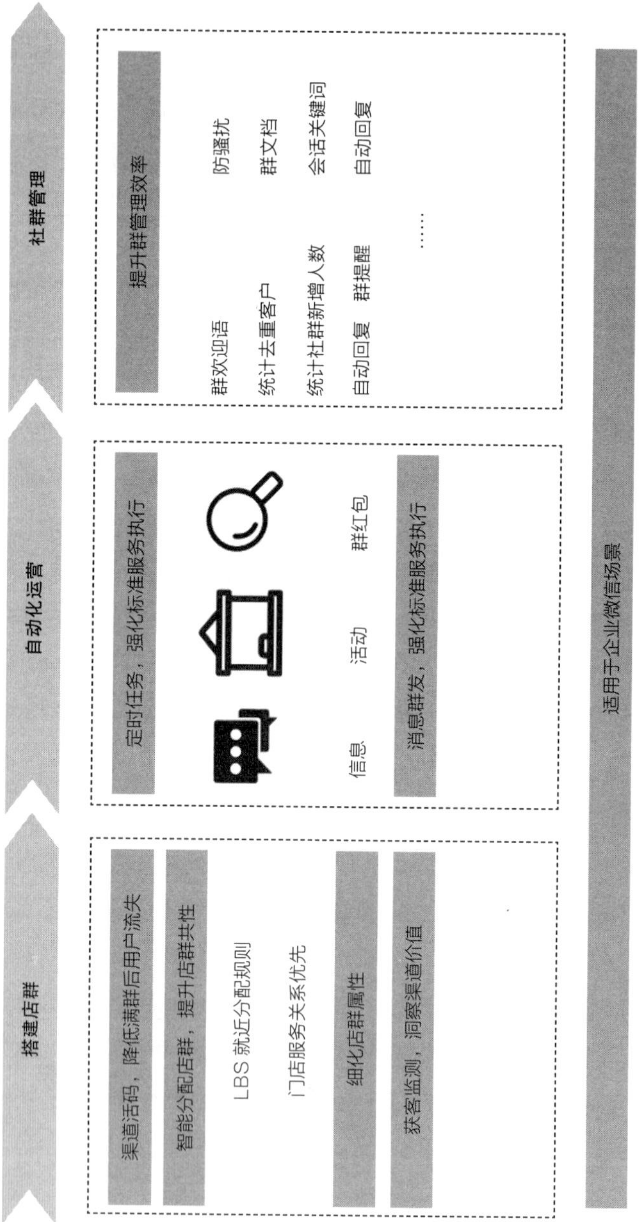

图 4-14 运营模式（适用于企业微信场景）

搭建店群
- 渠道活码，降低满群后用户流失
- 智能分配店群，提升店群共性
- LBS就近分配规则
- 门店服务关系优先
- 细化店群属性
- 获客监测，洞察渠道价值

自动化运营
- 定时任务，强化标准服务执行
- 消息群发，强化标准服务执行
  - 信息
  - 活动
  - 群红包

社群管理
- 提升群管理效率
  - 群欢迎语
  - 统计去重客户
  - 统计社群新增人数
  - 自动回复
  - 群提醒
  - 防骚扰
  - 群文档
  - 会话关键词
  - 自动回复
  - ……

3. 素材模板

私域场景化运营工具应提供海量素材模板，包括营销话术、优惠券、商品等，可以通过一键推广触达的方式，快速引入和使用这些素材。

- **话术库/侧边栏/素材库**：工具内置了丰富的话术库，可以帮助餐饮企业制定有效的营销话术。侧边栏提供了快速获取话术的功能，方便在沟通和推广过程中使用对应话术。同时，素材库中存有大量的素材，如图片、视频、文案等，可以直接引用到营销活动中。
- **券推广/商品推广**：工具提供了一键推广触达的功能，通过设置券推广或商品推广，可以将相关的优惠券或商品信息快速推送给目标客群。这有助于促进客户的参与和转化。
- **素材、文章、活动一键引用**：场景化运营工具支持一键引用素材、文章和活动。企业可以在创建营销活动的过程中，通过引用已有的素材、文章和活动，快速构建营销内容，节省时间和精力。

4. 私域场景化运营工具

私域场景化运营工具需要支持以下功能来满足行业合法合规要求、风控管理和辅助决策。

- **风控管理工具**：例如企业微信、微信公众平台、微信小程序等，这些平台都提供了会话审查、会话存档、违规提醒、敏感词审查等功能，可以帮助你管理和监控成员和客户之间的沟通记录。
- **数据分析工具**：例如企业微信、微信公众平台、微信小程序的统计分析功能，你可以通过这些工具查看数据看板，进行会话分析、客户统计、客户群分析、成员统计、转化分析、员工和客户排名等。

通过使用这些功能，企业可以建立完善的营销过程管理闭环，快速推广营销活动并触达目标客群。这有助于提升客户和社群的活跃度，增强品牌影响力，并提高客户的留存和转化率。

4.3.3 会员精细化运营平台

承接消费者精细化运营解决方案的会员精细化运营平台，旨在帮助企业实现全渠道会员管理和消费者运营的目标，提升客户的忠诚度和满意度，实现业务增长和竞争优势。通过精准的会员分析和筛选，将资源重点放在更有可能购买的用户身上，可以显著提升会员的转化率和营业额增长。比如企业在推新品时，不是对全部会员推送，而是利用CDP系统圈选出更有可能购买的那5%的用户进行精准推送，对全部会员进行推送的转化率可能是10%，但精准推送却能达到70%以上，节约了推广成本，实现更高的回报率。通过对会员数据的深入分析和洞察的精准营销，能够更好地理解消费者需求和行为，从而制定更有效的营销策略。运营平台运营模式示意如图4-15和图4-16所示。

会员精细化运营平台可以帮助餐饮企业实现以下目标。

- **构建全渠道私域流量池**：构建一个全渠道的私域流量池，集中并统一会员数据，实现消费者数据的通联，并能够识别和了解消费者。
- **构建会员能力中心**：建立一个会员能力中心，引入权益引擎，统一管理和分配会员权益，实现消费者的分级分层，实现全渠道和全生命周期的高效运营。
- **提供营销智能服务**：具体流程示意如图4-17所示。建立一个营销能力中心，通过对客户信息的横向融合和纵向整

第 4 章 数字化营销解决方案

核心指标	新增会员数	活跃数	会员销售占比	客单价	首购转化率	复购率	储值占比	N单转化率
场景设计	用户洞察 & 运营核心用户		二次增长：精细化运营			忠诚培养：生命周期价值提升		
	触点管理		分层管理		精准触达	忠诚运营		体验升级
	全渠道会员统一		RFM分层		承接SOP	等级权益设计		储值会员
	会员注册		生命周期分层		黄金周期触达	积分/勋章体系		行为/需求洞察
	企微引流		跃升规划		偏好测算	标签体系		1V1专属服务
运营支撑	数字化增长运营服务：调研诊断、运营规划、咨询陪跑、试点落地、拓展放大							
软件支撑	会员通	淘宝	天猫		自营	京东		抖音
	会员经营平台	用户&潜客管理	会员洞察&管理		权益&积分管理			忠诚度管理
	营销自动化平台	主动&事件营销	营销画像		营销日历			营销效果分析
	标签平台	数据接入&标签生产	标签定义&分类		标签管理&维护			标签使用培训

图 4-15 运营平台运营模式（一）

图 4-16 运营平台运营模式（二）

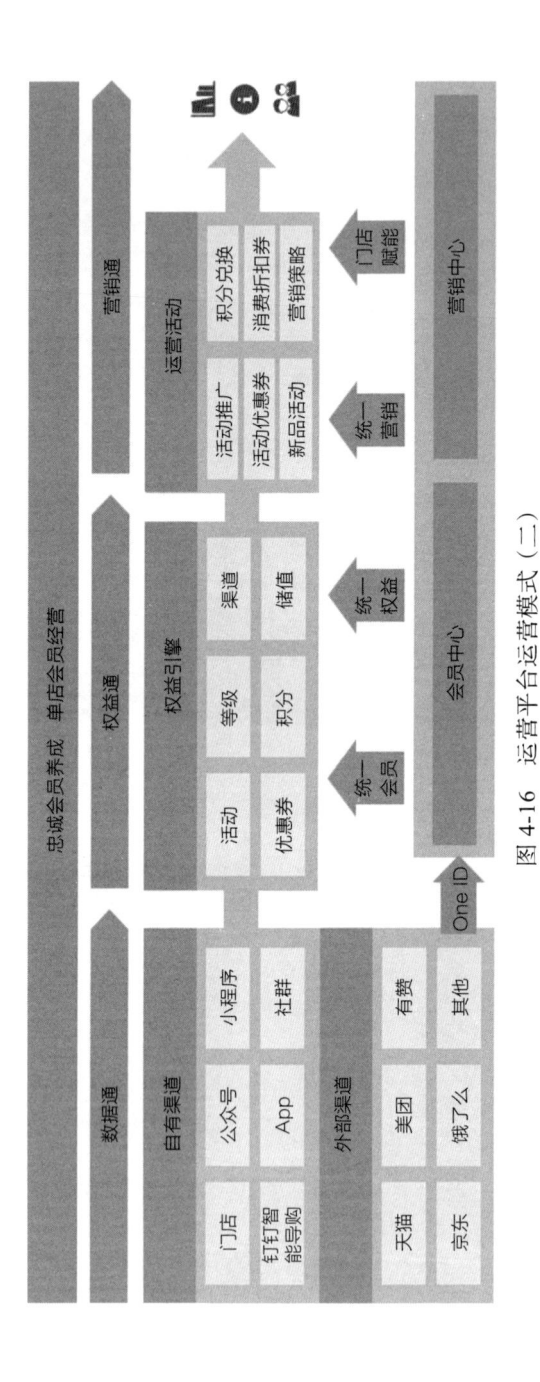

第 4 章 数字化营销解决方案

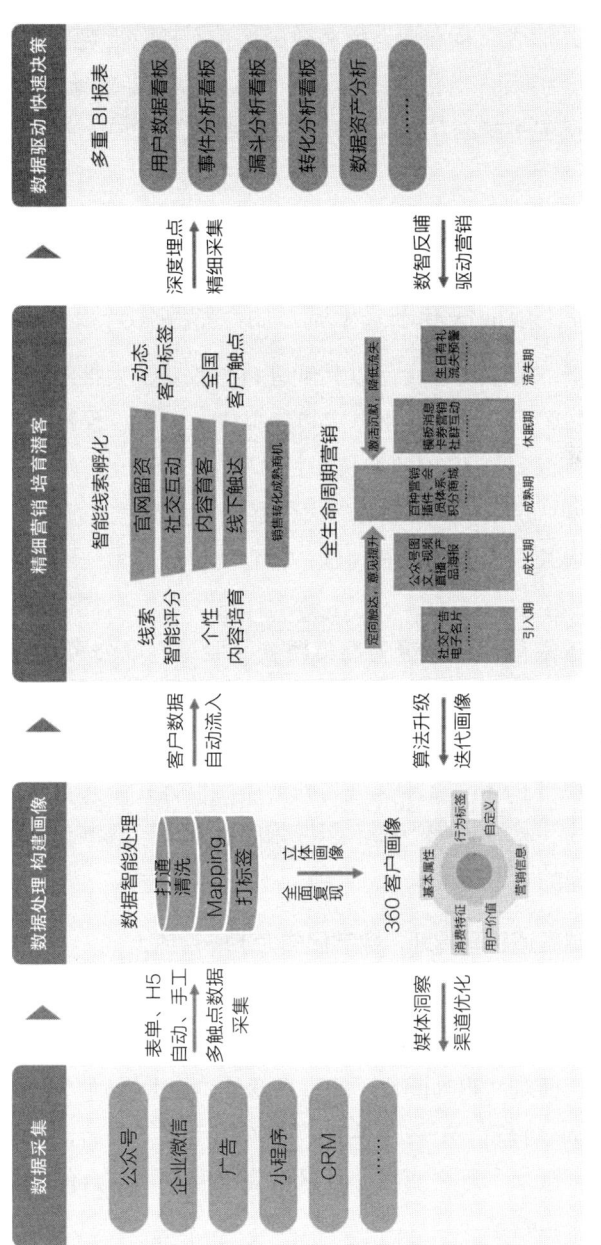

图 4-17 营销智能服务

合，形成完整和动态的客户画像，实现对消费者的深入洞察。引入自动化营销引擎，可以精准而高效地触达会员，最终促进精准互动和提升长期体验。

4.4 全渠道营销数字化案例

4.4.1 煌上煌加快推进"千城万店"数字化升级

近年来，传统卤味食品以其鲜香口感收获了大批年轻消费者的喜爱。《2021卤制品行业消费趋势报告》显示，预计卤味市场未来5年将以每年13%的增长率持续扩容，到2025年市场规模将突破2200亿元。千亿市场的卤制品行业依然大象起舞，市场需求稳步增长，也让人们看到这一常青赛道的魅力，不断吸引新玩家入局。

植根于南昌的江西煌上煌集团食品股份有限公司自1993年成立近30年以来，以匠心造卤，用匠心制鸭。2012年，煌上煌在深交所挂牌上市，正式打下了"卤味第一股"的江山，之后更凭借稳扎稳打在休闲卤味赛道名列前茅。但近几年来自传统线下渠道的冲击，推动着煌上煌不断探索智慧零售、数字化多维度创新，让"老味道"焕发新机。

1. 卤味赛道跑马圈地，数字化成为下一片热土

传统卤制品行业以小作坊经营为主，随着消费升级，行业品牌化趋势明显，巨头品牌也在积极探索新经营模式，不断加宽自身护城河。面对"跑马圈地"的市场竞争，煌上煌以"千城万店"为战略布局，深耕"1+N"模式，即依托于实体门店，并借助外卖、O2O、微信、平台直播、社区电商等互联网平台的新销售模式进行全渠道营销。

2021年以来,数字化营销模式大幅普及,让过去深度布局线下的卤味巨头们看到了新的"流量热土"。煌上煌新零售业务负责人徐振华表示,线下门店经营不稳定、外卖平台的高额抽佣和流量成本,以及"人货场"等关系模式的转变,让煌上煌开始考量如何依托智慧零售、数字化营销,构建品牌自己的线上线下顾客生态圈。

因此,在加速线下连锁门店扩张的同时,煌上煌携手微盟积极探索数字化转型方向,通过"线上零售+品牌连锁"的模式推动线下近5000家连锁门店上云。同时,煌上煌借力微盟以小程序商城为线上阵地,打通线下门店、导购社群、公众号等渠道,构建全渠道泛会员体系,推进线上线下并行、店仓一体化战略,实现连锁终端门店的私域零售新业态。

2. 立体化渠道布局,多维营销构建有效私域

此次与微盟合作,煌上煌基于原先的"$1+N$"营销模式,从门店工具、内容营销和付费投放等方向重构品牌营销触点,展开立体化渠道布局,稳步推进数字化进程。

(1)数字化打通终端门店,单月GMV破1000万元

为实现顾客数据资产留存,煌上煌基于微盟智慧零售解决方案,搭建"Hey煌上煌"线上小程序商城引导终端门店上云,如图4-18所示。同时导购通过企微等数字化工具引导进店顾客添加好友或进群,顾客离店后再通过优惠券推送实现高频触达,缩短顾客消费周期。

借助这些数字化工具,煌上煌有效提升顾客复购率,从线上渠道高效洞察顾客需求并引导至线下门店核销,并借助小程序商城"外卖配送"和"门店自取"两种方式,拓展门店服务半径,实现业绩增收。据统计今年7月,基于线上线下相互引流和深度

联动,"Hey煌上煌"线上小程序商城实现月度GMV突破1000万元的佳绩。

图4-18 "Hey煌上煌"小程序商城页面

(2)重构内容营销矩阵,多元种草驱动消费转化

对于品牌,内容种草不仅是低成本而高效率培养用户心智的方式,还是扩散传播促进转化的较佳途径。煌上煌重构新媒体内容矩阵,重点聚焦"两微一抖"等平台,一方面以线上内容视频指导或线下实操培训赋能加盟商门店自播,实现一店一播;另一方面通过微信公众号、抖音等渠道进行图文、短视频以及直播等多元化形式的内容宣发和福利种草,引导顾客添加导购企业微信,实现进一步消费转化。

(3)付费布局带动公转私,加固品牌私域池

私域运营并非独立存在。只有先在公域内做铺垫,并尽可能汇总公域内的数据,而后才可以梳理出品牌自己的私域运营

体系。煌上煌建设数字化基建的同时,也积极在美团外卖、小红书、抖音、B站等多家流量平台付费投放增加品牌曝光度,以"Hey 煌上煌"线上小程序商城承接客流,沉淀至品牌私域流量池,实现公域到私域的流量沉淀。

我们认为,线上渠道是一个值得关注的发展趋势,私域做得好,确实能够在当下这个存量竞争环境里带来一定的收获。但私域并不包治百病,它是一场品牌和用户之间的长期对话,不是运用一个工具、创建一个社群就能完成,需要以"用户为中心"摆正预期。未来,休闲卤味行业的竞争还将继续加剧,煌上煌也将加快实施"千城万店"数字化转型,进一步探索品牌的长效增量。

4.4.2 久久丫携手微盟,共探休闲卤味品牌的数字化转型之道

2021年12月10日,中国特色休闲零食领先品牌久久丫与智慧商业服务提供商微盟达成合作。久久丫将携手微盟,以数字化工具和数字化运营探寻新增量,抢占私域经济新风口。预计,此次合作不仅将进一步拓展久久丫的营销和销售渠道,同时还意味着久久丫的企业数字化转型将步入新阶段。

1. 加码线上经营,休闲卤味数字化发展提速

根据 Frost & Sullivan 数据,预计休闲卤制品行业 2015—2020 年总体市场规模复合增速 18.8%,结合中国食品工业协会对休闲食品整体行业未来 5 年复合增速预测值(8%),预计 2025 年休闲卤制品市场规模预计达到 2275 亿元。在市场容量巨大的另一方面,卤味市场的集中度仍然较低,目前行业头部的卤味三巨头,合计市场份额占比仍不足 20%,可见卤味赛道竞争未来仍存在诸多的不确定性。

卤味,其实是一个有着悠久历史的传统品类,也是一个重线

下的品类。如果说卤味产品的标准化令卤味品牌的大规模拓展成为现实，那么卤味真空包装的出现与电商和数字化技术的诞生令卤味的全时全域经营成为可能。具体如何或许可从久久丫与微盟的合作中窥见一二。

大家所熟知的久久丫正是休闲卤味行业的头部玩家之一。2002 年，久久丫品牌创立，以提供特色休闲美味为品牌初衷。其卤味单品源自武汉的传统卤味形式，使用 30 余种香辛料，由经验丰富的老师傅精心卤制而成。目前，久久丫拥有上海、北京、广州、成都四大基地，年总产能超过 40 000 吨。旗下品牌连锁门店已有数千家，是特色连锁餐饮行业的领导品牌之一。

在此次合作中，微盟首先为久久丫品牌总部的真空包装产品线打造了专属小程序商城，其页面如图 4-19 所示。久久丫发力线上销售布局以触达全渠道的消费者。小程序不仅着重强调卤味产品的新鲜安全和健康美味，以及久久丫的贴心服务来获取消费者的初步信任，还以各类会员专属福利吸引消费者入会，为品牌私域流量池引流，并促成转化。

图 4-19　久久丫小程序商城页面

此外，小程序商城的推出还为经销商订货提供了新渠道，或将有助于提升库存管理效率和降低品牌的经销商管理成本。通过引导经销商线上下单，可以记载经销商订购数据，轻松做出商品订购热度分析，并根据商品销量排名提前预存总部库存，提高库存管理效率。

同时，利用线上不同经销商的采购数据可进行经销商订单管理，实现对经销商的梯级式管理，从而提升全国经销商管理效率。小程序商城还可被视为线下产品册的互联网化形态，经销商可直接将小程序商城推送给意向加盟客户，提高加盟转化率。

2. 线上线下联通数字化运营助推品牌年轻化

自被称为私域元年的2020年以来，私域运营逐渐从品牌的试水项转变为必选项，并迈向精细化发展。此次合作中，微盟完善的运营体系将为久久丫数字化经营提速。

一方面，在线上，微盟为久久丫不仅搭建了小程序商城，还提供社群运营的服务，双方共同打造了"微信公众号引流－微信社群运营沉淀－小程序商城变现"的模式。在公众号为社群完成导流后，微盟运营团队会通过日常问候、知识问答、拉新红包等手段进行社群精细化运营。值得一提的是，在运营团队建议下，晚餐时间节点，在社群内进行久久丫产品与晚餐配菜的强关联，可占领消费者心智，并促成销售转化。

另一方面，久久丫将进行产品包装的焕新，在原有包装上新增小程序商城的二维码。对零售品牌而言，产品本身永远是最好的广告，当消费者享用产品获得快乐时，顺手扫码便可即时完成在线复购并成为品牌会员，同时这也意味着消费者沉淀进了品牌的私域流量池。预计，久久丫的包装焕新将实现传统线下渠道流量的线上导流，成为品牌后期流量获取来源之一。

近年来，卤制品正在往品牌化、年轻化、时尚化蜕变，从单纯的佐餐食品变为吃着"玩"的休闲食品。久久丫一直将自身的消费者群体圈定在白领，以及更加年轻的时尚消费人群身上。2017年，久久丫通过更新品牌Logo和Slogan，上线品牌超级IP"情侣鸭"完成了品牌重塑，推动品牌年轻化，而此次久久丫与微盟合作，将通过与消费者的深度链接和数字化运营持续赋能品牌年轻化。

上海顶誉食品有限公司电商经理程炜栋表示："作为一家传统老字号品牌，久久丫其实一直在密切关注行业趋势。从18年提出拥抱新零售，到去年试水直播带货，再到此次和微盟合作进行私域运营，进一步推动企业数字化转型。我相信这些前瞻性的举措不仅将帮助久久丫适应时代的发展，还将为久久丫画出第二条增长曲线。"

目前，久久丫小程序商城等已搭建完成，进入正式运营阶段，合作项目正在稳步推进中。

| 第 5 章 |

数字化供应链解决方案

第 4 章深入探讨了连锁餐饮企业数字化营销的策略和方法，分析了线上线下融合、公域私域结合的全域流量争夺战，以及数字化会员精细运营的重要性。我们了解到，数字化营销不仅关乎流量的获取和转化，更是品牌与消费者建立深度联系的桥梁。随着营销策略的不断优化，企业已经准备好迈向供应链的数字化。第 5 章将带我们进入数字化供应链的世界，探索如何通过智能化技术提升供应链效率，实现成本控制和风险管理，为连锁餐饮企业的稳健发展提供坚实的后盾。

我国传统供应链存在"一刀切""后端优化"和"被动管理"的特征，同时食品与餐饮产业链相对冗长，供应链较为分散，大部分食品与餐饮业面临中等规模困境。整体来看，我国的食品与餐饮企业的供应链处于早期阶段，相比较美国成熟的供应链，我国供应链公司体量小，但目前供应链投资受到资本市场的追捧，发展前景乐观。

首先我们简要介绍数字化供应链在连锁餐饮企业中都包括哪些内容。供应链数字化转型是指利用互联网、物联网、大数据、人工智能等新一代信息技术,对整个餐饮供应链的各个环节进行深度整合与优化的过程。它涵盖了从食材源头的种植或养殖,经过采购、仓储、运输、加工,直到产品最终送达消费者手中的全过程。具体包括但不限于以下几项关键内容。

- **原材料追溯与质量控制**:通过电子标签、区块链等技术记录和追踪食材来源,确保食品安全和可追溯性。
- **智能化采购与库存管理**:运用数据分析预测需求量,自动化采购流程,实时监控库存动态,减少浪费和断货风险。
- **透明化物流与配送**:通过GPS定位、冷链物流监测等技术提升运输效率,保障食品新鲜度,优化配送路径和时间。
- **精细化成本与效率管理**:使用数据分析工具优化成本结构,降低运营成本,提高供应链响应速度。
- **协同作业与风险管理**:实现供应商、制造商、分销商和零售商之间的信息共享,协同处理异常情况,共同应对市场波动和突发事件的风险。

本章我们将结合案例对数字化供应链建设的发展方向和趋势,供应链数字化转型过程中可能碰到痛点,供应链数字化转型应该遵循的原则和注意事项及其方法论,进行详细说明,最后提供一些建设经验供大家参考。

5.1 数字化供应链建设的发展方向与面临的挑战

供应链的数字化转型不仅是技术革新的过程,更是企业管理理念和运营模式的深刻变革。在这一转型过程中,企业面临着从技术投入、数据整合到人员培训等多方面的挑战。尽管存在诸多困难，但数字化供应链所带来的效率提升、成本控制和市场响应速度的改善，对企业的长远发展具有重要意义。

在对国内数字化供应链总体情况进行了深入分析，并探讨了连锁餐饮企业在数字化供应链方面的应用现状和市场参与者的多样性之后，我们可以看到，数字化供应链的构建是一个系统性工程，需要企业在战略规划、技术应用、流程优化等多个层面进行综合考量。

面对数字化转型过程中的挑战，企业需要制定明智的策略，采取切实可行的措施，以确保转型的顺利进行。这包括但不限于对技术的精准投入、数据孤岛的有效打通、员工素质的提升和观念的转变、信息安全的严格保护、跨部门协作的加强以及合作伙伴的同步转型等。

接下来，我们将探讨在数字化供应链转型过程中，企业应遵循的原则和注意事项，以及如何通过成熟的方法论来指导实践，从而有效规避转型过程中的问题，实现供应链管理的优化升级，为企业的持续发展和市场竞争力的提升奠定坚实基础。

5.1.1　国内数字化供应链总体情况分析

对于企业来说，供应链的效率关乎企业的成败，高效有序的供应链管理能够提高产品质量、更好地满足客户需求，同时大大减少经营管理费用，实现企业利润的增加。

供应链的根本就是四个流——物流、商流、信息流、资金流，而在这四个流中，物流、商流、资金流汇聚在一起形成了信息流。所以，信息流的相关问题是供应链首先解决的，信息流的问题解决了，供应链的问题至少可以解决一半。要解决信息流的问题，除了企业与上下游企业之间互相建立起信任，更需要的是数字化的工具和手段。未来的供应链，将需要更多的数字化、可视化的技术和工具，来提升供应链的透明度，并帮助企业作出决策。

随着全球经济环境、创新产业和贸易格局的不断变化，当下供应链已经进入了高质量发展的时代。我国的供应链发展已经与世界发展轨迹交汇，在国际生产格局中的地位明显提升，对我国供应链的持续发展提出了更高要求。供应链数字化的核心是同一价值链的横向延伸与不同价值链间的纵向互动，截至2022年，供应链数字化服务共同创造了2.8万亿元的市场，巨大的市场空间给数字化供应链提供了发展机遇。

此外，数字化供应链系统的关键技术也日新月异。前台应用支持线上场景和线下场景的联动；供应链中台主要分为业务中台和数据中台，业务中台支撑商品、会员、交易、库存、订单和支付的闭环，数据中台是企业统一的数据服务；业务系统包括ERP系统、WMS、TMS、CRM系统、SCM系统、财务系统、HR系统和OA系统等系统。

在供应链上产生交易成本的环节部署对应的技术能力，可以达到提升供应链效率的目标。关键技术的突破性发展支撑了供应链数字化的高度：物联网技术感知层所包括的传感器、机器视觉、RFID（射频技术识别）等一系列智能感知设备，为供应链数字化提供了传统信息流以外更多样化的信息；区块链等技术以其可追溯性与数据可信度能力，提高了供应链数字化的透明度；人工智能以及云计算等技术可以从采集到的数字信息中发现隐藏的规律、现象，并根据分析结果做出行动，为销售与生产预测、提高供应链敏捷性提供支持。

数字化供应链源于大数据、人工智能、区块链、5G（第五代移动通信技术）等新兴数字技术与供应链各个环节的融合创新，在多维应用场景中创造新的价值和增长点。数字化供应链以数字化平台为支撑，以供应链上的物、人、信息的全连接为手段，构建一个产品设计、采购、生产、销售、服务等多环节高效协同、快速响应、敏捷柔性、动态智能的生态体系，如图5-1所示。

总体来看，国内供应链管理的特征主要体现在3个方面。

- **一刀切**：对所有渠道和产品采用相同的供应链管理制度，试图通过标准化一切来提高效率。
- **后端优化**：供应链优化侧重于后端改进，从采购到物流，而销售和产品设计仅作为输入。
- **被动管理**：当发生波动时，大多专注于纠偏或应急响应，而非预防。

5.1.2　连锁餐饮企业数字化供应链分析

我国餐饮产业链相对冗长，涉及上游供应链、产业服务、资源合作，中游餐企门店、外卖、自提、电商零售等业务和场景，以及下游消费者到店消费、线上点评、线上订购外卖、线上支付等服务。

餐饮产业链呈现终端消费规模大、多元化，流通以传统分销为主，原料标准化困难、安全难控，终端消费差异化大的特性，因此餐饮供应链整体的可靠性及稳定性存在挑战，受两端挤压，餐饮环节整体呈现集中度较低、盈利水平不高的特征。

总的来说，餐饮供应链是连接餐饮行业上游农产品种植与下游餐饮门店的中间环节。对于餐饮企业来说，可以选择两种基本的供应链管理模式：自建供应链和与优秀的供应链企业合作。

近年来，越来越多的连锁餐饮企业出于自身能力不足、整合难度大、资金流风险及冷链物流能力的原因，选择与第三方专业餐饮供应链公司合作。究其原因，很多餐饮企业在门店数量达到

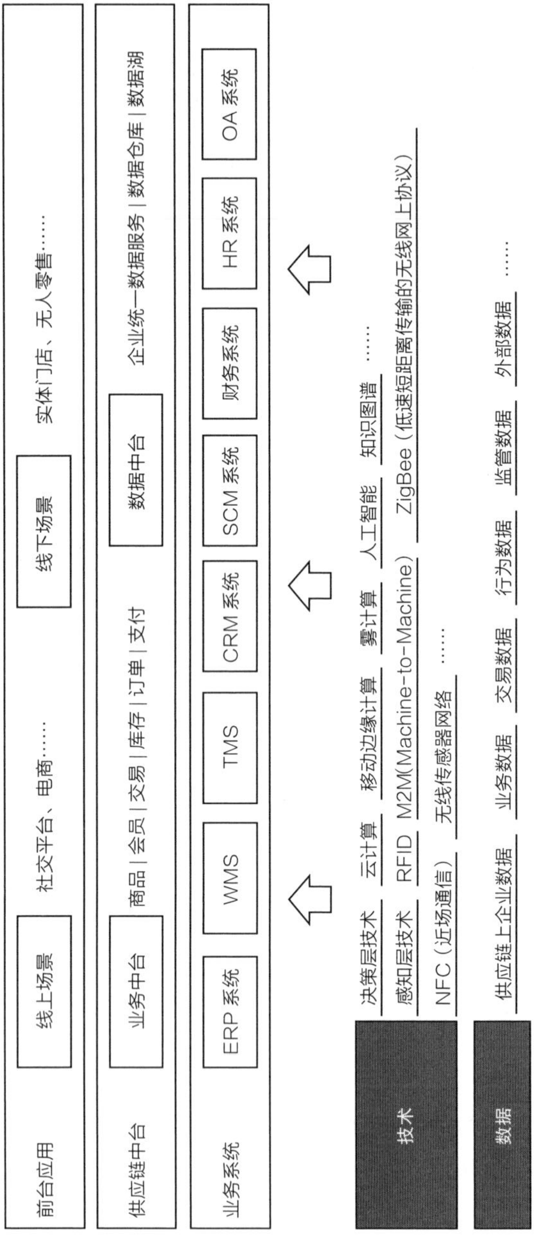

图 5-1 关键技术基础支撑数字化供应链系统示意图

十几家体量时，会因采购、品控、物流管理方式等的不统一而导致标准化程度难以推进，随即带来成本的上涨和用户体验的不一致。只有依托足够强大的餐饮供应链，前端门店才能实现稳定、高质量的扩张。餐饮供应链企业业务范围如图 5-2 所示。考虑到规模效应，"中央厨房 + 连锁门店"的传统模式也逐渐迭代演变成"中央厨房半成品 + 全渠道销售至终端用户"的模式。

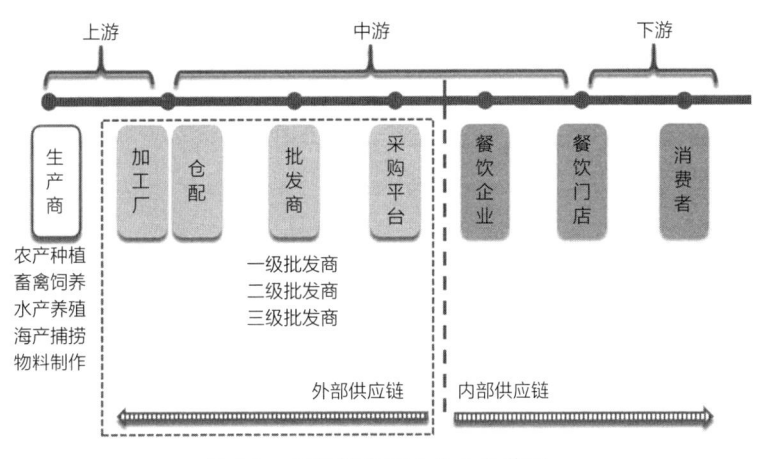

图 5-2　餐饮供应链企业业务范围

中下游餐饮业连锁化和标准化正在提速。连锁化和标准化的提速，一方面会推动供应链需求爆发，另一方面会使头部餐饮企业的门店扩张在多个区域短兵相接，竞争异常激烈。外卖和单品餐饮店兴起激发了餐饮业提升运营效率的需求，餐饮连锁化率提升则激发了餐饮业标准化的需求。

5.1.3　数字化供应链转型过程中面临的挑战

在餐饮企业的数字化供应链转型过程中，每家企业需要直面很多不同的挑战与困难，在此我们通过大量的调研发现一些较为共性的问题。

- **技术投入与回报评估困难**：初期投入大，技术选择和实施周期长，短期内难见显著回报。
- **数据孤岛问题**：各环节间数据不连通，信息壁垒导致无法实现全程可视化与智能化决策。
- **人员素质与观念转变**：员工对新技术接受程度不一，需要培训和教育，改变传统的管理习惯。
- **信息安全与隐私保护**：在收集和传输大量数据过程中，面临网络安全威胁和合规性挑战。
- **跨部门协作与流程整合**：打破原有部门间的壁垒，实现跨职能团队协作，重构供应链流程不易。
- **合作伙伴的同步转型**：依赖于供应链上下游企业同步完成数字化，否则难以形成无缝对接的整体优势。

以上是在宏观层面面临的问题，具体到业务层面，则主要有以下几点。

- **产销计划协同**：缺乏实时、准确的数据来预测销售趋势和市场需求，尤其在面对快速变化的消费者口味和市场波动时，难以做出精确的生产和供应计划。
- **采购**：传统采购方式可能导致价格不透明、谈判效率低，且易受人为因素影响，出现过度采购或短缺现象等问题。
- **仓储库存**：仓库空间利用率不高，库存盘点费时费力且容易出错，过期损耗难以有效管控。库存数据更新滞后，易造成信息不对称，进而引发库存积压或缺货现象，影响正常运营。
- **生产制造**：生产计划体系与管理制度不完善，生产线效率低下，工艺参数难以精准控制，无法快速响应市场变化和新品开发需求等。

- **食品质量安全**：原料来源追溯难，质量检测标准执行不严，冷链物流断链可能导致食品安全风险，食品安全事件不可控等。

不管是宏观层面还是业务层面面临的挑战，都是餐饮企业在供应链数字化转型过程中亟须解决的问题，那怎么样做可有效规避这些问题？供应链数字化转型应遵循的哪些原则？注意哪些事项？是否有成熟的方法论来指导？我们接着往下讲。

5.2 企业供应链数字化的方法论

在经济环境快速变化的当下，构建"快、短、准"的供应链体系是应对外部挑战的重要手段。根据不同的产品制定差异化的供应链策略是实现精细化管理的坚实基础。从品类精细化分类和管理制定细分策略和目标，从而实现更快、更短、更精准的供应链管理。上海企源研究数据显示，国内连锁餐饮行业供应链表现与利润关系如图 5-3 所示。

由此可见，企业要想获得营收和利润的增长，供应链必须有新的变化，来应对未来的不确定性，企业要做的也就是要打造自己的供应链的竞争优势，例如减少交付时间、降低滞销库存、减少采购成本等。企业应当如何打造供应链竞争优势，才能在行业中能够脱颖而出，是现阶段每个企业管理者，特别是从事供应链管理工作的人，需要深度思考的问题。

5.2.1 智慧供应链的内涵

首先，我们要明白，现在的供应链已经不仅仅是链，更是一个生态网络，具有高度的复杂性和挑战性。供应链管理所要达到的目标，不但要能够最大化满足客户的要求，而且要能够以低

国内消费品行业平均:

01
交付时间每减少1%,
可带来额外的
营收增长:1000万元
净利润:100万元

02
滞销库存每降低1%,
可带来额外的
现金流:150万元
净利润:15万元

03
采购成本每降低1%,
可带来额外的
净利润:6000万元

04
履约率每提升1%,
可带来额外的
营收增长:1亿元
净利润:1000万元

05
物流成本每降低1%,
可带来额外的
净利润:350万元

06
仓储成本每降低1%,可
带来额外的
净利润:150万元

收益捕捉: 交付时间、履约率
成本控制: 物流成本、仓储成本、采购成本
可持续性: 供应链管理、组织敏捷性、库存周转率
发展创新: 创新支持

图 5-3　国内连锁餐饮行业供应链表现与利润关系

成本完成，在二者之间取得一个平衡（见图5-4），而这只是最基本的。

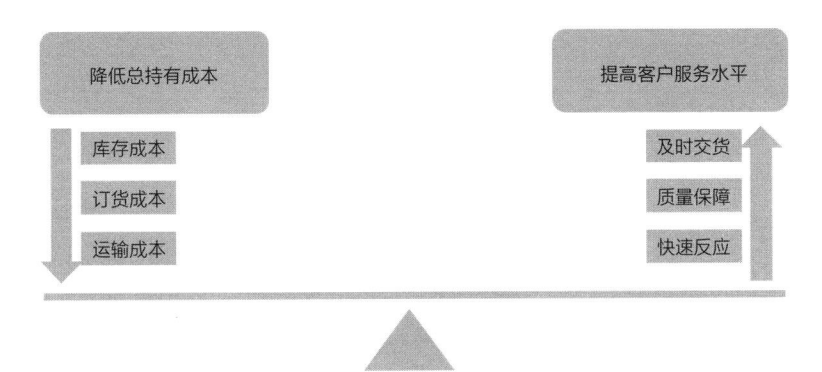

图 5-4 平衡图表

除此之外，我们既需要精益供应链，又需要有弹性的供应链，面对变化时，弹性供应链既要有一定的抗击能力，又要能快速地从中断中恢复。企业在新常态下，打造自己的供应链竞争优势已经刻不容缓。智慧供应链的建设，是实现二者之间平衡的最佳工具。

"智慧供应链"最早是由复旦大学博士后罗钢在2009年上海市信息化与工业化融合会议上提出的，指的是通过有机结合日益发展成熟的物联网技术与现代供应链管理的理论、方法和技术，在企业内部以及企业之间构建的智能化、数字化、自动化、网络化的技术与管理综合集成系统。

上海企源认为，智慧供应链是以客户需求为导向，以提高质量和效率为目标，以整合资源为手段，实现产品设计、采购、生产、销售、服务等全过程高效协同的组织形态。人工智能、5G、大数据、云计算、工业互联网等信息技术的发展为各行各业带来颠覆性变化，引起巨大变革。

智慧供应链的核心是实现供应链中商流、信息流、物流、资金流的无缝对接，也就是实现"四流合一"，尽可能消除不对称因素带来的影响，借此来提高企业内部以及整个行业供应链的效率与运营质量。

构建智慧供应链的方式主要有以下 3 种。

- **自建智慧供应链**：企业可以自主建立智慧供应链，整合企业内部和外部的资源，搭建供应链平台，管理生产制造、物流配送等各个环节。这种方式可以全面掌握供应链信息，提高管理效率，但需要大量的人力、物力和财力投入。
- **加入第三方生态**：企业可以选择加入第三方生态，如阿里巴巴、京东、美团等生态圈，通过接入第三方平台的服务，扩大自己的供应链资源以及市场渠道，并且利用这些平台提供的共享物流、支付等服务降低自身的成本。
- **合作建立智慧供应链**：企业还可以选择与其他企业共同建立智慧供应链，通过共享资源，提高效率，降低成本。例如，优衣库和联邦快递、联华超市等企业达成合作，建立联合供应链；平安银行与京东物流合作建设供应链金融平台，实现融资便利等。

总体来说，企业构建智慧供应链应根据自身的具体情况和需求选择合适的方式，应充分考虑自建、加入第三方生态或与其他企业合作的优缺点，构建全面、高效、便捷的智慧供应链。

对于大型企业而言，如果本身拥有大规模的资源和人才，在自建智慧供应链方面可以更具优势。但对于中小型企业而言，加入第三方生态或与其他企业合作建立智慧供应链的方式可能更加适合。

5.2.2　建设全渠道供应链，敏捷开发，生态共享

"全渠道"意味着线上和线下营销渠道的充分融合，并且能实

时响应客户的需求。例如，一些汽车公司发起"在线导购"这一线上活动，其发生的地点却是在"线下"的 4S 实体店内。科技打破了时空的限制，让商家和消费者可以更自由地交互。

作为零售价值链运营的基石，IT 架构从 20 世纪 90 年代至今已经经历了 5 个阶段，分别对应 5 种模式，具体如下。

- **古生代模式**：这种模式主要采用单一的信息技术系统，通常只能处理一些简单的数据和业务流程，涉及的业务范围比较狭窄，大部分业务仍然需要人工操作。在这个时期，餐饮企业 IT 系统的应用主要是依赖于各门店之间的人员沟通和双方的电话联系。这会导致企业的信息沟通、业务操作和管理效率低下，因此增加了企业的运营成本和风险。
- **中生代模式**：在古生代模式的基础上，引入集中管理、网络和分布式应用等新技术。在这个模式下，餐饮企业已经有了一些信息化的基础，系统化、集中化的信息管理成为主流。
- **电商多渠道模式**：指将传统的线下渠道和线上渠道相结合，打造多元化的销售渠道，以满足更多的客户需求。其中，电商渠道主要包括官网、App、第三方外卖平台等。
- **全渠道模式**：连锁餐饮企业的全渠道模式是指将线下、线上、移动等多种渠道整合起来，在不同的场景、不同的环境下，提供完整的、全面的、一站式的服务体验，并打造一个统一的销售渠道平台，通过多种方式吸引消费者，推动一体化营销。
- **智慧零售模式**：智慧零售模式是指通过数字化技术和互联网思维，优化线上、线下、移动等渠道的合作与管理，提供更加智能化和个性化的消费体验，同时解决企业的经营和管理问题,从而实现智能化升级,推动服务与效能的合理匹配和互动带动。

在前三个阶段,电商平台从无到有,让消费者的购物途径更加丰富,但是线上和线下始终是"井水不犯河水"。直到第四个阶段(大约从 2015 年开始),各个渠道之间的泾渭才不那么分明,线上和线下融为一体。

在移动互联网技术的带动下,新型零售形态蓬勃发展,从平台电商、手机 App 电商到微商、社交电商、直播电商、线上线下融合(O2O)、无人零售、新零售,这些形态给客户购物带来了极大的便利,客户足不出户即可买遍全球,吃遍大街小巷。我们可以在手机 App 上搜索和了解一个自己感兴趣的产品,接着去线下门店体验这款产品。如果当场没有决定购买,回家还可以对比,然后在网上购买,通过快递送货到家。

甚至连餐饮这种需要现场消费的零售形态也被饿了么、美团这样的平台改造,变得更加在线化,客户服务半径从门店周边 1~2km 变成辐射方圆 5km。从客户角度来看,这些变化带来了巨大的便利,而这些便利背后离不开复杂和精密的供应链系统。

全渠道供应链,除了增进消费者体验之外,也会给商家带来许多机遇。据 DHL 报告分析,消费者在全渠道体验下的人均消费会增加 15%~30%,而制造企业也能利用这个过程中获得的数据,及时调整和改进自己的研发、生产过程。从整个供应链看,全渠道的整合与协同能够降低库存成本、提高响应速度,给公司带来更多利润空间。

但是全渠道供应链的推行并非一片坦途。除了需要适应科技的应用之外,更大的挑战来自企业经营思路,从"以商家为中心"转变到"以客户为中心",这并非易事。无论如何,在日新月异的技术驱动下,"全渠道"商业模式已展现出燎原之势。以客户为中心，快速提供定制化的产品和服务，是多种渠道整合的终极目的。将来，只有单一渠道能力的供应链将很难存活。善于利用前沿技术，推动价值链整合的人，有望成为这场新游戏的赢家。

"以商家为中心"转变到"以客户为中心"需要从以下几个方面展开。

- **企业管理层面**：从营收为导向转变为以客户满意度为导向。企业管理层树立从"销售产品"到"提供服务"的理念，从品质、创新、服务、效率等多方面提高企业的服务质量，提升客户满意度。通过客户数据获取，学习客户需求和消费习惯，提供更具有个性化的产品和服务，满足不同客户群体的需求。整合营销渠道，从用户需求的角度考虑营销策略，制定更加差异化和创新的营销手段，提高品牌知名度和吸引力。

- **员工思维层面**：提高员工服务水平和专业素质，积极推进员工教育和培训，让员工更加了解客户需求并掌握更好的服务技能。建立人性化的员工激励机制，激励员工对提高服务质量的努力，让员工能从心底热爱他们的客户，以服务为主导，从而提高员工满意度和客户满意度。建立渐进式的服务体验标准，让员工深入了解客户的需求，提供个性化的服务，使员工和客户建立起良好的关系，从而提升客户忠诚度和口碑。

- **产品创新层面**：通过深入的用户研究，掌握用户需求和行为特点，了解用户对现有产品的反馈和意见，为产品优化和新品研发提供依据。以用户体验为核心，通过智能化、个性化、交互性、视觉性等手段进行产品设计创新，使产品更加易于使用。通过人工智能、数据挖掘等技术，深入了解用户需求和行为，提供更加智能化的产品和服务，使用户的需求得到更好满足。

从连锁餐饮企业的角度来看，客户可以到线下门店点餐就餐，但是门店只能覆盖周边客户。因此，供应链需要根据这些客户的需求进行菜品选购、门店补货、仓库盘点和供应商管理等活动。

同时，客户也可以通过线上渠道进行点餐，如官网、App、外卖平台等，并选择自提、门店配送、外卖配送等方式。这样就可以方便各地的客户，覆盖更广泛的市场。因此，供应链需要根据线上客户的需求进行菜品选购、电商仓库补货、物流运输和供应商管理等活动。

对于全渠道连锁餐饮企业，客户无论在线下门店还是线上渠道点餐，都可以选择在门店自取或从门店、仓库发货。这样，不仅可以覆盖周边客户，还可以覆盖全国各地的客户，在全渠道的营销模式中走向成功之路。

从品牌商或者渠道商的角度来看，对于品牌商直供（直接发货）的情况，品牌商从自己的仓库直接发货给大型零售商、平台电商（仓库或最终客户）、自建电商（最终客户）；对于品牌商非直供（通过渠道商发货到终端）的情况，渠道商、B2B（企业对企业）平台从品牌商处购买库存产品，然后分销给中小零售商、中小批发商。最终客户通过线上（平台电商自营门店、自建电商如微商城）、线下渠道（大型零售商、中小零售商、夫妻店）购买品牌商的产品。具体的经营流程如图5-5所示。

5.2.3　供应链数字化必然经历的5个阶段

企业实现供应链数字化转型往往会经历以下5个阶段。
- **供应链可视化阶段**。这个阶段企业开始实施供应链追踪和监控技术，如RFID和GPS，以实现对货物流动的实时可

第 5 章 数字化供应链解决方案

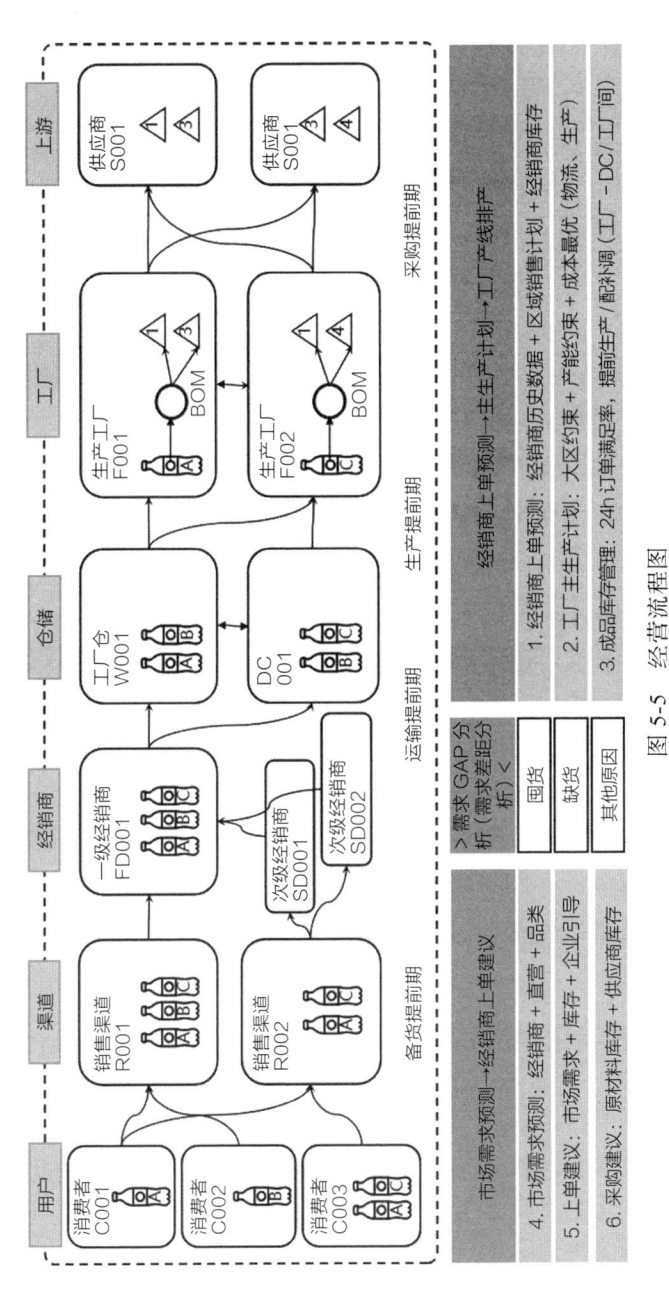

图 5-5 经营流程图

视化。目标是提高供应链的透明度,确保能够快速识别和解决潜在的瓶颈和问题。
- **流程自动化阶段**。到了这个阶段,企业已经摸索出一套适合自己的供应链数字化转型方案,利用 ERP 系统和自动化工具,企业自动化其供应链中的常规操作,如订单处理、库存管理和物流调度。这个阶段的目标是减少手动干预,降低错误率,加快流程速度。
- **数据驱动决策阶段**。到了这个阶段,企业开始利用收集到的数据进行深入分析,以支持更精准的库存管理、需求预测和风险评估。通过数据驱动的洞察,企业能够更好地响应市场变化,优化库存水平,减少过剩或缺货的风险。
- **供应链协同阶段**。企业通过数字化平台与供应商、分销商和零售商实现更紧密合作,共享关键信息和资源。这个阶段的重点是建立一个灵活、响应迅速的供应链网络,能够快速适应需求变化和市场波动。
- **供应链创新阶段**。在供应链数字化的基础上,企业探索和实施创新的供应链解决方案,如采用 3D 打印技术进行按需生产,或者利用区块链技术提高供应链的安全性和可追溯性。这个阶段的目标是通过技术创新来重塑供应链流程,提高效率,降低成本,并创造新的竞争优势。

5.3 数字化供应链建设经验总结

通过前文我们发现,随着 IT 技术的日新月异,在数据获取便捷度获得极大提升的同时,企业供应链也迎来了新的挑战:需求的快速变化与不确定性,要求组织对需求的获取与满足能力、供应链的预测与响应能力、组织的成本与风险控制能力、组织与外部合作伙伴的协同等都需要调整。通过较多企业供应链数字化建设的实践验证，数字化建设可以助力企业完成这些挑战，化挑战为机遇将企业供应链的能力进行整体提升。企业进行供应链数字化转型已经成为一道必选题，怎么建好企业数字化供应链？我们将从以下几个方面进行总结分享。

5.3.1　做好企业数字化供应链整体战略规划

供应链数字化战略是企业未来 IT 建设的指导大纲，是指导未来数字化建设的原则和总纲领，但其制定由谁来主导是企业面临的一个问题。我们发现在企业中一般有两种情况。

- **供应链负责人来主导完成**。供应链部门已经拥有了主导 IT 系统实施或较为丰富的 IT 系统使用经验，使得大家相信由供应链部门主导自身的数字化建设是没问题的。但这样做的后果通常是，未来的 IT 系统建设在企业自身熟悉的业务范围内有较高的成功率，但对整体的思考与平衡容易缺失。例如，在缺少对企业整体数字化认识的情况下，企业对各 IT 系统进行整体设计与功能集成，这就可能导致各 IT 系统独立运行较为成功，但"数据孤岛"现象大量产生，影响企业整体的数字化运作。
- **IT 部门负责人来主导完成**。大多数企业的 IT 部门对业务的了解不足，导致只从 IT 技术背景出发或只思考解决当前遇到的问题，局限性较强。例如，过多考虑解决现有 IT 系统某些功能不足或 IT 技术实现的问题。由 IT 部门制定出的数字化战略，往往带有很强的技术特色而忽略业务本身的数字化需要。例如，偏重弱电网络、防火墙等基础硬件建设，偏重系统升级、数据库备份等软件数据安全，或过度强调自主开发与最新技术实现等。受参与规划的 IT

人员的技术背景和工作经历的影响，数字化战略具有较大的局限性。如果企业自身拥有具有丰富业务经验的 CIO，引领供应链部门高度参与分工协作，那是可以完成这项工作的，但现实情况是大部分企业没有供应链部门参与。

那么，到底应该由谁来主导制定数字化战略较为合适呢？我们认为，主导者必须在企业高管中产生。主导者必须非常清楚企业供应链的当前运作模式及未来的发展计划，同时具备很强的大局观和整体观，对企业业务模式和 IT 系统有着较为深刻的认识，并可以协调组织业务部门、IT 部门等深度参与数字化规划，可以从企业当前需求、未来发展、信息安全等各角度来整体规划和制定数字化供应链战略。

有了理想的供应链数字化战略制定的主导者，还应遵从一定原则去制定数字化战略规划。接下来，我们介绍这方面的解决方案。

1. 以业务战略规划为基准，立足 IT 现状

根据企业的整体业务战略规划，并结合当前的 IT 现状，制定出可配合实现整体业务战略规划的数字化战略实现步骤和顺序。每一阶段都要清晰定出具体的实现目标，并阐明 IT 战略目标与业务战略目标之间的关系，数字化建设方向始终围绕业务战略目标的达成，并为其服务。数字化战略规划中实现时间距离当前越近越要详细可行，特别是未来 1~3 年的内容和目标要非常清晰，并具有切实可行的落地路径。

2. 明确现有的业务架构、组织架构模式以及将来可能的变化

企业的业务模式与组织架构会直接影响数字化建设的 IT 架构与最终呈现形式，这涉及网络安全架构的设计、软件选型、软件实施路径的选择等很多具体工作。一般来讲，根据业务架构设计

IT 架构，才能使企业的组织管理、运营模式、流程管理在数字化系统中有效落地，最终达成企业的战略目标。业务管理与 IT 管理之间只有形成良性互动并相互支持，才能带来最大的效益。

在进行 IT 战略规划时不仅要立足当前，更有预见性，预见未来企业供应链战略、业务模式与组织机构的变化，规划出足够的灵活冗余度，来及时满足甚至引领业务的变化。

3. 根据 IT 建设能力明确 IT 部门职责分工

由于各企业所处的数字化发展阶段不同，各企业的 IT 部门能力也有较大差异，在供应链数字化战略规划中 IT 部门的职能必须明确，IT 能力建设必须补强。再好的 IT 蓝图规划也是需要逐步实现落地的。如果高级管理层已按照上述思路制定供应链数字化战略，那么等于牢牢掌握了组织的数字化核心，若再加上一个分工明确而且执行力强的 IT 部门，成功实现企业供应链数字化转型，突破发展过程中的数字化瓶颈指日可待。

5.3.2　做好企业供应链数字化能力建设

在供应链数字化转型的过程中，有了数字化整体规划只是迈出了万里长征的第一步，我们观测跟踪了大量实施数字化转型的供应链企业，虽然有公司高层的支持，而且也做了详细的数字化转型规划蓝图，但仍有部分企业的数字化转型结果不理想。其中，企业自身的数字化能力承载不了企业宏伟的数字化转型战略蓝图是最大的限制因素。如何快速提升供应链企业的数字化能力，是很多处于数字化转型前期的供应链企业亟须解决的一大难题，我们从以下几个方面谈谈该问题。

1. 培养企业数字化价值观念，推广数字化思维方式

数字化转型不仅是企业引进数字化工具和技术，也不仅是企

业实施并应用了各种专业的数字化系统，它更是一种思维方式和文化理念的转变，它需要植根于企业数字化文化的土壤中，才能确保数字化转型的顺利实施和可持续发展成长。数字化文化的建立需要在企业的各个层面贯彻和推广，它涉及企业的价值观、战略目标、组织流程、文化和行为等各方面。

首先，企业应自顶而下从管理层开始，树立并强化数字化转型的价值与思想观念，将数字化转型视为保持企业基业长青不可或缺的因素，并长期向中下层员工传递这种企业价值观。

其次，在企业管理层中推广并应用数字化思维管理模式，并将其逐步融入企业文化当中。在具体工作中，可从企业运营管理角度出发，强调数据决策和数据分析推导，减少经验管理决策。

再次，企业需要让员工从内心深处意识到数字化思维的重要性，可在日常工作绩效考核中加入数字化素质评估、制定数字化标准业绩 KPI 等，强化数字化意识。

最后，在企业实际运作中建立数字化合作机制。例如通过在线办公等数字化协作工具，实现异地协同办公，促进团队合作，提高工作效率，提升企业内部跨组织沟通和协同能力。当然在此过程中，数字化转型培训、数字化转型内部论坛、数字化文化宣传等工作也是需要同步开展的，不断提升企业内部的数字化转型意识。

2. 重视企业自身 IT 部门数字化能力建设

在企业数字化供应链转型过程中，虽然各个具体的数字化系统项目通常会借助外部乙方公司的力量来实施建设，但打铁还需自身硬，后继实施落地的效果及后继的运维优化提升仍然要依靠企业自身的 IT 部门的数字化能力。甚至可以说，企业供应链数字化转型是否成功，一半看高级管理层，一半看企业 IT 部门数字化能力。接下来我们聊一下企业IT部门数字化能力应该怎么建设。

传统的IT部门职责主要为IT技术运维,主要分为两部分:一部分为IT硬件运维,主要包括弱电网络维护、办公设备维护、机房管理等;另一个部分为软件运维,主要包括各IT系统的日常维护、数据库管理维护及少量的系统开发工作等。我们看到传统的企业IT部门更多的价值在于IT运维,简单来说就是仅限于维护各种IT软硬件系统的正常运行。这与企业进行供应链数字化转型要IT部门承担的职责差距有点大,为了跟上时代步伐,适应数字化转型需要,企业内部IT部门数字化能力应该怎么建设呢?我们建议从几个方面考虑入手。

- IT部门应从传统的运维角色转变为数字化转型的推动者和赋能者,确保IT战略与业务战略一致。IT部门在企业中所能发挥的价值,与自身定位或战略是相辅相成的,尤其是IT部门负责人需要有强烈的"大局观"意识,要特别清晰自身部门的目标格局是什么,定位在哪里,所能发挥的价值在哪里,坚持有的放矢地投入,最终会实现企业效益增长和部门价值提升的双赢局面。
- 一定要培养IT部门的IT管理技能与业务管理技能。IT管理技能包括各IT系统成功实施落地的项目管理能力、各IT系统优化开发迭代能力及各IT系统的整合集成能力等;业务管理技能则要求内部IT人员深度理解各板块实际业务,能与业务骨干从业务角度深度分析企业数字化需求与解决方案,并引领业务板块的数字化实现预期。IT人员要成为既精通数字化又精通业务的复合型人才。
- IT部门应成为企业日常管理运营、驱动管理变革、战略实现最有力的内部推动组织之一。从第三方角度看,IT部门拥有整个企业的数据,更能从全局、客观的角度看待企业运营管理各方面的问题，这也是近年来大多数企业将组织流程优化职责放在 IT 部门的关键原因之一，当然这也对 IT 部门提出了更高的要求。

5.4 企业供应链数字化实操指引

连锁餐饮企业的供应链数字化具有如下两大建设目标。
- 符合现代连锁餐饮企业经营管理的要求。
- 符合现代直配、统配业务管理的需求。

整体的系统建设方案，是利用互联网技术建立统一的连锁餐饮供应链业务管理平台，公司总部、配送中心、分公司、办事处、自营店、加盟店都作为该应用的客户端，通过浏览器进行各项业务操作。系统将分散的组织机构和销售资源有效地连接起来集中管理，帮助连锁餐饮企业建立高效率、低成本的企业运营平台，实行对连锁门店的有效管理和控制，规范门店销售业务，及时掌握所有门店的经营状况，促进出品在门店的合理部署和快速周转。系统主要由硬件、网络、系统支持软件、应用软件、数据库软件组成。

5.4.1 企业供应链数字化核心功能

连锁餐饮企业完成供应链数字化转型后得到的业务管理平台应该可支持多层级管理，采用重总部、轻门店的管理模式，实现总部集中管理。主要功能模块应包括基础档案、会员管理、采购管理、物料计划、生产管理、销售管理、配送管理、库存管理、加盟管理、结算管理、决策分析、业务全链路管理等，其中基础档案、采购管理、物料计划、生产管理、配送管理、库存管理、结算管理、加盟管理是核心。下面对核心功能进行介绍。

1. 基础档案

使用系统之前，需录入基础档案，如机构信息、数据字典、原料档案、经验范围等，其中原料档案是重点。

在供应链管理中，原料档案记录了企业原材料采购和运营管理的各种细节、信息和数据。原料档案的主要内容包括：支持类别、品牌维护，多供应商维护，一品多包装设置，原料价格维护，原料经营范围设置，配送中心设置以及商品图片维护等。这些信息可以为企业提供有关原材料采购、存储与调配、销售等各方面的必要参考指标，包括但不限于原材料价格、品牌、货源、包装规格、配送渠道等信息。企业可以通过建立和完善原料档案，更好地进行原材料采购计划、货源选择、库存控制、订单处理、质量监控等管理活动，提高企业效益和客户满意度。

2. 采购管理

采购管理功能模块主要包括采购单、验收入库、退货等一系列与采购相关的功能，帮助企业对采购过程中的各个环节进行严密跟踪、监督，实现对企业采购活动执行过程的科学管理。

采购管理功能模块是企业在供应链管理中的重要工具，提供了供应商信息、采购设置、采购业务、采购查询等多项常用子功能。其中，企业可以通过维护供应商资料、建立原料档案、签订采购合同等功能来管理供应商和采购相关的信息。采购订单是采购流程中必需的环节，只有审核通过的采购订单才能进行验收和入库操作。此外，采购管理系统还提供了直配订单功能，可以直接将供应商的货物直接入库到特定的门店，增加门店的库存。

对于采购过程中的各类信息，采购查询功能允许企业进行订单到货率、调进价单、供应商调价、供应商送货明细、供应商原料供货分析、供应商供货汇总分析、退货明细、机构日进货等多个方面的查询操作，为采购管理提供有力的支持和帮助。

3. 物料计划

制定采购及补货计划是采购管理的核心功能之一。为了达到高效、精准的采购计划，企业常用功能包括未领料转申购、统配补货、采购申购单、采购预退单等。

- 未领料转申购将未领用的物料按需求转为申请，避免了死货、浪费。
- 统配补货可依照销售业绩或库存水平等条件在一定规则下进行智能推荐补货，极大简化了采购工作。
- 采购申购单是企业采购部门发起采购申请时必需的工具，在申请提交以后等待审批。
- 采购预退单则是企业采购部门在审核采购退货申请后需要启动的流程，用于管理商品的退货退款工作。

这些功能的使用旨在提高企业采购计划的准确性和管理的高效性，协助企业建立更合理、更可靠的供应链采购和补货计划，助力企业提高效益和前景。

4. 生产管理

对于企业来说，生产环节是完成商品生产的重要阶段，因此需要建立一个系统化、标准化的生产加工管理体系。在建立该体系过程中，常使用的功能包括生产组管理、BOM（物料清单）、分割配方单、生产计划、领料单、入库单、生产报表查询等。

- 生产组管理功能可以帮助企业对生产过程进行分组管理，划分不同区域、不同人员的制品生产任务，提高生产效率和协同工作能力。
- BOM 和分割配方单是企业在生产过程中必须使用的重要文件，是进行生产过程控制、生产工艺控制的主要依据，可保证生产的环节和最终产品的质量。
- 生产计划则是生产过程的指南,包含了生产任务的分配、计划和执行等方面的内容,确保生产质量和效率同时得到优化。
- 领料单和入库单分别用于对原材料和成品进行管理,确保所使用的原材料是符合要求的、数量是充足的,最终产品的存储和流通符合要求标准。
- 生产报表查询则是企业在生产过程中对各种生产数据和信息进行汇总和分析的重要工具,可以对制品质量、生产过程、效率和员工表现等进行全面分析和掌握,为企业发展提供有力的支撑和指导。

5. 配送管理

企业连锁经营的一个重要目的是通过集中采购,实现大批量采购的优势,进而降低采购成本和经营成本。

因此,企业可以在总部或配送中心统一对分店的库存和配货要求进行审核和处理,避免在每个分店都设置针对所有原料类别的采购部门,降低企业的开支。配送管理功能模块能帮助企业管理配送的整个流程,监控物流动态,有效提高餐厅的运转效率。企业的营销销售管理人员只需根据本店铺的销售和库存状况,在需要时填写并上传要货申请单到总部或配送中心,由相关人员审核后即可完成订单处理和发货。

配送管理功能模块包含了多种功能,如设置模板、库存管理、车辆/司机管理、路线查询、物流公司档案管理、行车记录管理、城市信息管理、要货单/配送单/退货单等管理、差异单申请和管理、拣货管理、调拨申请/出入库单、调拨差异申请管理等。

这些功能有助于企业提高配送流程的透明度和执行效率，保证生产和销售正常进行，提高企业的竞争力和市场占有率。

6. 库存管理

库存管理功能模块是一套完整的库存管理解决方案，它帮助用户管理好自己的库存，确保用户拥有充足且合适的供应，并提高仓库管理的效率。该功能模块包括基础设置、验收业务、盘点业务、验收查询、库存查询等功能。

其中，基础设置包括来货通知单，这是通知门店货品到达，提前准备收货的文档；检验单是检查货品无缺漏和损坏的前提，以便进行入库操作。验收业务包括验收入库单，这是标记货品通过检验，准备进入库房的文档。盘点业务是商家定期检查当前门店货品在库数量，与电脑系统数据进行核对是否一致的业务功能。盘点涉及的业务流程比较复杂，要求准确无误，不得影响正常营业。

7. 结算管理

结算管理是对本公司财务收入和支出的管理，其关键功能在于协调供应商对账和结算，并生成相关报表以便分析和监督相关流程。具体而言，结算管理功能模块包括以下几个功能。

- 基础设置，如结算和费用信息设置。
- 结算业务，即处理供应商对账和结算相关的业务流程。
- 供应商账款查询，包括供应商往来对账和付款流水等。
- 机构账款查询，用于机构对账和相关报表生成。
- 转财务凭证，能够和第三方财务软件（比如金蝶、用友等）实现数据对接，将系统中的业务数据（如供应商的收货数据、销售数据、账款数据等）转移到财务软件的凭证中，从而避免繁重的凭证录入过程，提高工作效率和数据准确性。

8. 加盟管理

加盟管理是管理模块的一个重要组成部分，包括加盟等级管理、加盟价格管理、加盟店结算业务管理、加盟账款查询等功能。

- 加盟等级管理可根据加盟店规模、历史表现、地理位置等因素划分不同的加盟等级，为加盟商定制更加细化、个性化的支持服务，并对加盟商进行分类管理和考核。
- 加盟价格管理则针对不同等级的加盟商制定不同的价格政策和方案，既能满足企业的利润要求，又能满足加盟商的经营利益。
- 加盟店结算业务管理是指，企业采购管理系统提供的对加盟商结算账款的管理和控制，包括对加盟商的应收、实收、应付和实付等信息进行系统化监督和管理。针对这些信息的管理和控制，可方便企业及时掌握加盟店的运营明细，保证加盟商、企业的业务关系的公开透明和公平公正。
- 加盟账款查询则是针对加盟商的账款动态进行监控和维护，在加盟商、企业之间建立起更加稳固和健康的财务运作合作关系。

这些功能可以帮助企业保持良好的行业口碑，吸引更多的加盟商加入品牌服务体系，进一步提升品牌的竞争优势。

5.4.2 企业供应链数字化建设重点

在连锁餐饮企业的数字化转型过程中，供应链管理的复杂性和多样性对企业的运营提出了更高的要求。从支持多种复杂化的经营模式到原料管理的细致完善，再到库存管理的实时高效，每一个环节都至关重要。企业需要通过智能化技术的应用，实现对供应链的全面优化和升级，以提高整体的运营效率和市场竞争力。

1. 支持多种复杂化的连锁餐饮经营模式

企业供应链数字化建设应该可以支持总部、分公司、多个配送中心以及多个门店的多种混合形式的经营。进一步说，就是可以支持多个配送中心，实现区域配送的功能，用户可以自由设置门店配送机构，便于还原真实的运作情况。支持门店在上级机构授权后对库存进行调拨，方便用户对各门店的库存进行优化和合理分配。此外，还应该支持一品多商、一品多包装的复杂化管理，以便轻松应对各种商品分类和包装数量的管理需求。总之，该方案的特点在于提供了一系列强大而灵活的功能，为企业提供高效且定制化的管理体验。

同时，还应该重点建设灵活的加盟管理机制，例如支持系列产品管理，不同等级加盟商价格等级管理等，以便帮助企业根据其实际需求进行灵活的加盟管理。另外，还应该建设多重分析和监控功能，以便帮助企业实时查看整个加盟网络的业绩和状况，对于不同等级的加盟商，可以针对其特征和数据量进行不同的分析和管理，帮助企业实现"多级授权管理"，以便加盟商和总部之间建立更加紧密的沟通和协作。

此外，灵活的编码体系、价格体系也是多模式经营的基础。例如支持系列产品管理、多渠道分销管理等，可以帮助企业快速建立和管理产品编码和价格体系。另外，支持多种定价策略，例如多级价格管理、促销价格管理、自由定价管理等，可以根据产品的特征和销售渠道进行定价，为企业带来更大的经济效益和市场竞争力。

2. 原料管理要完善细致

每个原料要可以设置规格、配方因子、最小采购量及要货量等。以此为基础，企业可以对不同原材料轻松进行管理，以保证原材料采购的准确性和及时性。

也要支持一品多包装，这意味着，不同原材料可以使用不同类型的包装进行绑定，以适应不同企业对产品的需求。另外，一品多包装还可以减少库存占用，提高库存周转率。

此外，也需要实现一品多供应商的功能。这种功能可以帮助企业减少对单一供应商的依赖，以适应市场变化和原材料价格的波动。在选择供应商时，需要设计多种分析和监控功能，以帮助企业选择最优供应商。

支持多配送中心的功能意味着，企业可以将原材料分配到不同的配送中心，以适应不同地区和市场的需求。这可以减少物流成本和提高配送效率。

3. 库存管理应实时高效

要实现库存管理的实时高效，可以从以下几个方面入手。

- **系统库存与实际库存必须保持一致**。这需要企业严格执行出入库流程和记录流程，并且做好库存账面和实际库存的对比，确保每个库存记录都准确无误。
- **总部对门店出品库存的实时查询必须控制好权限**。管理层需要明确分工，只有授权人员和需要知道库存情况的人员才能够查看库存。这可以防止信息泄露和商业机密泄露。
- **补货系统应该具备灵活性和智能性，能够根据实际情况进行一些特殊处理**。例如，当店内少量库存被顾客买走后，系统应该能够自动地识别该情况并进行补货，以保证不会导致断货；另外，补货系统应该根据安全库存和日均销量智能地进行补货计算。
- **门店间库存相互调拨需要遵循企业制定的流程和标准，在调拨前必须经过充分的沟通和协商**。这可以避免货物在运输途中损坏或者丢失,进而对企业造成损失和影响。

- **盘点后生成的盘点差异应该及时处理,始终保持库存数据的真实准确。**此外,盘点差异的主管人员需要有丰富的经验和专业知识,能够判断差异的原因并采取相应的措施解决问题。
- **企业应该不断完善进销存报表,实时掌握门店销售情况。**同时,企业应该提高员工的操作能力和质量意识,确保数据的真实性,以便管理层能够根据这些报表进行决策和调整。

4. 统一实时的连锁管理

企业在实现多种连锁架构、总部统一资料、统一定价、统一采购、统一配送和在线门店数据实时查看等功能时,需要注意以下事项。

- 企业需要在实施连锁化的过程中,明确不同门店的管理模式,例如直营、加盟或者合作等。对于不同的管理模式,需要给予针对性的管理措施和政策,做好管理风险控制。
- 企业需要建立统一的商品编码体系和标准化的库存管理体系,以确保总部和各门店的商品信息统一、规范和标准。同时,企业应该制定合理的定价策略,根据市场需求和门店特点,制定不同的销售价格和促销策略。
- 企业需要建立标准化的采购和配送体系,以实现总部对门店资金和物流的统一控制。采购和配送的流程应该明确、规范和标准化,遵循合理的成本控制和风险控制。
- 企业需要实时地监控在线门店的库存和销售情况,及时发现和解决问题。企业需要建立实时的数据监控和分析体系,能够及时掌握门店销售情况和成本毛利情况,为企业的经营决策提供科学依据。

企业的经营理念和文化对于连锁化的成功至关重要。企业需要注重团队协作和员工培训，提高团队的管理水平和执行力度，同时不断创新和完善业务流程和技术手段，开拓新的市场渠道和增加收益来源。

5. 应建立全面的生产管理

企业需要对历史销售情况进行详细分析，以便制订合理的排产计划。排产计划的合理性和实际性是至关重要的，过多或过少的生产都会带来浪费或者损失。企业需要时刻监控生产计划的落实情况，及时进行调整。

领料时需要遵守严格的流程，确保领用的物料与生产计划一致，同时要注意物料的保存和维护，确保物料的品质和数量不会出现错误和损失。此外，企业需要进行定期的物料盘点，及时发现和纠正异常情况，保证物料的准确性。

门店要货转生产的流程必须科学和高效。企业需要明确分工，保证生产车间能够及时响应门店的要货需求，同时保证车间生产计划的不受影响。门店要货和车间生产之间的协作必须紧密，通过信息化手段实现联动。

需要高度重视 BOM 配方管理，确保配方的准确性和可靠性。企业需要建立配方管理的规范和标准，每次更新配方都需要经过严格的审批和确认，确保配方的正确性和实用性。此外，企业需要对配方的使用情况进行跟踪和分析，不断改进配方，提高生产效率和质量。

丰富的生产报表查询需要实时准确。企业需要对生产数据高效和准确地进行采集，定期对数据进行统计和分析，全面掌握生产过程中的各项指标变化，及时发现和解决生产中的问题和难点。同时，企业应该提高员工对生产数据的理解和分析能力，使得生产报表数据更加透明化和科学化。

5.5 企业供应链数字化案例

5.5.1 绝味全方位供应链体系

绝味对供应链的追求目标是构建"紧靠销售网点、快捷生产供应、最大程度保鲜"的全方位供应链体系，在实际发展过程中，生产供应靠前端市场支撑，最终形成了"一个市场、一个生产基地、一条配送链"的生产经营模式绝味食品智慧数字核心平台，如图 5-6 所示。本节将从采购、库存、生产、配送、销售及数字化全链路打通等方面深入分析绝味供应链体系的建设经验。

1. 采购管理

由于市场占比大，绝味的原材料采购规模及体量巨大，能形成规模化采购成本优势，且对上游拥有较强的议价能力，90%以上原材料采用统一集采模式，且采用逢低适当囤积库存的策略，有效保障了原材料的价格竞争力（据统计，绝味同品类单吨成品原材料成本相比竞品公司低出 10 个百分点以上）。

同一大宗原材料原则上会有多家战略供应商供应以降低断供风险，保障供货的稳定性。完善的供应商考核体系则保障了原材料质量的稳定性。采购部门使用采购管理 SRM 系统，这保障了与供应商高频及时的采购信息交互沟通。以上因素综合形成了绝味在采购环节的市场优势地位，如图 5-7 所示。

2. 库存管理

依托全国 27 个生产基地合理设置原材料库、成品库等各种仓库类型，设置原材料安全库存，保障库存的稳定性，并在实际库存管理中采用批次管理和先进先出的管理原则，确保实物库存的周转率和保质期要求，并形成货物从入库到出库的整个库存全生命周期管理。仓库部门使用专业的仓库管理系统（WMS）软件进行数字化的库存管理，如图 5-8 所示，极大提高了仓库管理水平。

第 5 章 数字化供应链解决方案

图 5-6 绝味食品智慧数字核心平台

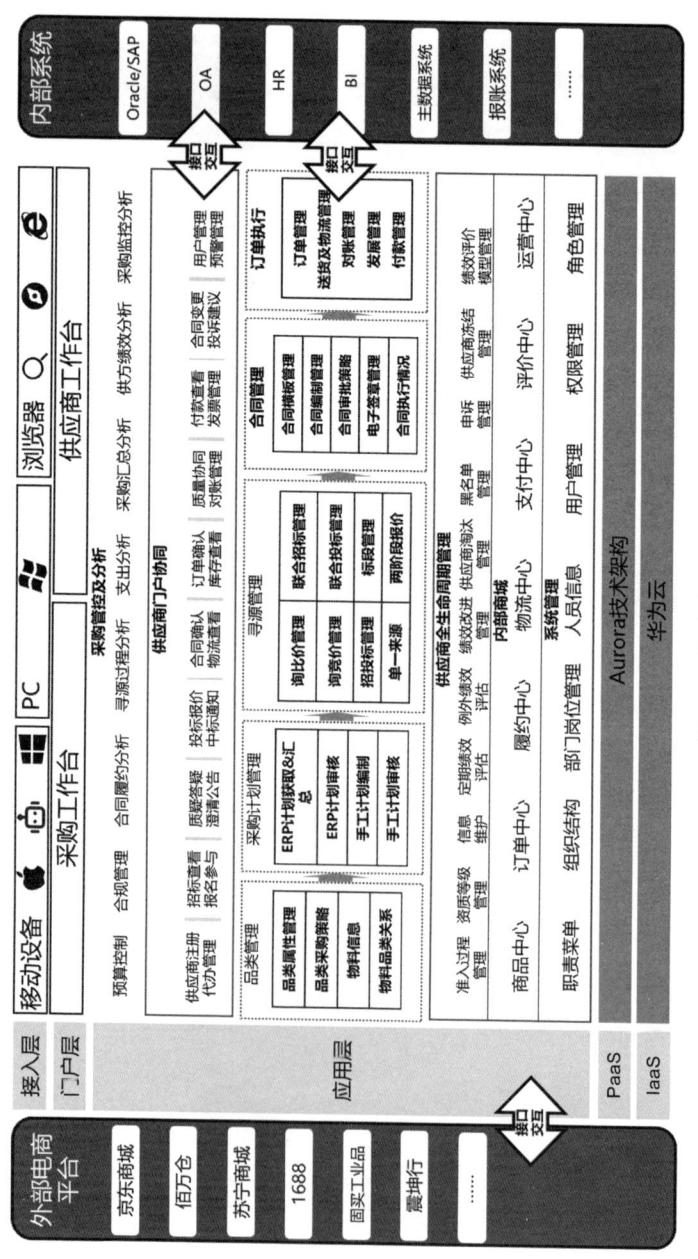

图 5-7 信息沟通图

第 5 章 数字化供应链解决方案

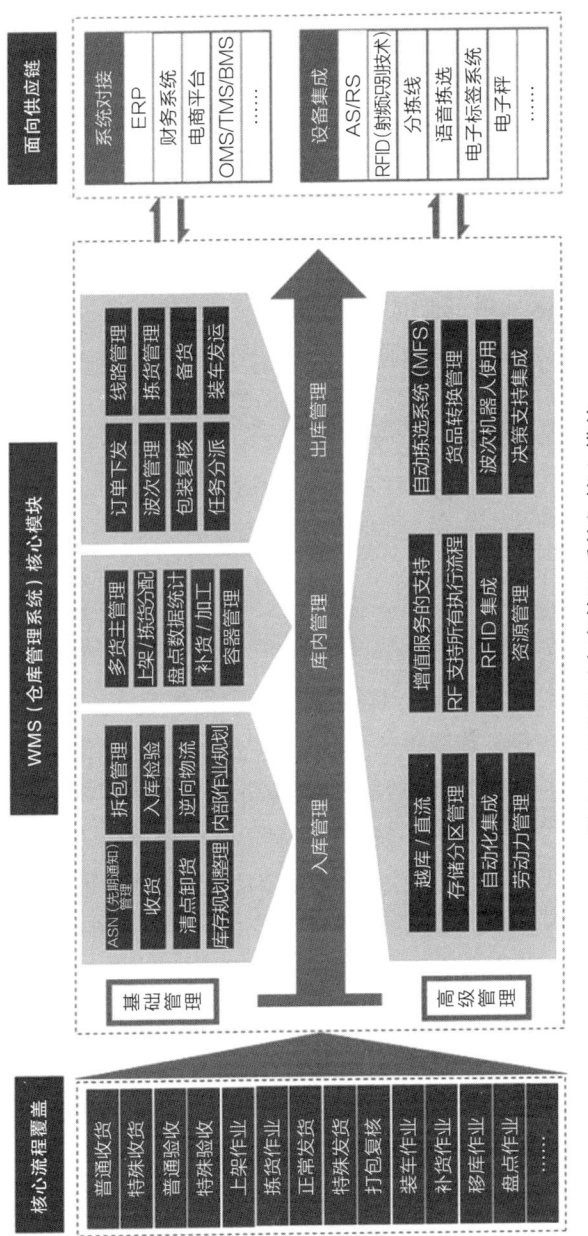

图 5-8 WMS（仓库管理系统）核心模块

3. 生产管理

卤制品的特点是保质期要求严格，从生产工厂到前端门店必须实现快速配送、快速周转，因此开拓一个新的市场区域之前，必先拥有一套相应的产品供应和物流配送体系作为后盾。

这就要求在每个区域市场需要设立一个生产基地，目前绝味已建成 27 个生产基地，正在打造柔性生产工厂，工厂生产按照前端门店需求采用"T+2"计划模式，实现提前两天接单、当日生产、当天分拣、当天配送的理想模式；工厂使用智能自动分拣系统（Lini Sort S-E）实现了出厂商品的自动分拣，还使用专业的MES（制造执行系统），较大幅度提高了工厂生产效率和运营管理水平。

4. 配送管理

绝味拥有属于自己的供应链"上海绝配柔性供应链服务有限公司"，其业务覆盖全国 100 多个城市和地区（300 多个一、二线城市，700 多个乡镇县），直达全国 21 个省会城市并延伸 50 多个周边城市的冷链运输线路。

绝味供应链现已形成城市落地配、城际干线、城市 DC 仓的配送网络体系，具备多温度带的仓储、运输能力；并采用先进的信息技术实现智能化管理，促使强管控执行落地，包括订单管理系统（OMS）、运输管理系统（TMS）、仓库管理系统（WMS）、业务协同工作管理系统、车辆全球定位系统（GPS/GIS）等。

卤制品需要冷链物流及快速配送能力，绝味打造了一个以生产基地 300km 为辐射半径，配送能力覆盖周边 300 余家门店，基本能够实现提前一天订货、当天生产、当天分拣、当天配送的高效门店配送模式。同时日渐增大的门店密度，有效降低了配送产品的单位成本，物流费用率不仅优于同行，且呈逐渐降低的趋势。其运输执行过程如图 5-9 所示。

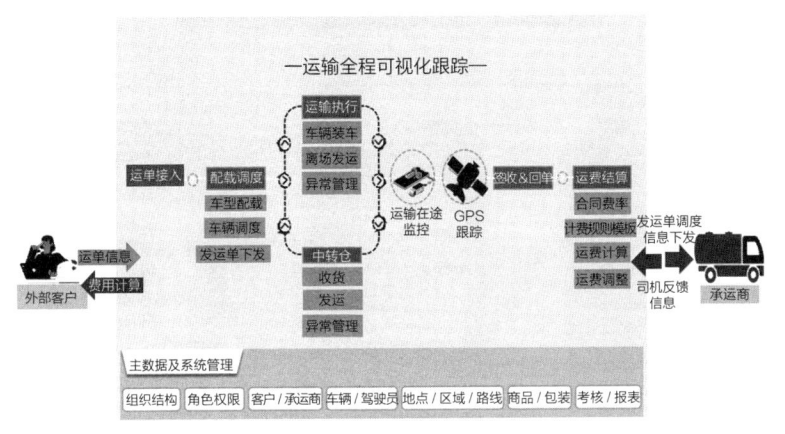

图 5-9 运输执行过程

5. 销售管理

卤制品单店的销售辐射半径不会太大，门店总数量会影响总体的销量情况。因此以连锁加盟为主的商业模式成为绝味的必选，借力加盟商实现门店的快速扩张。绝味目前（本书完稿时）门店已有 13 000 余家，已覆盖了全国各个省份和部分海外市场。在完成"跑马圈地，饱和开店"之后，当前处于"深度覆盖，渠道精耕"阶段，正在重新深化商圈布局，实现更深层次更高质量的市场覆盖。

绝味庞大且持续增长的门店数量，离不开高效的单店模型管理模式和强大的后勤供应链能力，当天生产，当天配送，当天送达，确保门店售卖产品不过夜，产品持续受到消费者的喜爱。前端门店使用数字化系统，如 POS 系统、私域微信小程序、公域外卖等。除了门店线下营销外，数字化线上营销也在持续增长，保持每年的营收持续增长。零售管理系统框架如图 5-10 所示。

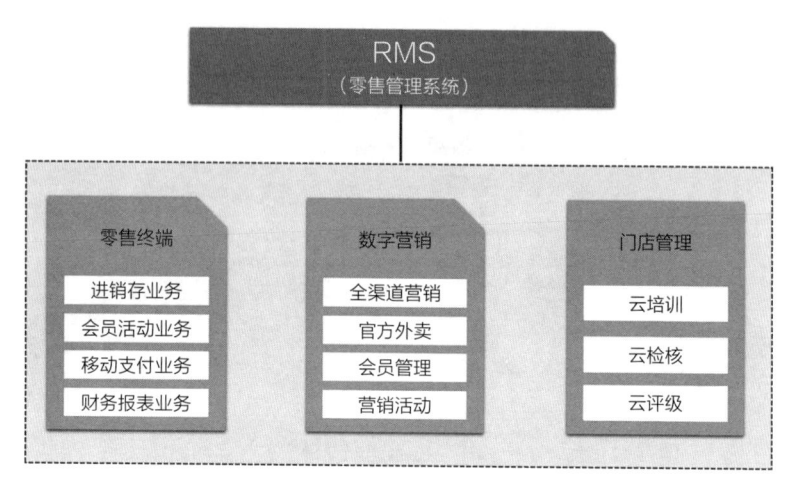

```
                    ┌─────────────────────┐
                    │        RMS          │
                    │   (零售管理系统)     │
                    └──────────┬──────────┘
                               │
    ┌──────────────────────────┼──────────────────────────┐
    │                          │                          │
┌───┴────┐              ┌──────┴─────┐             ┌──────┴─────┐
│ 零售终端│              │  数字营销  │             │  门店管理  │
├────────┤              ├────────────┤             ├────────────┤
│进销存业务│              │全渠道营销  │             │  云培训    │
│会员活动业务│            │ 官方外卖   │             │  云检核    │
│移动支付业务│            │ 会员管理   │             │  云评级    │
│财务报表业务│            │ 营销活动   │             │            │
└────────┘              └────────────┘             └────────────┘
```

图 5-10 零售管理系统框架

6. 业务全链路管理

绝味建设了以 SAP-ERP 为核心，以 MES、WMS、TMS、SRM 等专业应用信息系统为代表的深化应用集成的后勤供应链端系统和门店市场前端应用 RMS 零售管理系统，如图 5-11 所示。打通生产接单管理、原材料采购管理、库存管理、生产管理、配送管理、门店销售管理的全链条信息和数据，较大提升了供应链整体透明度和运营效率和反应速度。当前的绝味已在布局"美食生态圈"的路上越行越稳，无疑强大的数字化供应链能力就是最好的保障。

5.5.2 某实体零售商品流通业务的数字化创新

为响应国家"加快数字经济发展""产业数字化转型"等战略，满足实体零售业数字化转型的需求，同时优化传统零售管理的不足之处，例如无序、精细化程度低、流通效率低下以及应急响应能力差等，某实体零售商品品牌商借助数据化驱动、模块化部署以及云端化聚合的设计思路，开发了商品管理决策技术、商品智能陈列技术、软硬件一体化门店作业技术及智能应急履约技术，最终成功建立了一个国内领先且国际一流的数字化赋能系统。

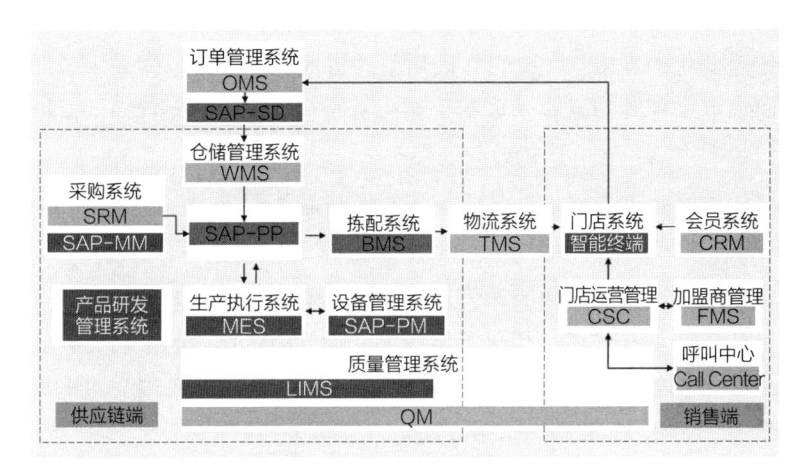

图 5-11　业务全链路管理

注：
OMS ——Order Management System，订单管理系统。
SAP-SD ——SAP Sales and Distribution，SAP 销售与分销模块。
WMS ——Warehouse Management System，仓库管理系统。
SRM ——Supplier Relationship Management，供应商关系管理。
SAP-MM ——SAP Materials Management，SAP 物料管理模块。
SAP-PP ——SAP Production Planning，SAP 生产计划模块。
BMS ——Batch Management System，配送管理系统。
TMS ——Transportation Management System，运输管理系统。
CRM ——Customer Relationship Management，客户关系管理。
MES ——Manufacturing Execution System，制造执行系统。
SAP-PM ——SAP Plant Maintenance，SAP 设备管理模块。
CSC ——Customer Service Center，门店运营管理。
FMS ——Franchise Management System，加盟商管理。
LIMS ——Laboratory Information Management System，实验室信息管理系统。
Call Center ——呼叫中心。
QM —Quality Management，质量管理。

该项目主要痛点是品牌商主要采用传统 ERP 信息管理工具，比较重视分析利用企业内部数据，对外数据的采集、聚合和挖掘不足。同时，在决策支持方面，全球实体零售整体依赖人工决策的经验，比较少使用互联网技术和智能决策算法，难以应对顾客快速变化的需求。此外，在门店管理方面，品牌商整体采用条形码、电子秤等简易技术方案，无法实时、准确、全面管理、监控门店和商品，影响运营效率的提升。

为解决上述痛点，某实体零售商品品牌商提出以下4个解决方案。

- **商品管理决策解决方案**：运用运筹优化、数据挖掘和机器学习等技术，提供智能决策支持，以优化商品采购、有效期管理和商品溯源各个环节。这种智能方案可以大幅提高零售商的商品管理效率。

- **商品智能陈列解决方案**：基于大量的门店商品全渠道销售和用户搜索等数据，利用大数据挖掘技术分析消费者的需求偏好，并通过可视化陈列规划和管理技术，实现高度精准的客户触达。

- **一体化门店作业技术**：运用软硬件结合的方式构建门店作业数字化、管理智能化、购物更便捷高效的系统性解决方案，包括智能购物车技术、智能能耗管理、智能称重技术等诸多方面的技术手段，从而全面提升门店作业效率和管理水平。

- **智能应急履约技术**：通过综合管理客户收货地址、商家订单量、配送人员状态以及配送路线等信息，实现分销网络自适应调整、订单再分配、智能效率分析等应急履约全链路体系。这种智能化技术可以提高配送管理和客户服务的体验。

在项目实施过程中，建立了基础业务系统和大数据平台，通过分布式服务的方式，可将业务数据沉淀下来，建立强大的基础业务系统和大数据平台。这些系统可为其他系统提供高效的服务，并满足不断增长的业务需求。此外，也建设了智能数字化平台，该智能化平台建立在大数据平台的基础之上，由计算平台、数据中心和数据能力中心组成。这些平台可根据基础业务系统和上层应用系统提供数据和算法能力，同时满足商品智能化和运营智能化需求。针对不同的零售场景构建不同的系统框架，依据实体零售场景和通用业务需求，将门店智能硬件工具与各层级业务系统相连接。这种系统架构可满足门店运营和用户购物的多种场景个性化需求，有效提升用户体验。

最终，该实体零售商品品牌商实现门店缺货率降低 2%，果蔬损耗率减少 3%，同时能耗节约了 10%～30%，节省了陈列规划制图 38% 的人员，使得陈列商品排面准确率高达 95%，成绩斐然。

5.5.3 全渠道融合数智化多温层的智能化仓

全渠道融合数智化多温层的智能化仓项目运行后，总存储量达 22 000+ 个托盘位，B2C（企业对消费者）日均出库 6.5 万单，单波次分拣效率可达 7 万件/h，商品周转周期缩减为 20 天，平台调拨仅需 1 天，总人效提升 1.5～2 倍。本次建设全渠道融合数字化多温层的智能化仓项目，主要实现了多业态多形态作业、线上线下一盘货管理、搬运柔性无人机管理、定制四向车应用、视觉协同高效拣选和多温层管理六大功能。

该项目的主要解决方案包括以下 4 个方面。

- **实现自动化立库和楼库的分离管理**。将自动化立库用于存储管理，将楼库作为拣选设备，实现了存储和拣选的分离,避免了自动化立库对全业态拣选作业的限制。
- **线上线下共用库存管理**。EIS(Efficient Inventory Scheduling,高效库存调度)算法用于优化库存的调度和分配。EIS算法会根据设定的任务优先级(例如订单紧急程度、客户需求时间、货物种类等),对库存进行排序和分配。通过该算法选择最合适的托盘或库存位置,从而优化货物周转流程,减少人力干预或时间浪费。结合数据(如库存状态、订单需求、仓库布局等),EIS算法可以智能化地调度库存,减少空置率、优化周转速度,并实现线上线下库存资源的共享和动态调整。在线上线下库存共用体系中,难点在于实时同步库存信息并根据不同渠道需求进行分配。EIS算法可以通过实时数据分析和动态调度来平衡线上(如电商订单)和线下(如门店需求)的库存分配,实现无缝连接。
- **按业务和作业层次划分**。通过业务和作业层次的划分,采用近400台AGV(自动导引车)以柔性搬运模式来处理整个库房物流。借助EIS算法系统,遵循减少搬运距离和断点数量的原则,提高搬运效率。
- **多温度层次管理**。针对高端食品业务,该库房提供 $-18°C$、$0\sim5°C$、$10\sim15°C$ 以及常温等多种温度环境,以提高食品存储周期和保持食品口感的有效性。

在项目实施过程中,对电商普通订单处理方式为:楼库3层和4层负责电商业务,WMS收到电商订单后,由EIS算法系统生成任务包,并交由电商总拣人员分配。

总拣流程是在4楼总拣播种站完成的,拣货员扫描条码并将货物安排到AGV上,然后运输到拣选工位。拣货员触发播种任务后,货物将运输至3楼完成任务包集单。

- **对电商秒杀订单处理方式**:堆垛机会自动将商品出库,并由 AGV 运输至 2 层的秒杀拣选区进行批量拣选。
- **对门店订单处理方式**：5 层负责门店业务分拣处理，经过 EIS 设备调度平台系统调度后，AGV 将料托运输至拣选工位。

5.5.4 海底捞及蜀海供应链

本节来看看连锁餐饮行业极具代表性的企业——海底捞及其下属企业蜀海的供应链运营和数字化转型的过程。

1. 海底捞供应链体系经历的阶段

随着业务的不断发展，海底捞的供应链体系经历了 4 个阶段，逐步完善了流程、组织和数字化能力，赋能业务的快速增长。

- **供应链 1.0 阶段**：在海底捞供应链的 1.0 阶段，企业还处于初创期，业务主要集中在本地市场。此时的供应链管理相对简单，主要依赖传统的采购和配送方式。海底捞主要依赖于本地供应商进行食材采购，尚未形成规模化的采购体系。配送范围局限于本地或周边地区，配送方式可能较为传统，缺乏高效的物流管理系统。
- **供应链 2.0 阶段**：在海底捞供应链的 2.0 阶段，企业的关键痛点是缺乏基本的供应链管理以满足全国范围的原料采购，冷链配送，且缺乏信息透明度，中央无法统筹管理供应链。在此基础上，海底捞成立供应链部门，并部署区域采购、仓储与冷链配送等资源；同时，中央部署 ERP、进销存系统，来统一门店前端应用，加强信息交互。
- **供应链 3.0 阶段**：供应链 3.0 阶段的主要痛点是门店迅速增长，无法保证门店对食材的标准化操作与食品安全，因此企业成立蜀海供应链，以中央厨房的模式向门店提供标准食材。除此之外，企业也面临无法高效管理庞杂的当地直采供应商的困境，海底捞采取精简供应商的做法，并通过中央进行集中采购。

- **供应链 4.0 阶段**：供应链 4.0 阶段是全渠道的阶段。在线上快速发展的背景下，线下门店无法获知客户线上习惯，难以进行有效的创新与运营，进而持续保持客户的黏性。海底捞开发了海底捞 App，提供会员专属的菜品推送、预约、优惠券、"私人定制配锅"等功能，增强消费者黏性，提升了客户满意度。

2. 海底捞的数字化供应链过程

海底捞通过梳理流程、上线数字化系统、构建中央厨房与仓储物流能力，来夯实供应链基础。数字化是供应链优化的必备条件，海底捞的数字化供应链过程主要分成三大步骤。

1）梳理部门流程，明确权责利。为提升采购效率，海底捞制定了由店长下单，中央统筹的流程，提高门店的效率。此外，为配合流程，海底捞成立了计划部，对门店提出的需求进行整合分析和调整，并根据实际进销存情况来计算最终采购量，提升整体运营效率并降低食材损耗。

2）部署信息化系统统筹进销存数据。海底捞优先对 OA、CRM 与统一订餐系统进行定制化开发，初步实现了基于系统的跨部门多任务的协作平台，将流程利用系统进行固化与管理。海底捞通过部署进销存系统联通门店与总部数据，打通门店与总部数据平台，透明化进销存数据，为中央计划部对采购与配送有更好的指导优化作用。

3）构建仓储、中央厨房与冷链运输能力。为了满足门店灵活配送需求，海底捞集中发展当地供应商，并建立仓储与中央厨房，以提高食品在加工、存储与配送环节的效率，同时增加门店服务速度提升坪效。为提高技术创新能力，海底捞与大型的冷链服务商共同研发冷链运输技术，提升运输效率并降低成本，如图 5-12 所示。

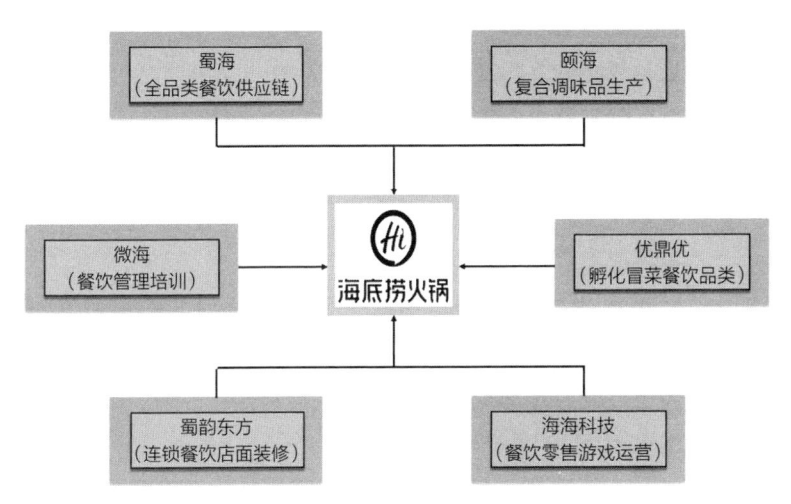

图 5-12 海底捞供应链

3. 供应链独立运营

海底捞深化供应链标准化服务，将成熟的中央厨房与仓储物流环节独立成蜀海供应链。

蜀海公司自 2007 年开始独立运作，为海底捞提供整体供应链托管运营服务，是海底捞供应链的核心运营机构。2013 年海底捞真正实现了全国全网平台化服务，主要体现在集中化采购、集中化中央厨房处理、统一质量管控、统一的全国物流配送系统。

当前的蜀海公司已经成为具备强大产品研发、采购、生产、品控、仓储、物流配送及优质客服能力，专业致力于为餐饮企业提供成本控制、高品质供应链整体解决方案的服务提供商。

蜀海之所以可以迅猛发展，得益于以下3个方面。
- 海底捞业务的快速扩张让蜀海业务越发成熟。
- 整个连锁餐饮行业发展较快，市场规模得以快速扩大。
- 供应链投入较重，普通的中、小餐饮企业为了更高效扩张，更愿意把资金放到市场端，对于供应链端，则更愿意选择成熟的第三方供应链企业。

因为，以蜀海为代表的高水平餐饮类供应链企业，通过集约化、规模化的发展，可以帮助企业降低连锁餐企的"三大成本"。
- **食材成本**，规模化集采，有助于提高食材质量的同时降低单位成本。
- **房租成本**，中央厨房深加工，减少了后厨的使用需求面积。
- **人工成本**，标准化净菜加工，减少后厨工作量，降低了人力成本。

当然，这也离不开蜀海对市场需求的深刻洞察，对市场机会的把控和对自身发展的规划。

4. 蜀海供应链的核心功能

蜀海供应链以海底捞为服务基础，通过服务客户的不断增加，逐步形成了独有的核心竞争力。较为显著的核心能力如下。
- **采购能力**：蜀海通过集中规模化采购，拥有了较强的议价权。其众多供应商资源与其保持长期稳定的合作关系，提供了稳定的售后服务及保障。蜀海严格的新供应商开发及供应商管理制度值得借鉴，如资质证件审核、样品厂内鉴定、不定时抽检、采购合同质保协议、绩效考核。此外，蜀海自有的供应商招标比价平台，对供应商、价格进行平台化管理，确保采购质优价廉。

- **研发能力**：蜀海有专业研发团队及中西餐饮烹饪研发实验室、产品标准化实验室、菜品制作展示室。拥有蔬菜、肉类、调味品、中餐标准化、水产品五大研发中心，在菜品研发、工业化产品转换、厨政管理上深耕。
- **生产能力**：采用集约化、流水线生产模式，提高生产效率，保障食品安全，并提供一站式的初加工及深加工食材供应服务，可以根据不同客户的需求以原材料、粗加工、精加工等多种产品形态进行菜品创新，满足市场需求。其采用的标准中央厨房系统，同时将人力成本最大化利用降低人力成本，对生产成本的降低持续迭代。
- **品控管理**：蜀海拥有一支规模 1600+ 名的专业进行加工、质检、品控的团队，以及完善的食品安全管理体系（符合国家标准），并采用日检制、留样制、100% 菜品源头可追踪，对检测出的所有问题进行记录、存档。
- **物流仓储**：蜀海有先进的仓储管理体系，如图 5-13 所示。对仓库进行标准化的冻库、保鲜库、常温库分类，对仓储食品、用品进行分级管理，实现多温层管理，并以先进的 WMS、SAP 等管理系统执行仓库管理，采用先进先出基础管理，进行库存周转的良性运行，将生鲜产品平均库存周转降为 3 天，同时采用最新的食品保鲜技术，最大限度降低产品损耗。

5. 给我们的启发

通过海底捞供应链的案例我们可以得到关键启示：对推动线下高速扩张或全渠道转型的企业来说，供应链的高效运营是必须跨过去的关隘。

- 数字化工具帮助企业跨过供应链改造的关键节点，可以帮

- 供应链是助力业务增长最重要的环节，尤其是拥有门店业务且快速扩张的企业，或者进行全渠道业务转型的企业，供应链的高效运营是企业必须跨过的关隘。
- 供应链部门能力的强大不仅可以促进业务发展，也可以进行服务输出，赋能企业独立对外创造价值。

中央厨房 + 集中配送模式
将清洗、加工集中处理

清洗 → 分拣 → 切割 → 配盘
← 中央厨房 → ← 门店 →

生鲜供应商 —20%→ 食材加工 + 仓储物流 → **供应母公司**（海底捞、U-DING鼎、茶）

场地农场直采 —80%→ → **供应外部客户**（新白鹿、江边城外 等）

由专业采购团队进行集中采购，其中：
- 20%的产品来自生鲜供应商
- 80%的产品直接从农场采购

- 从各地采购的食材，先在工厂进行清洗、加工，再转运物流中心进行装车配送
- 运输车辆20%自有，80%外包

- 为300+连锁餐饮品牌，2000+门店提供食材
- 超过70%客户是中型餐厅（年采购金额为1000万~5000万元）

中央统筹提升销售预测准确性：海底捞在中央成立供应链计划部门，在各门店报送订单需求后，由计划部通过供应链管理系统查询到实时库存，根据需求和库存来确定合理的采购及生产计划，再由配送中心根据计划执行。

图 5-13 物流仓储管理

对中、小型连锁餐饮企业而言，过早自建供应链体系只会拖慢发展的步伐，分散管理的精力。通过对市场发展的观察，我们认为，中小型连锁餐饮企业前期应以业务发展、市场扩张为主，供应链端应以第三方服务商为主，内部配备少量管理人员进行规划、协调，即可支撑企业的快速发展。待到企业发展到中等规模以上后，有了稳定的业务增长和冗余资金，再考虑逐步引进专业的人才、技术与设备对供应链进行补强，从外包逐步转为自建。

第 6 章
数字化决策解决方案

第 5 章详细阐述了数字化供应链的构建和发展,突出了信息技术在提升供应链透明度和响应速度方面的关键作用。我们认识到,供应链的数字化转型是企业适应市场变化、提高竞争力的必由之路。在此基础上,第 6 章将转向介绍数字化决策场景的解决方案,讨论如何利用数据分析和人工智能技术优化决策过程,提高企业应对市场变化的敏捷性和准确性。通过智能化的决策支持系统,企业能够在大数据时代把握先机,实现更加精准和高效的运营管理。

6.1 传统连锁餐饮企业决策响应方面的痛点

在数字化转型的浪潮中,企业决策的科学性和精准性越来越依赖数据的支撑。然而,许多企业在这一转型过程中面临着决策缺乏数据支撑、系统数据杂乱等挑战,这些问题的存在不仅影响了决策的效率和质量,也制约了企业在激烈的市场竞争中的应变能力和发展潜力。为了应对这些挑战,连锁餐饮企业必须对自身的数字化成熟度进行全面评估,明确当前所处的发展阶段,并根据评估结果制定相应的提升策略。

6.1.1　决策缺乏数据支撑,高度依赖人治

在传统企业的决策过程中,数据缺乏与高度依赖人治是常见的痛点。这种情况在数字化时代更为明显,因为大数据和人工智能技术的不断发展使数据变得不再是稀缺资源,而是可以广泛获取和应用的资产,而许多企业未能充分应用这些数据,从而导致绩效下降、盈利能力降低甚至消亡。

我们不能否认,在数字化决策的背景下,企业需要更加关注数据的价值,以获得合适的策略,而不是依靠主观的经验和想法。然而,即使企业掌握了大量的数据,如果没有科学和有效的分析方法和应用,所得出的结论可能毫无价值,甚至是错误的、有害的。考虑到企业的资源有限,如何使数据成为可操作的、准确的和高效的决策依据,是所有企业要解决的问题。

数据支撑不足的痛点表现在不同的方面。

- 由于传统思维方式过于依赖人的经验,很多企业在决策之前并不会对数据的源头和可靠性进行深入研究和评估。虚假的数据或缺乏必要因素的数据都有可能带来错误和偏见,这样的决策最终显然是不可靠和有害的。因此,企业必须确保收集到的数据可靠且充分。
- 在数据收集后,企业必须应用正确的工具和方法对数据进行分析和运用。数据分析的质量和可靠性取决于使用的算法和模型,这些算法和模型的准确性依赖于经验和专业的

知识。如果企业没有专业的分析团队，或者对数据分析部门的投资不足，就很难发现潜在的趋势和机会，并根据数据制定决策。这种情况下，数字化部门的存在就毫无意义。

- 数据分析得出的结论必须以正确的方式运用，使其在企业的决策制定过程中起到支撑作用。由于不同企业之间的业务和文化差异很大，必须以个性化的方式进行决策制定。因此，企业必须致力于将科学的数据分析方法与内部的企业文化、专业技能相结合。
- 数据缺乏与高度依赖人治的情况不仅出现在小规模企业中，在大型企业中也是存在的。其中的原因可能是企业文化限制、企业不愿意接受数据指导政策或者企业缺乏适当的数据管理能力。因此，要想在数字化时代取得成功，企业需要从内部推行数据文化，建立科学和数据驱动的管理模式。

6.1.2　系统数据杂乱，难以指导决策

系统数据杂乱和无序给企业的决策制定带来了严重影响。企业收集大量的数据以指导决策，但这些数据的规模和多样性给企业带来了数据管理上的困难。在数字化时代，数据收集和保存变得更加容易和便捷，但不加管理和整理的数据并不会落实到实际的决策中，使得企业需要付出更多的时间和精力来厘清信息。

企业数据系统的杂乱和难以理解，可能表现在数据数量和来源多样性的问题上。

在数据管理的初步阶段，企业通常会根据需要收集大量的数据，以提供足够的信息来指导业务决策。但是，在这一过程中，

由于数据缺乏结构化和格式化，可能会导致数据质量的降低以及更多的扰动因素的引入。当企业试图通过这些数据来获得有意义的洞察或作出有效决策时，这些问题只会变得更加突出。

在来源多样性的问题上，企业可能会使用多个系统或平台来收集和存储数据，如 CRM 系统、ERP 系统或其他业务应用程序。虽然这些系统通常都有不同的功能和目的，但它们之间缺乏共同的数据体系结构和统一的访问方法，很难将它们整合成一个完整的数据视图。这种多样化的数据源极大地增加了企业数据管理的复杂性，并使得企业的决策制定受到严重影响，因为企业无法从一个具有完整可观察性和准确性的视野去理解问题。

企业也可能面临无法找到、获取和掌握数据的问题。数据可能分散在多个系统、平台、文档和电子邮件中，而企业可能缺乏足够的工具和资源来有效收集、整理和使用这些数据。即使企业有专门的数据团队，他们的作用也会因为数据混乱而受到限制。这些问题导致企业无法依据数据来决策，或是决策的数据往往是不完整、不准确或无法被接受和信任的，从而导致对企业的短期和长期发展构成威胁。

数据的杂乱和无序性还会影响数据的准确性和完整性。数据集的杂乱和无序可追溯到数据收集和记录的操作，其中包括输入、导出、格式化、存储和维护数据的过程。由于数据流程和操作的多样性和复杂性，可能会有大量的错误和意外事件，如数据重复、数据丢失或不完整、数据损坏等。这些问题使得数据的质量难以得到保证，没有基本的数据质量保障措施，决策制定难以基于真实的信息来进行。

6.1.3　数字化转型，成熟度评估先行

基于以上痛点，连锁餐饮企业需要将数字化转型提升到战

略层面，制定转型愿景和转型路线图，包括短期、中期和长期目标，设定不同的里程碑，而这些基础则是评估当前数据成熟度所在阶段，根据不同的阶段定制不同的策略。

在评估企业的数据成熟度时，我们可以参考 Gartner 的数据管理成熟度模型 DM3 和 IBM 的数据治理成熟度模型。这里对这两种模型做了简化，并得到企业数字化成熟度的 5 个阶段，如表 6-1 所示。

表 6-1 所述即为企业数字化成熟度的 5 个阶段，描述了每个阶段的特征、现状，并给出提升方向和可参考的数字化解决方案，希望餐饮零售企业可以基于上述内容评估自身的数字化成熟度，并为自己量身定制相关解决方案。

6.2 支撑企业数字化运营的决策体系

数据驱动作为一种核心理念，在餐饮连锁企业数字化运营的决策体系中扮演着至关重要的角色。它强调数据和模型在创造价值过程中的关键作用，推动企业决策从依赖人的直觉和经验，转变为基于数据、算法和模型的科学过程。通过构建数据驱动的金字塔模型，企业能够确保从基层到高层，不同角色的需求得到满足，实现全业务链条的多维覆盖。

6.2.1 数据驱动的概念

"数据驱动"这一概念已经在企业数字化转型的进程中占据了核心的地位，其基本原则在于，将数据与模型视为创造价值的关键要素。如图 6-1 所示，企业采用人机协同的数据驱动模式后，所有业务和管理需求都将根据数据、算法和模型进行决策，而不再依赖人的直觉和经验。

表 6-1 企业数字化成熟度的 5 个阶段

阶段	阶段状况	提升方向	参考方案
初始阶段	企业对数据价值认识不足，缺乏统一的数据管理策略和基本的数据治理框架，数据通常是分散的，质量参差不齐，仅用于满足基本的业务操作需求	1. 提高数据重要性的认知，制定初步的数据管理策略 2. 建立数据目录和基础的数据质量管理体系	1. 制定并执行初步数据管理政策，明确数据分类、存储、访问和使用的规则（6个月） 2. 建立基础的数据质量检查系统，减少20%以上因数据质量问题引发的运营问题（3个月） 3. 设立专门的数据管理团队，搭建主数据管理平台，实现关键业务数据的集中化管理和维护（6个月）
受控阶段	实施基本的数据管理和控制措施，如数据集成、数据标准化等，但可能比较零散，没有形成体系	1. 推行全面的数据治理体系，实现跨部门的数据整合与共享 2. 建立数据标准和规范，通过自动化工具监控数据质量和一致性 3. 设立数据管理角色和职责	1. 实施并完成跨部门的关键数据集成项目，实现80%的核心业务数据互联互通（12个月） 2. 标准化数据字段和格式，降低数据冗余率30%以上，提高数据查询和分析效率30%以上（6个月） 3. 进行数据质量审计，确保至少90%的数据符合预设的质量标准（每季度）
管理阶段	已具备相对完善的数据治理流程，数据质量有明显改善，能够支持部分决策分析，但仍存在数据利用效率低、响应速度慢等问题	1. 引入先进的数据分析技术和BI工具，提升数据处理能力和洞察力 2. 通过数据湖等技术优化数据架构，确保数据可及时、准确地为决策提供支持 3. 建立数据驱动的文化	1. 搭建BI平台，开发至少10个关键业务领域的报表和分析模型，以支持管理层决策，实现覆盖70%以上的业务数据，决策效率提高40%（6个月） 2. 建立数据仓库或数据湖，使得数据提取和分析速度提升50%以上（6个月） 3. 通过数据培训和文化建设，使全体员工数据素养提升20%，举办数据驱动创新的主题活动（每半年）

232

阶段	描述	措施	目标
优化阶段	企业能够高效利用数据资源,支持高级分析和预测性决策,数据已成为战略资产,但在数据创新和持续改进方面仍有提升空间	1. 深化人工智能、机器学习等先进技术在数据应用中的融合,推动数据科学团队建设,开展数据创新项目 2. 建立健全数据生命周期管理机制,以实现数据生产的持续优化	1. 实施至少 3 个人工智能/ML 项目,这些项目应能带来明显的业务效果提升,比如客户满意度提升 10%、运营成本下降 15%等(12 个月) 2. 数据治理持续改进,每年对数据治理成熟度评估进行两次,目标达到行业数据治理最佳实践的前 25%水平(24 个月)
卓越阶段	数据完全融入企业的核心运营和商业模式中,实现数据驱动的业务创新和竞争优势,拥有高度智能化的数据生态系统	1. 继续加强内外部数据的融合和挖掘,打造实时、敏捷的数据反馈循环 2. 围绕数据构建新兴业务模式和服务,保持对新兴数据技术的关注和跟进,以持续保持领先优势	1. 创建数据驱动的新业务单元或新产品线,预期可以贡献公司总收入的 20%以上(36 个月) 2. 实现全链路的数据实时监控与反馈,所有关键业务环节都能在事件发生后一小时内获得相关数据洞察,提高业务响应速度 50%(长期) 3. 持续投资前沿数据技术,例如实时流处理、边缘计算等,每年投入的研发预算占比提升至总 IT 预算的 30%,确保公司在数据技术创新方面的领先地位(长期)

```
        ┌─┐
       ╱企业价╲
      ╱ 值实现 ╲         企业通过数据驱动获得的最终价值，如增加
     ╱─────────╲        收入、提高效率、增强客户满意度等。
    ╱ 决策与行动 ╲
   ╱─────────────╲      将分析得到的结果应用到实际的业务决策和
  ╱ 数据分析与洞察 ╲    行动中，如战略规划、运营优化等。
 ╱─────────────────╲
╱  数据收集与管理   ╲   数据处理和分析工具，如大数据平台、BI
─────────────────────   工具和 AI/ML 模型。

                        企业的基础设施，包括数据仓库、数据湖和
                        数据集成工具。
```

图 6-1 企业数据驱动金字塔模型

从数据驱动的概念框架来看，它主要包括五大要素：服务对象、需求动因、应用场景、模型、数据，它们的关系如下。

- 服务对象是指数据驱动的服务对象，涵盖了从企业基层的销售、采购、研发人员，到中层的管理人员，直至高层的决策者。他们既是数据的使用者，也是数据的提供者。不同服务对象关注的焦点不同，为了满足各角色的需求，数据驱动型企业需要挖掘不同角色之间的核心关联信息，并对这些信息进行分类和分级处理，以便快速获取有效信息并进行分析，助企业高效作出业务决策。

- 需求动因来源于服务对象，涵盖了企业决策层的战略需求、管理层的管理需求以及业务执行层解决业务问题的需求。需求动因在不同应用场景中的显现，使数据驱动模型得以动态构建，进而逐步完善。

- 数据驱动的核心在于发现具有高价值的应用场景，并明确不同服务对象需求动因的高低，体现人机协同的程度。根据《成就数据驱动型企业：中国企业数字化转型白皮书》2022 版，人机协同程度可划分为 5 个层级——呈现、预警、建议、决策和融贯。在这 5 个层级中，随着需求层次的不断提升，数据驱动必须坚持动态发展的原则。
- 模型的构建离不开模型的运用。在数据驱动场景下，主要有两类模型——人工智能模型和业务模型。人工智能模型包括线性回归、机器学习等，具有借助机器人自适应学习机制进行模型自主更新的特点；业务模型则是基于数据和算法，将业务场景抽象化，形成覆盖全业务链条的多维业务模型。
- 数据则是数据驱动的基础，随着数据量的提升、维度的复杂化以及时效性的加强，数据驱动在生产要素上呈现出实时、多维、定制化等特点，从而更好地为模型和应用场景提供支撑。

6.2.2 数据驱动的闭环：从采集到智能决策

数据采集、数据治理、数据建模、智能决策、反馈改进构成了数据驱动闭环体系，如图 6-2 所示。

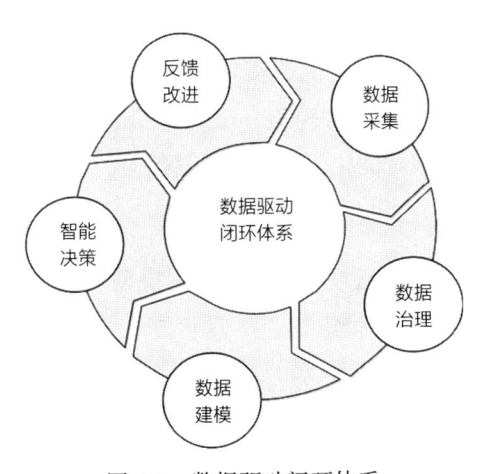

图 6-2 数据驱动闭环体系

1. 数据采集：闭环的起点

数据采集是数据驱动闭环的基石，分为两种主要方式：经营过程中的被动数据记录，其特点是无形中生成并存储于数据库；与用户在数字平台上的互动，如电商评价或意见发布，提供了一种主动的数据生成方式。这两种方式共同为数据驱动的旅程奠定了坚实的基础。

2. 数据治理：确保质量和标准

数据治理的关键在于实现数据的标准化和资产化，旨在统一数据标准和开放市场数据，同时推进内部数据加工自动化。明确的数据标准不仅可确保数据质量和安全，还可解决数据缺失和不准确的问题，减少理解数据的偏差，降低跨部门沟通的成本。此外，数据的连通性为自动化处理业务提供了必要的基础，极大地提升了企业的运营效率。

3. 数据建模：结构化的洞察力

数据建模过程通过业务洞察和最佳实践，将原始数据转为结构化知识。这一阶段，企业能够挖掘并形成知识结构化网络，不仅能捕捉到肉眼无法识别的逻辑和关系，还能积累宝贵的结构化知识库。通过精炼的业务模型，决策者能够迅速回顾相关知识，为数据的自动化和智能化洞察奠定了基础。

4. 智能决策：数据模型驱动的优化

智能决策环节，通过建立基于数据模型的决策机制，对业务模型进行持续的全链路优化，这意味着系统能够自动化地进行数据分析和管理决策。通过机器学习等技术，系统能够自我优化，产出新的算法或模型，从而支撑管理层的决策行为和企业战略。

5. 反馈改进：动态闭环的完善

反馈改进环节将决策结果转化为具体行动，直接指导企业的业务运营。这一过程特别强调整体性，确保企业战略得以落实到每个业务环节。系统依据决策反馈，通过深度学习算法自动进行修正和完善，形成一个持续进化的动态闭环，这需要不间断的反馈和机器学习的支持。

通过这五个步骤，数据驱动闭环实现了从数据采集到反馈改进的全过程，确保企业能够在这个信息爆炸的时代高效、智能地运营和发展。

6.3 业务场景与数据中台

为实现连锁餐饮企业的高效运营，我们需要构建一个功能强大的中台体系，其核心组成部分是业务中台与数据中台。这两个部分紧密相连，形成企业级可复用能力的重要载体。为了成功打造业务中台，企业需要改变以往"前重后轻"的运营模式，在布局数字化系统的同时，也要调配适当的运营资源。业务中台与数据中台共同承担业务指标，从而实现真正的自动化、智能化运营决策。数据中台则负责处理海量数据，为业务中台及前台提供数据需求服务。数据中台与前台应用应保持松散耦合的关系，支持数据处理模式的灵活运用。

企业数字化转型的核心是从需求出发，通过场景切入，实现数据驱动的运营决策。首先，企业需要收集与管理全流程与全部门的需求，明确核心需求，找到最适合企业的切入点。其次，企业可以从单个场景切入，通过场景建模、解耦、复用和协同开发等方式，推动企业数字化转型。在这个过程中，数据成为支撑企业转型的关键。企业需要汇聚线上交易、预订、点单、买单、储值、发票等多种功能，以及餐厅经营数据、用户消费数据和营销活动数据。加盟商可以随时随地了解门店客流量、翻台率等经营情况，从消费者的行为和偏好分析中做出业务决策，如门店选址、菜品研发、定价等。数据中台的作用在于，它为数据接入、清洗、融合、储存、建模和应用提供全生命周期支持。数据中台不仅支持稳定处理业务系统产生的海量数据，而且在数据接入、加工、管理和应用等环节可提供数据权限控制和多重认证，保障数据安全，提供可视化的操作界面，使业务人员无须开发人员配合即可完成数据清理、建模等操作。数据中台与企业原有 IT 技术体系及合作伙伴的技术体系兼容，降低企业实施成本。

随着物联网、大数据、云计算和人工智能等信息技术的发展，以智能化为特征的第四次工业革命正迎面而来。数字化与智能化技术全面融入并深刻改变了食品和餐饮行业的管理运营模式。与此同时，由于贸易摩擦和各类"黑天鹅"事件的出现，商业环境的复杂性和不确定性逐渐加剧，对行业运营产生了巨大冲击。餐饮行业正经历着一场重大变革，供需两端的创新如雨后春笋般涌现，智能制造、柔性制造、新零售等新模式不断出现，对企业经营提出了新的要求。

6.4 餐饮行业数据指标

6.4.1 餐饮行业经典数据指标

数据分析离不开维度和指标，维度比较通用，而指标在各行各业都不尽相同。餐饮行业与传统零售行业不同，有堂食、自提、外卖等不同消费场景，而且有比较高的现场服务属性，需要关注餐厅运营、消费者满意程度、菜品毛利、销量、损耗等，并且餐饮行业还可以细分为中餐、西餐、正餐、快餐、小吃、咖啡茶饮等不同商业模式,每种业态下均会有自己常用的数据分析指标,我们无法完全罗列所有指标,但是可以把常见、通用的数据指标按照指标域进行整理,抛砖引玉供大家参考。

1. 门店运营类指标

门店运营类指标是系统评估餐饮门店整体运营状况的量化工具。我们可以将相关指标分为 5 个维度。

- 服务质量维度(客户满意度指数、投诉率、平均排队时间、退菜率、顾客流失率)反映顾客体验水平。
- 运营效率维度(人均消费、上座率、人均消费时间、翻台率、总销售额、进店人数、订单数)体现门店资源利用效率。
- 时段分析维度(日均消量、客单价区间、时段收入分布、客单价)揭示门店客流和收入分布特征。
- 菜品分析维度(菜品销量、菜品销售额、菜品毛利率、菜品层级分销售比、菜品偏好度、单品收入贡献)衡量菜品结构和表现。
- 营销效果维度(营销活动响应率、折扣销售额占比、新客户比例、VIP 客户比例、外卖收入比、餐饮收入比)评估营销策略成效。

通过对这些维度的门店运营类指标的综合分析,可以发现运营短板,制定改进方案,最终实现门店的持续增长。具体门店运营类指标如表 6-2 所示。不同指标的组合可以实现事半功倍的效果。以下是门店运营指标的组合、关联和价值。

表 6-2 门店运营类指标

类别	指标名称	计算公式	指标含义与用途
收入	总销售额	总销售额之和	衡量餐厅的总收入
收入	进店人数	记录的进店客户数量	衡量店铺吸引客流的能力
收入	订单数	记录的总订单数量	衡量餐厅的销售活跃度
收入	客单价	总销售额/总订单数	衡量每个客户的平均消费金额
收入	人均消费	总销售额/进店人数	衡量每个客位客户平均消费金额
收入	日均销量	月销售总额/营业天数	衡量每月月销售表现，常用于同环比分析
收入	客单价区间	分区间统计客单价数量	衡量订单结构，用于套餐组合营收分析
收入	时段收入分布	特定时段销售额/总销售额	衡量不同时段的收入情况，尤其用于分析高峰时段营业绩，优化人员安排
收入	外卖收入比	外卖销售额/总销售额	衡量外卖业务占总收入的比重
收入	堂食收入比	堂食销售额/总销售额	衡量堂食业务占总收入的比重
运营	营销活动响应率	参与活动的客户数/营销触达客户数	衡量营销活动的吸引力
运营	折扣销售额占比	折扣订单销售总额/总销售额	衡量促销活动对销售额的影响
运营	上座率	月均来店人数/（总餐位数×餐次）×100%	衡量每个座位的使用频率，分析接待能力和餐桌利用情况
运营	翻台率	（餐桌使用次数−总台位数）/总台位数×100%	反映餐桌使用效率，过低则应收过差，过高则可能影响客户满意度

运营	客户流失率	未完成就餐离开的客户数／进店客户数	衡量服务或产品导致客户流失的比例
运营	投诉率	投诉次数／订单数	衡量服务或产品导致运营情况的指标
运营	平均排队时间	总排队时间／排队客户数	衡量餐厅客户等待时间，分析高峰期等位情况
运营	退菜率	退菜订单数／总订单数	衡量客户因品质或服务等问题导致的退菜情况
运营	客户复购率	重复消费的客户数／总客户数	衡量客户忠诚度
运营	新客户比例	新客户数／总客户数	衡量新客源引入情况
运营	VIP客户比例	VIP客户数／总客户数	衡量忠诚客户占比
运营	客户满意度指数	通过调查或评价系统获取	用于衡量客户对餐厅服务和食物质量的满意程度
运营	人均用餐时间	所有订单的用餐时间总和／订单数	用于衡量客户在餐厅的平均停留时间
菜品	餐饮组合销售比	套餐销售额／总销售额	衡量套餐销售对总收入的影响
菜品	菜品喜好度	单个菜品销量／总销量	衡量菜品受欢迎程度，尤其在新品上市期间重点关注
菜品	菜品销量	单个菜品的销售数量	用于衡量特定菜品的受欢迎程度
菜品	菜品销售额	单个菜品的销售金额	用于衡量特定菜品的销售额
菜品	菜品毛利率	（菜品售价－菜品成本）／菜品售价	用于衡量菜品的盈利情况
菜品	单品收入贡献	单个菜品销售额／总销售额	衡量各菜品对总收入的贡献

1）销售与顾客流量分析。
- 组合指标：总销售额、进店人数、订单数。
- 关联性：了解每单的平均消费（客单价）和人均消费，以及订单数量对销售额的影响。
- 价值：优化客户接待流程，提高转化率和客户消费水平。

2）收入分布与时间分析。
- 组合指标：时段收入分布、日均销量、客单价区间。
- 关联性：确定高峰时段和低迷时段，分析不同时间段的收入分布。
- 价值：调整营业时间和人员安排，提高特定时段的营销活动。

3）服务效率与客户满意度。
- 组合指标：上座率、翻台率、平均排队时间、客户满意度指数。
- 关联性：衡量餐厅的服务效率和客户满意度之间的关系。
- 价值：提升服务质量，减少排队时间，增加客户满意度和复购率。

4）产品绩效与偏好。
- 组合指标：菜品喜好度、菜品销量、菜品毛利率、单品收入贡献。
- 关联性：分析哪些菜品受欢迎、它们的盈利能力和对总收入的贡献。
- 价值：优化菜单，推广高毛利和受欢迎的菜品，提高整体利润。

5）营销效果与销售增长。
- 组合指标：营销活动响应率、折扣销售额占比、新客户比例、VIP客户比例。

- **关联性**：评估营销活动的有效性，以及新老客户对销售的贡献。
- **价值**：调整营销策略，提高投资回报率，增强客户忠诚度。

6）客户体验与忠诚度。
- **组合指标**：客户满意度指数、人均用餐时间、客户复购率、投诉率。
- **关联性**：分析客户满意度、用餐时长与客户忠诚度之间的关系。
- **价值**：提升客户体验，减少投诉，增加客户忠诚度和正面口碑。

通过门店运营相关指标的组合分析，餐饮企业可以获得深入的业务洞察，从而做出更有针对性的决策，提高运营效率，增加销售额，提升客户满意度，并最终实现更高的利润。

2. 餐饮财务指标

餐饮行业门店的财务类指标主要用来反馈门店盈利水平，如表 6-3 所示。财务类指标更多在公司和集团层面使用，本章仅列举部分可以在餐饮单店模型中使用的指标，并且做出了一些简化，具体指标深层含义和计算逻辑可以寻求财务人员的帮助或参考专业的财务类书籍。

表 6-3 餐饮财务指标

类别	指标名称	计算公式	指标含义与用途
成本与利润	餐厅净利率	（总收入 – 成本 – 所得税费用）/ 总收入	衡量净利润占收入的比例
成本与利润	成本费用比率	（成本费用总额 / 营业收入）× 100%	衡量成本和费用占营业收入的比重
成本与利润	人力成本比	人力成本 / 总收入	衡量人工成本在总收入中的占比

(续)

类别	指标名称	计算公式	指标含义与用途
成本与利润	营运资本周转率	销售收入/平均营运资本	衡量餐饮企业短期偿债能力
成本与利润	资产周转率	销售收入/总资产平均值	衡量资产利用效率，反映流动资金管理效果
成本与利润	存货周转率	营业成本/平均库存	衡量存货流转速度
成本与利润	应收账款周转率	销售收入/平均应收账款余额	衡量收款能力和速度
成本与利润	边际利润率	（营业收入−变动费用）/营业收入×100%	衡量边际贡献大小
成本与利润	餐饮保本收入	固定费用/边际利润率	衡量餐饮盈利点高低
门面价值	保本点	固定开支（房租+水电+税收+人工成本+杂项）	衡量盈亏平衡点的值，利润不到保本点就会发生亏损
门面价值	保本营业额	保本点/预定毛利率	达到盈亏平衡需要达到的营业额
门面价值	日保本上座率	保本营业额/平均每客消费/平均每桌餐位数	达到盈亏平衡点需要达到的上座率
门面价值	投资回报期	（总投资+利息）/（年利润+年折旧）+建造周期	反映投资回收效果

财务指标的组合分析可以帮助管理者了解餐厅的财务状况、盈利能力、成本控制、流动性和资本利用效率。以下是一些可能的财务指标组合及其关联性和潜在价值。

1）盈利能力分析。
- **组合指标**：餐厅净利率、边际利润率。
- **关联性**：这些指标共同反映了餐厅的基本盈利能力和每笔销售额中的利润。
- **价值**：帮助管理者评估成本控制效果和盈利水平，为定价策略和成本优化提供依据。

2）成本控制与费用管理。
- **组合指标**：成本费用比率、人力成本比。
- **关联性**：反映餐厅运营中的直接成本和人力成本占比，以及它们对利润的影响。
- **价值**：通过控制成本和管理费用，提高餐厅的经济效益。

3）营运效率分析。
- **组合指标**：营运资本周转率、存货周转率、应收账款周转率。
- **关联性**：这些指标显示了餐厅的资金、库存和应收账款的流转速度。
- **价值**：优化资金和库存管理，加快回款，提高资金使用效率。

4）资产利用效率。
- **组合指标**：营运资本周转率、资产周转率。
- **关联性**：衡量餐厅如何有效利用其资产来产生收入。
- **价值**：指示管理者改善资产配置，提升资产的使用效率，增加收入。

5）稳健性分析。
- **组合指标**：餐饮保本收入、保本点、保本营业额、日保本上座率。
- **关联性**：这些指标帮助确定餐厅在不同条件下达到保本（无亏损）所需的营业额和上座率。
- **价值**：为制定目标和营销策略提供依据，确保餐厅的财务安全。

6）投资回报分析。
- **组合指标**：投资回报期。
- **关联性**：计算投资回收的时间，评估投资的风险和吸引力。

- **价值**：对于投资者和管理层来说，了解何时能够收回初始投资是关键的决策信息。

通过对上述财务指标的综合分析，餐厅管理者可以更好地理解业务运营的财务健康状况，制定相应的策略以提升盈利能力、优化成本结构、提高资产和资金的使用效率，从而使企业在竞争激烈的餐饮市场中保持竞争力。

3. 餐饮供应链类指标

餐饮行业门店的供应链类指标主要用来分析和衡量供应商管理，如表 6-4 所示。

表 6-4　餐饮供应链类指标

类别	指标名称	计算公式	指标含义与用途
供应商	供应商准时交货率	准时交货次数 / 总订货次数	衡量供应商按时交货的能力，分析供应商的可靠性
供应商	缺货率	缺货次数 / 总订货次数	衡量供货不足的风险
供应商	供应商响应时间	供应商响应订单请求的平均时间	衡量供应商响应订单的速度
供应商	采购成本偏差	（实际采购成本 − 预算采购成本）/ 预算采购成本	衡量成本控制效果
供应商	采购周期	从下订单到收到货物的时间	衡量采购流程的效率
供应商	订单满足率	完全满足订单数 / 总订单数	衡量订单履行的完整性
供应商	供应商绩效指数	根据交货时间、质量、成本等多维度评价供应商	衡量供应商整体表现
供应商	订单准时交货率	按时交付的订单数 / 总订单数	衡量供应商按时交货的能力
供应商	订单履行率	成功履行的订单数 / 总订单数	衡量订单处理的准确性

(续)

类别	指标名称	计算公式	指标含义与用途
供应商	订单处理时间	从订单接收到发货完成的平均时间	衡量订单处理流程的效率
质量	合格品率	检验合格的商品数量/总检验商品数量	衡量收货时商品质量的合格率
质量	质量审核通过率	通过质量审核的商品批次/总商品批次	衡量供应商提供的商品批次是否满足质量标准
质量	原材料质量合格率	合格品数量/总检验数量	确保供应的商品的质量
质量	损耗率	损耗数量/进货总量	衡量物流和储藏过程中的损耗
质量	退货率	退货的商品数量/总采购商品数量	衡量因质量问题而退回给供应商的商品比率
质量	质量投诉次数	针对采购商品的质量投诉次数	反映收到货物存在质量问题的情况
质量	平均修复时间	解决质量问题所需的平均时间	衡量解决供应的商品的质量问题的效率
库存	库存周转率	销售成本/平均库存	衡量库存管理的效率
库存	库存周转天数	平均库存/日均消耗量	衡量库存维持天数
库存	安全库存水平	安全库存/日均销售量	确保不会因缺货影响营运
库存	报废率	报废数量/生产或采购总量	衡量原料和产品的损耗

供应链指标的组合分析可以帮助管理者了解原材料供应的效率、成本控制、质量管理以及整体供应链的性能。以下是一些可能的供应链指标组合及其关联性和潜在价值。

1）供应商绩效与交货效率。

- **组合指标**：供应商准时交货率、供应商响应时间、订单满足率、订单准时交货率。
- **关联性**：这些指标共同反映了供应商的可靠性和快速响应

能力。

- **价值**：确保原材料及时到达，减少等待时间，降低因延迟造成的成本。

2）库存管理与控制。

- **组合指标**：库存周转率、库存周转天数、安全库存水平。
- **关联性**：这些指标显示了库存的流动性和维持适当库存水平的能力。
- **价值**：优化库存水平，减少资金占用和过剩库存的风险。

3）采购成本与偏差。

- **组合指标**：采购成本偏差、采购周期。
- **关联性**：衡量实际采购成本与预算的差异和采购流程的效率。
- **价值**：控制采购成本，提高预算的准确性和采购流程的效率。

4）产品质量与合格率。

- **组合指标**：合格品率、质量审核通过率、原材料质量合格率。
- **关联性**：这些指标反映了供应链中原材料的质量水平和一致性。
- **价值**：保证原材料的质量，减少不合格品带来的损失和顾客投诉。

5）风险管理与持续性。

- **组合指标**：缺货率、损耗率、退货率、报废率。
- **关联性**：这些指标帮助识别供应链中的风险点和潜在的改进区域。
- **价值**：通过减少缺货、损耗和退货，提高整体供应链的稳定性和效率。

6）订单处理与履行。
- **组合指标**：订单处理时间、订单履行率、平均修复时间。
- **关联性**：衡量从接收订单到履行订单所需的时间以及解决问题的速度。
- **价值**：提高订单处理速度和准确性，增强客户满意度和忠诚度。

通过对上述供应链指标的综合分析，餐厅管理者可以更好地监控和优化供应链操作，从而降低成本，提高质量和客户满意度，最终提升整个餐饮业务的竞争能力。

4. 餐饮人力资源类指标

餐饮行业是人力密集型行业，也是服务类行业，每天要面对的都是消费者与一线员工的关系，因此人力资源类指标至关重要。餐饮行业门店的人力资源类指标主要用来分析员工生产率、员工稳定性、劳动力成本控制、员工满意度、培训效果、劳动力配置、绩效管理等，用于优化人力资源管理，提高员工满意度和留存率，进而控制运营成本，提升服务质量，作出更有温度、更人性化的战略决策。餐饮人力资源类指标如表6-5所示。

人力资源指标的组合分析可以帮助管理者了解员工的生产效率、成本控制、员工满意度和留存率等方面的情况。以下是一些可能的人力资源指标组合及其关联性和潜在价值。

1）生产效率与工资成本。
- **组合指标**：员工效率、工资总额、平均工资、全职与兼职比例。
- **关联性**：评估员工的工作效率与支付给员工的工资之间的关系。
- **价值**：优化人力资源配置，确保工资支出与员工产出相匹配。

表 6-5 餐饮人力资源类指标

类别	指标名称	计算公式	指标含义与用途
人力成本	工资总额	员工工资、奖金及福利的总和	衡量人力成本
人力成本	平均工资	工资总额/员工数	衡量员工平均收入水平
人力成本	员工效率	总销售额/员工数	用于衡量每个员工的平均产出
人力成本	全职与兼职比例	全职员工数/总员工数	衡量劳动力结构
人力成本	福利占工资的比例	福利总额/工资总额	衡量福利在薪酬中的比例
人力成本	病假率	病假天数/(员工人次数 × 营业天数)	衡量员工请病假的情况
人力成本	事故率	发生事故的人次数/(员工数 × 营业天数)	衡量员工职场安全状况
人力成本	缺勤率	缺勤天数/(员工数 × 营业天数)	衡量员工缺勤情况
人力成本	人均营运成本	营运成本/平均在岗员工数	衡量营运成本在人力上的分摊
人力成本	调薪率	调薪的员工数/总员工数	衡量薪酬调整情况
培训	培训覆盖率	接受培训的员工数/总员工数	衡量员工培训普及程度
培训	人均培训时长	培训总时长/受训员工数	衡量对每位员工的培训投入
培训	人才储备率	关键职位的备选人数/关键职位数	衡量关键职位的人才准备情况
培训	岗位胜任率	能胜任岗位的员工数/总员工数	衡量关键人选与岗位匹配度
培训	员工绩效分布	根据绩效评分进行分级,统计各级别人数	衡量员工绩效水平分布
培训	员工晋升速度	晋升所需平均时间	衡量员工晋升的快慢

培训	员工绩效评分	基于绩效评估体系评分	衡量员工工作表现
培训	员工技能矩阵	根据技能评估表对员工进行分类	衡量员工的技能分布情况,用于排班和衡量不同工作站的满足情况
招聘	人均招聘成本	招聘费用总额/招聘人数	衡量获取新员工的成本
招聘	岗位填补时间	从岗位空缺到新员工上岗的平均天数	衡量招聘效率
招聘	人均招聘时长	总招聘时长/招聘人数	衡量招聘流程的效率
招聘	岗位空缺率	空缺岗位数/总岗位数	衡量组织内部的空缺情况
招聘	内部推荐率	通过内部推荐招聘的员工数/总招聘人数	衡量内部推荐的效果
招聘	年度招聘计划完成率	完成的计划招聘人数/计划招聘人数	衡量年度招聘效果
员工关系	员工满意度	基于问卷调查或反馈评分	衡量员工对公司政策、环境和管理的满意程度
员工关系	年度员工流失率	年内离职员工数/年初在岗员工数	衡量一年之内的员工流失情况
员工关系	员工关系管理成本	用于处理员工关系的花费	衡量人力资源管理中的额外成本
员工关系	员工考勤异常率	考勤异常天数/(员工数×营业天数)	衡量员工考勤异常情况
员工关系	员工流动率	(离职人数+招聘人数)/平均在岗员工数	衡量员工流动性
员工关系	员工流失率	离职员工数/平均在职员工数	衡量员工稳定性
员工关系	员工忠诚度	(在职年限/最大可能在职年限)×100%	衡量员工对企业的忠诚程度
员工关系	劳动合同签订率	签订合同的员工数/应签合同的员工数	衡量合规性

2）福利成本与员工满意度。
- **组合指标**：福利占工资比、员工满意度。
- **关联性**：分析福利投入对提高员工满意度的影响。
- **价值**：调整福利政策，提升员工的工作积极性和忠诚度。

3）缺勤管理与劳动效率。
- **组合指标**：病假率、事故率、缺勤率、人均营运成本。
- **关联性**：衡量缺勤情况对营运成本和劳动力效率的影响。
- **价值**：通过改善工作环境和员工健康，减少缺勤，降低营运成本。

4）培训与发展。
- **组合指标**：培训覆盖率、人均培训时长、人才储备率、岗位胜任率。
- **关联性**：评估培训项目对员工能力和岗位匹配度的提升效果。
- **价值**：通过有效培训和发展计划，建立人才储备，提高整体工作表现。

5）招聘效率与成本。
- **组合指标**：人均招聘成本、岗位填补时间、岗位空缺率、内部推荐率。
- **关联性**：分析招聘流程的效率和招聘成本的影响因素。
- **价值**：优化招聘流程，减少招聘时间和成本，提高招聘质量。

6）员工绩效与晋升。
- **组合指标**：员工绩效分布、员工晋升速度、员工绩效评分。
- **关联性**：考察员工绩效管理和晋升政策的效果。
- **价值**：通过绩效管理激励员工，发现和培养高潜力人才。

7）员工留存与忠诚度。

- **组合指标**：年度员工流失率、员工忠诚度、劳动合同签订率。
- **关联性**：评估员工留存措施的有效性和劳动合同对稳定性的影响。
- **价值**：制定有效的员工留存策略，减少招聘和培训新员工的成本。

通过对上述人力资源指标的综合分析，餐厅管理者可以更好地理解员工的表现、需求和潜在的问题，从而制定出更有效的人力资源策略和计划，提高员工满意度和工作效率，降低人力成本，增强组织的竞争力。

6.4.2 餐饮行业线上新渠道数据指标

在当今的餐饮行业中，数字化转型已成为提升品牌竞争力的关键手段。外卖、直播和团购等新渠道不仅是推广餐饮服务的重要平台，也是收集和分析消费者行为数据的宝贵资源。因此这些新兴的线上渠道数据指标也至关重要，它们不仅能够提升品牌在数字空间的可见度和吸引力，而且能精确度量消费者的互动和购买行为，为企业揭示消费者需求与偏好。这些数据驱动的洞察可帮助企业精准定位市场，优化产品和服务，提高营销活动的有效性，从而增强客户忠诚度，推动销售增长，并显著影响门店生意表现。结合线上线下的全渠道指标还可助企业实现资源的合理分配和运营流程的持续改进，确保在竞争日益激烈的市场中保持领先地位。

1. 餐饮外卖渠道类常用指标

外卖服务已成为餐饮业收入的重要来源，可以帮助餐饮企业触及线上的客户，扩大潜在客户群。在多渠道运营中，外卖服务成为提升竞争力的关键,餐饮行业外卖数据分析在运营效率提升、成本管理与利润优化、消费者行为理解等方面具有重要意义,对于餐饮企业来说,这些分析可以提供关键的洞察,帮助企业在竞争激烈的市场中做出更明智的决策。餐饮外卖渠道类常用指标如表 6-6 所示。

表 6-6 餐饮外卖渠道类常用指标

类别	指标名称	计算公式	指标含义与用途
外卖服务	外卖订单比例	外卖订单数 / 总订单数	衡量外卖占总销售的比重
外卖服务	外卖到手率	外卖实际收入 / 应收金额	衡量实际收益与预期的偏差,关注平台抽成率,活动分摊额,成本控制等
外卖服务	平均订单处理时间	总处理时间 / 订单数量	衡量从接单到订单准备好的平均时间,衡量门店的处理效率
外卖服务	平均外卖配送时间	所有外卖配送时间的总和 / 外卖订单数	衡量从接单到送达顾客的平均时长
外卖服务	外卖退单率	外卖退单数 / 外卖订单数	衡量因各种原因导致的退单情况
外卖服务	外卖投诉率	投诉的外卖订单数 / 总外卖订单数	反映外卖服务中的问题和顾客不满
外卖服务	外卖满意度评分	基于客户评价对外卖服务进行打分	衡量顾客对外卖整体服务的满意程度
外卖服务	平台曝光量	对外卖平台的曝光次数的统计	衡量餐厅在外卖平台上的可见度
外卖服务	转化率	完成订单数 / 访问或点击店铺的次数	衡量流量转化为实际销售的效率
外卖服务	复购率	重复下单的客户数 / 总下单客户数	衡量客户的忠诚度和回头客比例
外卖服务	人均外卖消费	外卖总销售额 / 消费人次	衡量每位顾客平均外卖消费金额

(续)

类别	指标名称	计算公式	指标含义与用途
外卖服务	外卖菜品偏好度	特定菜品的外卖销量/总外卖销量	衡量哪些菜品在外卖中更受欢迎
外卖服务	外卖峰值时段销售额	在外卖峰值时段内的销售额总和	确定高峰时段以便优化备餐和配送安排
外卖服务	有效评论数量	收到的有价值评论数量	衡量顾客反馈的活跃度和参与度
外卖服务	外卖成本占比	外卖业务成本/总收入	衡量外卖业务的成本投入
外卖服务	用户留存率	一定时期内继续使用外卖服务的客户比例	衡量顾客长期使用外卖服务的比例
外卖服务	外卖平台费率	平台佣金/外卖总销售额	衡量外卖平台成本

2. 餐饮直播渠道类常用指标

直播渠道为餐饮业提供了一个创新的互动平台，它可以扩大品牌影响力，吸引在线观众，并通过实时展示美食制作过程和特色服务来激发消费者的购买欲望。直播不仅可以增加客户的参与度，还能即时收集反馈数据，帮助企业及时调整产品和服务，相关指标如表6-7所示。通过直播活动，餐饮企业可以提升销售业绩，增强顾客忠诚度，并在竞争激烈的市场中建立独特的品牌形象。总之，直播作为一种现代营销工具，对于提升餐饮企业的市场竞争力和收益具有重要价值。

3. 餐饮团购渠道类常用指标

团购渠道与外卖、直播类似，为餐饮业提供了一个有效吸引顾客、提升销售和增加品牌曝光的机会。通过团购平台，餐饮企业可以向大量寻求优惠的消费者推广服务，这不仅可以带来短时间内的客流高峰，还可以促使新客户体验餐厅的特色菜品和服

表 6-7 餐饮直播渠道类常用指标

类别	指标名称	计算公式	指标含义与用途
直播渠道	直播间观众数量	统计进入直播间的独立观看人数	衡量直播吸引的观众规模
直播渠道	直播间互动率	评论、点赞、分享等互动行为的数量/观众数量	衡量观众参与度和互动性
直播渠道	直播销售额	直播期间完成的销售额总计	衡量直播带来的直接销售效果
直播渠道	直播商品点击量	直播期间中商品的点击次数总和	衡量商品在直播中的受关注程度
直播渠道	直播订单数	直播期间生成的订单数量	衡量直播转化能力
直播渠道	直播转化率	直播订单数/直播间观众数量	衡量直播观众转化为买家的效率
直播渠道	直播退货率	直播订单中退货的数量/直播订单总数	衡量因各种原因导致的退货情况
直播渠道	直播顾客满意度	基于直播顾客评价的满意度打分	衡量直播购物体验的满意程度
直播渠道	直播成本投入比	直播相关成本（如推广费用、产品扣等）/直播销售额	衡量直播活动的成本效益
直播渠道	直播关注/粉丝数	直播结束后的关注或粉丝增加数量	衡量直播拉新能力和品牌影响力增长
直播渠道	直播平均在线人数	直播期间平均在线观众数量	衡量直播的平均吸引力
直播渠道	直播复购率	在直播中重复购买的客户数/总购买客户数	衡量顾客对直播产品的忠诚度
直播渠道	优惠券/折扣码使用率	使用的优惠券/折扣码数量/发放的优惠券/折扣码总量	衡量促销工具的有效性
直播渠道	直播人均消费金额	直播销售额/购买人次	衡量顾客在直播中的平均消费水平

类别	指标	计算方式	作用
直播渠道	直播产品结构比	各直播产品销售额占总销售额的比例	分析直播中哪些产品更受欢迎
直播渠道	广告投入产出比	广告费用/由广告带来的额外收入	衡量广告效果
抖音推广	抖音核销率	实际到店核销的券数/发放的优惠券总数	衡量抖音渠道优惠活动的实际使用情况
抖音推广	抖音引流到店人数	通过抖音平台引流/引流到店的顾客数量	衡量抖音渠道作为引流渠道的效果
抖音推广	抖音引流成本	抖音推广费用/引流到店人数	评估每位到店客户的引流成本
抖音推广	抖音转化成本	抖音推广费用/通过抖音转化的销售额	评估通过抖音带来的收入所需成本
抖音推广	抖音用户到店复购率	在店内再次消费的抖音用户数/首次通过抖音到店消费的用户数	衡量抖音来店客户的忠诚度和重复购买行为
抖音推广	抖音推广回报率	通过抖音引流产生的额外利润/抖音推广总支出	衡量投资回报比
抖音推广	平均抖音核销时间	所有抖音券的核销时间平均值	衡量从发放到核销的时间长度
抖音推广	抖音优惠券使用时段分布	根据不同时间段统计抖音优惠券的使用数量	了解客户使用优惠活动的高峰时段
抖音推广	人均抖音优惠额度	抖音优惠券的总优惠金额/使用优惠券的顾客数量	衡量平均每位客户获得的优惠力度
抖音推广	抖音活动参与度	参与抖音活动（点赞、评论、分享）的人数/到店使用优惠券的人数	衡量活动参与与实际消费之间的关系

务。此外,团购活动通常需要客户提前支付,这为餐厅提供了现金流和预测收入,有助于平滑经营波动。同时,成功的团购活动可以提高餐厅在平台上的评价和排名,从而增强其在激烈竞争的市场中的能见度和吸引力,相关指标如表6-8所示。总之,团购作为一种促销手段,对于餐饮企业来说是一个提高营业额、扩大市场份额的有价值的工具。

表6-8 餐饮团购渠道类常用指标

类别	指标名称	计算公式	指标含义与用途
团购促销	团购销售额	通过团购渠道的销售额总计	衡量团购带来的直接销售效果
团购促销	团购客户数	通过团购渠道到店消费的客户数量	衡量团购吸引新客户的能力
团购促销	团购券核销率	实际到店核销的团购券数/售出的团购券总数	衡量团购活动的实际使用情况
团购促销	团购引流成本	支付给团购平台的费用/引流到店人数	评估每位到店客户的引流成本
团购促销	团购转化率	团购后到店消费的顾客数/浏览团购信息的顾客数	衡量将潜在客户转化为实际消费者的能力
团购促销	团购复购率	在店内再次消费的团购客户数/首次通过团购到店消费的客户数	衡量通过团购来店客户的忠诚度和重复购买行为
团购促销	团购平均交易金额	团购渠道总销售额/团购交易笔数	衡量每笔团购的平均收入
团购促销	团购客户满意度	基于团购客户评价的满意度打分	衡量客户对团购产品和服务的整体满意程度
团购促销	团购活动参与度	参与团购活动的客户数/到店使用团购券的客户数	衡量活动参与与实际消费之间的关系
团购促销	团购优惠券使用时段分布	根据不同时间段统计团购优惠券的使用数量	了解客户使用团购优惠活动的高峰时段

(续)

类别	指标名称	计算公式	指标含义与用途
团购促销	团购人均消费金额	团购渠道总销售额/团购消费人次	衡量客户在团购中的平均消费水平
团购促销	团购贡献利润率	（团购销售额–团购成本）/团购销售额	衡量团购活动对利润的贡献度
团购促销	团购渗透率	团购销售额/门店总销售额	衡量团购销售在整体销售中的占比

外卖、直播和团购作为现代餐饮营销的重要渠道，对于餐饮行业的价值与意义在于它们促进了门店线上线下融合，实现了全渠道运营。通过外卖服务，餐厅能够将美食直接送到客户手中，扩大服务范围，增加额外营收。直播则提供了一个实时互动的平台，增强客户参与感，提升品牌知名度，同时通过观看直播激发观众的购买欲。团购渠道通过优惠促销吸引大量客户，带来现金流和稳定的销售预期，同时提高餐厅在平台上的排名和曝光度。这三种渠道相互补充，共同构建了一个多维度的客户接触和服务体系，帮助餐饮企业在竞争激烈的市场中保持竞争力，实现可持续发展。

6.5 企业数字化决策实践指导

数据是企业开展数字化创新和构建企业数字化基因的核心要素。通过对某连锁餐饮公司的服务对象、行为及相关经营数据的分析，可帮助企业形成全方位视角，进而提升决策质量与业绩表现。

数据资产运营可帮助合理配置和有效利用数据资产，从而提高数据资产带来的经济效益，促进企业各项业务发展。核心思路是把数据作为一种全新的资产形态，并且以资产管理的标准和要求加强相关制度和应用。

如何构建高质量的数据管理体系？可以从"道、法、术、器"4个方面入手。

- **道**：即数据战略。企业应首先开展数据战略规划，明确数据治理的整体策略与方向，从而保障数据战略目标的可执行性与可落地性。
- **法**：即数据治理框架。包含了数据管理组织架构、数据制度及数据管理流程。企业需落实数据管理职责，明确各部门的职责分工和协调机制，完善数据制度体系，有效覆盖数据需求管理、认责管理、标准管理、质量管理等多个方面，并开展数据的全生命周期管理。
- **术**：即数据资产。从企业现有业务系统和数据出发，盘点数据资产，明确"要什么""有什么"和"在哪里"3个问题，形成企业数据资产框架和数据资产目录，建立全面覆盖的企业级数据资产地图。
- **器**：即数据管理工具和平台。目前大多数企业的系统建设以"烟囱式"为主，各个系统独立支撑业务，仅在功能层面有少许交互，未能形成统一的数据汇总与整合平台，导致各个系统间的数据壁垒严重，数据价值无法释放。因此企业在引入数据治理工具的同时，也应考虑对数据架构进行优化，例如通过数据中台打破数据壁垒，实现数据互通与共享。

通过9个环节可完成数据驱动决策，如图6-3所示。

第 6 章 数字化决策解决方案

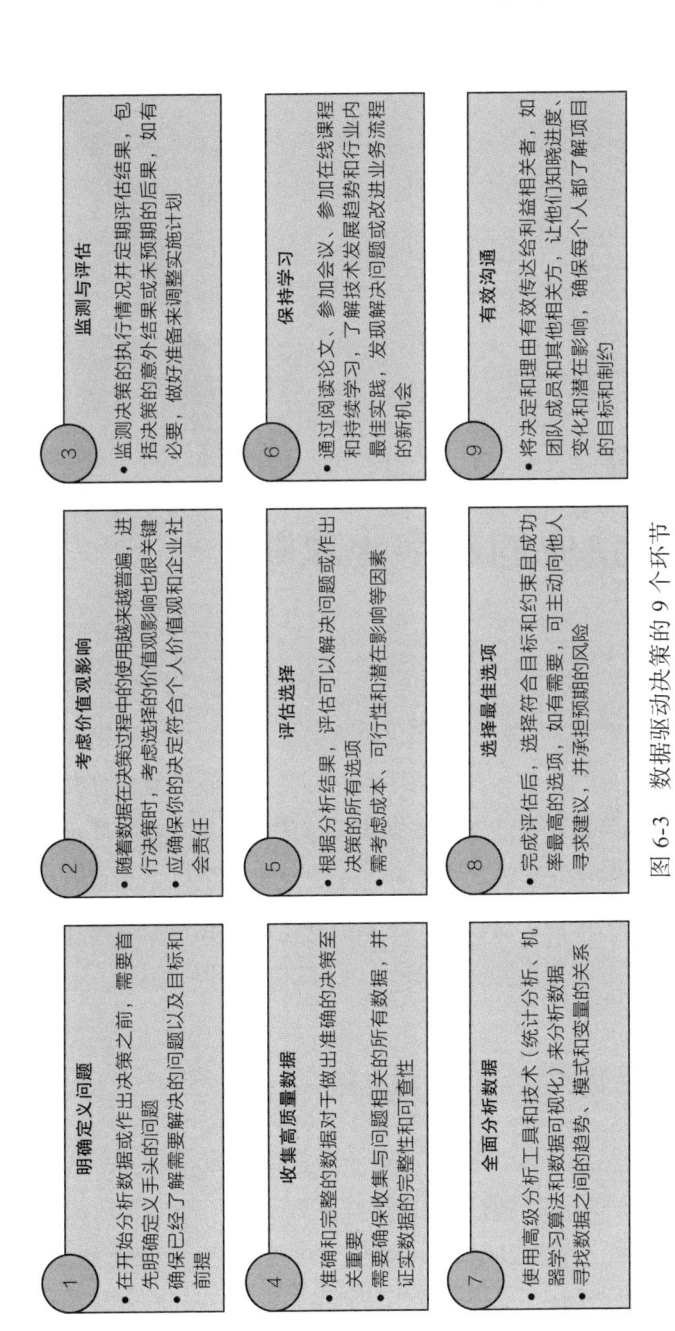

1 明确定义问题
- 在开始分析数据或作出决策之前,需要首先明确定义手头的问题
- 确保你已经了解了需要解决的问题以及目标和前提

2 考虑价值观影响
- 随着数据在决策过程中的使用越来越普遍,进行决策时,考虑选择的价值观影响也很关键
- 应确保你的决定符合个人价值观和企业社会责任

3 监测与评估
- 监测决策的执行情况并定期评估结果,包括决策的意外结果或未预期的后果,如有必要,做好准备来调整实施计划

4 收集高质量数据
- 准确和完整的数据对于做出准确的决策至关重要
- 需要确保收集与问题相关的所有数据,并证实数据的完整性和可靠性

5 评估选择
- 根据分析结果,评估可以解决问题或作出决策的所有选项
- 需考虑成本、可行性和潜在影响等因素

6 保持学习
- 通过阅读论文、参加会议、参加在线课程和持续实践,了解技术发展趋势和行业内最佳实施,发现解决问题或改进业务流程的新机会

7 全面分析数据
- 使用高级分析工具和技术(统计分析、机器学习算法和数据可视化)来分析数据,寻找数据之间的趋势、模式和变量之间的关系

8 选择最佳选项
- 完成评估后,选择符合目标和约束且成功率最高的选项,如需要,可主动向他人寻求建议,并承担预期的风险

9 有效沟通
- 将决定和理由有效传达给利益相关者,包括成员和其他相关方,让他们知晓进度、变化和潜在影响,确保每个人都了解项目的目标和制约

图 6-3 数据驱动决策的 9 个环节

第 7 章

典型企业的数字化攻略

第 6 章深入分析了数字化决策的框架和实践,揭示了数据驱动决策在提升企业运营效率中的核心地位。我们看到了数据成熟度模型如何指导企业逐步实现决策智能化。第 7 章将展示典型案例企业的数字化攻略,如绝味的全方位供应链体系和百胜中国的数字化转型历程。这些案例生动体现了数字化转型战略在实际业务中的应用,为其他企业提供了宝贵的经验和启示。

7.1 绝味的数字化转型之路

在绝味的发展历程中,有许多关键性的大事件,这些事件为绝味指明了前行的道路,这些事件包括"跑马圈地的经营战略""全程冷链物流的供应链策略""信息化建设"等,其中,"信息化建设"是众多事件中最为特别的。2009 年,在连锁餐饮这个赛道，尤其是连锁卤味品牌，对于信息化的概念还比较陌生，个别的品牌对信息化的认知仅停留在财务记账等比较单一的层面。绝味在快速拓展市场的同时，产生了大量的经营及管理方面的信息，信息流通的效率决定了企业经营的效率，所以绝味在2009年决定引入信息化系统，帮助业务更高效、更准确地传递信息，帮助企业更合理地优化流程及规范，让企业的业务过程数字化，从而使企业的经营更加高效，在高速发展的过程中避免业务失控的风险。

绝味在"信息化""数字化"发展的过程中，通过不断探索与试错，积累了一定的经验，也希望这些经验能够帮助读者更好地实现企业数字化。

7.1.1 基于行业、发展阶段、自身战略量身定制

在加盟连锁休闲卤味这条赛道上，缺少较为成熟的整体数字化解决方案。绝味通过十多年的探索。归纳了一些经验，在设计的过程中需要综合参考。

- **小店模式**：小店的特点决定了门店投入数字化设备的规模，需要精打细算，将有限的资源投入最关键的环节。
- **大连锁模式**：大连锁决定了门店的规模，即使再简单的业务动作，一旦规模扩大到一定程度，管理的要求就会由量变转换为质变，通过传统的管理方式将会无法支撑业务。这时就需要数字化的能力支撑业务的扩展。举个例子，门店提报销售订单这个业务场景下，门店数少的时候还可以通过电话订货，线下报单等方式，但是门店达到一定规模后，使用系统就是必然的选择。
- **以加盟为主要渠道**：不同于直营体系，在加盟体系下，所有的零售和门店业务都会涉及品牌方与加盟商之间业务的

连接，需要充分考虑设计方案的合理性和可持续性。举个例子，营销活动是每个品牌必备的技能，在直营体系下，活动所产生的费用计入对应的财务科目。加盟体系下，首先要明确加盟商及品牌方在活动费用上各自承担的比例，然后品牌方需要将品牌方承担的部分以合理合规的方式返还加盟商，在系统设计时要充分考虑类似的业务场景。

- **专卖店模式**：在专卖店模式下，品牌形象的维护会成为品牌方、加盟商统一且长远的利益共同点。如何维护好品牌就成为一个难点，例如统一的服务标准、统一的品质要求等，所以就要有高效的培训体系，有效的巡查闭环，合理的激励措施，这些场景下也是需要数字化来支撑营运体系。

- **鲜货日配到店**：鲜、香、麻、辣是绝味产品的特征，让更多的消费者品尝到新鲜的、高品质的、口味稳定的美食是一件非常困难的事情。首先要保障现产现卖，这就需要在短时间内完成销售需求提报、生产计划下达、生产、拣配、配送等多个环节，数据流转的速度和质量就至关重要了。其次，需要在销售区域的配送范围内建立生产基地（工厂），所以绝味有20余个工厂在为市场服务，工厂增多后，保障传统工艺卤味产品的口味稳定就成为难题。因为传统老卤工艺，需要有多年卤制经验的大师傅把控口味，而在快速发展的过程中，短时间无法培养大批卤制大师傅。在这样的背景下就需要信息系统对BOM（物料清单）、生产工艺进行控制。最后，在配送环节，工厂、物流司机、门店的衔接也需要信息系统的支持。

- **多分支机构（工厂、子公司）情况下的综合管理**：卤味行业要做全国性的品牌，为了保障市场的拓展、门店的服务、产品的品质，设立遍布全国的销售公司、生产基地是必要的条件，而企业内部的人力、行政、财务、流程、培训等均需要信息系统给予支持。

以上特征是传统客户到店的情况下，一个全国性的加盟连锁休闲卤味数字化所需要考虑的部分因素。而在当今，因供需关系的改变，从底层改变了商业模式，而技术的发展加速了变革的过程，数字化正在成为一切商业模式创新的基础，如图7-1所示。所以构建一套适合企业发展的零售前端系统，将会成为支撑企业零售业务开展的"发动机"。

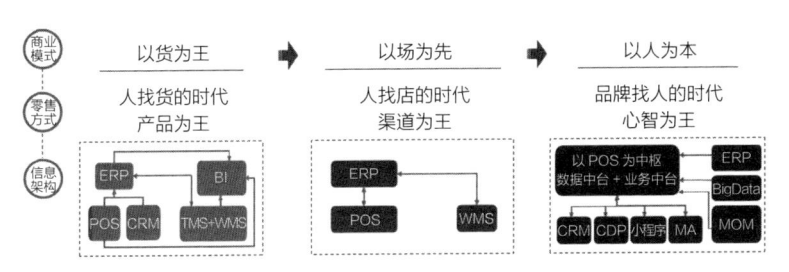

图 7-1 数字化正在成为一切商业模式创新的基础

注：MOM——Manufacturing Operations Management，制造运营管理。

7.1.2 绝味信息化建设的历程

绝味的信息化建设在起步阶段比较困难，主要体现在底子差、缺少借鉴两个方面。底子差包括缺少专业的人员、没有相关的经验等。卤味行业不同于高自动化的其他行业，这个行业在以往的年代更多是以夫妻店、前店后厂的方式存在，所以这个行业在生产方面比较依赖人治。在销售方面遵循着"酒香不怕巷子深"的传统，以产品的品质和口碑为主。在这样一个依赖传统工艺及流程的行业，绝味信息化所要面对的是缺少国内外成熟案例的局面，需要成为第一个吃螃蟹的人，通过探索与试错达成业务数字化的目的。

虽然有许多困难，但是绝味也有自己的特点。第一个就是想清楚"干这件事情对公司发展的价值"，每当需要回答这个问题时，就会自然而然地思考和联系公司的发展战略。第二个特点就是想清楚的事情愿意投入，不会计较短期价值。第三个特点就是"先干成，再干好"，所以在上马困难的项目时，项目的目标也会相对合理。

绝味从自身战略出发，结合行业的特性，在企业数字化变革的道路上不断前进探索。下面基于各个阶段的战略回顾绝味数字化的发展历程，以期给读者借鉴。

1. 创业起航期（2005—2007年）

在这个阶段，对于一个初创型的公司，主要的任务就是活下来。"跑通盈利模式，打磨产品的核心竞争力"是这个阶段中主要的任务。在这个阶段绝味的信息化建设还没有起步，除了财务使用小的会计软件之外，其他所有业务都是通过较为原始的方式进行的，例如通过电话、QQ接收门店的订单，通过Excel完成生产信息的传递等。

当然，这样的情况也是要考虑时代背景的，在2005年左右，互联网还没有像今天一样发达，企业对数字化还没有很强依赖，所以当时的绝味在初创期没有信息化系统的支撑也能够生存下来。但是，现如今，因为互联网的发展，尤其是零售企业销售渠道的载体已经发生巨大的转变，企业单独依靠线下业务很难快速做大了。

2. 规模扩张期（2008—2013年）

在这个阶段，绝味的主要战略方向是"跑马圈地，抢占市场"。零售企业想要抢占市场，一般需要解决两个问题：渠道和客户在哪里？产品如何具备竞争力？

在渠道方面，绝味主要是以特许经营模式发展，通过前面几年探索出的模式，逐步摸索出了在加盟经营的过程中，品牌与加盟商的分利方式、分工协作方式。

在产品方面绝味特有的配方保障了产品的口味。但是扩张的过程中出现了一个难题，就是如何保障产品品质和口味的稳定。因为绝味属于传统的老卤行业，绝味产品讲究的是鲜香麻辣，"鲜"字首当其冲，如何让消费者购买到新鲜的产品是重中之重。绝味通过建设生产基地，覆盖一定半径的门店，通过物流日配到店的方式解决鲜的问题。核心需求被满足了，但是产生了新的问题，也就产品口味的问题。在传统老卤工艺下，产品好不好吃，口味是否稳定，卤水是关键，而卤水的好坏主要是通过老师傅的经验判断完成的。这样的模式在快速扩张期就变成了短板。

当然，上述是存在的主要问题，在扩张的过程中还遇到过许多的其他问题，如图 7-2 所示，例如采购行为的规范性、企业经营的各项数据的准确性与及时性、工厂内部管理的规范性等，都随着扩张接踵而至，影响着绝味对经营决策的判断。所以后端管理的薄弱开始制约市场发展进度。

所以，绝味决定通过信息化的方式加强后端的管理水平。这里强调一下，信息化不是指的让 IT 人员上一套软件系统，它是在项目的过程中，发现并指导改善业务，最终让业务和信息化系统融合的过程。

在提供后端管理的 ERP 系统中，绝味选择了当时行业第一的 SAP 软件，绝味选择实施核心基础模块，包括销售订单、生产计划、采购、仓储、生产过程、财务核算等。在软件选择好后，项目实施就成为决定项目成败的关键。在实施前，需要考虑两个问题：谁来实施？用什么方法实施？

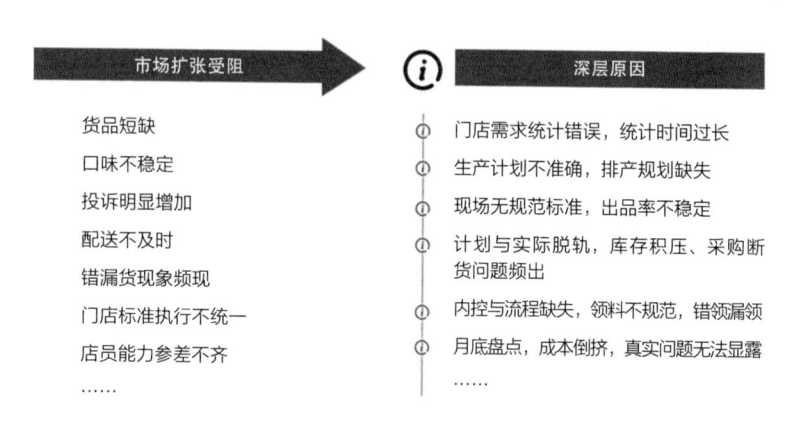

市场扩张受阻	深层原因
货品短缺	门店需求统计错误，统计时间过长
口味不稳定	生产计划不准确，排产规划缺失
投诉明显增加	现场无规范标准，出品率不稳定
配送不及时	计划与实际脱轨，库存积压、采购断货问题频出
错漏货现象频现	
门店标准执行不统一	内控与流程缺失，领料不规范，错领漏领
店员能力参差不齐	月底盘点，成本倒挤，真实问题无法显露
……	……

图 7-2　绝味规模扩张期表现出来的问题

项目的团队包括了供应商团队和企业内部的成员，供应商方面通过其专业能力、实施案例、团队成员项目履历等进行判断。企业内部的成员选择非常关键，首先，要转变思维，信息化项目的实施最终的受益者是公司和业务单位，过程中伴随着业务调整、流程优化、习惯改变等一系列的困难，所以只靠IT人员是没办法完成的，需要业务的骨干参与，公司与业务单位的决策者支持；其次，项目团队的合理组成，需要根据项目要求合理分配各业务口的核心用户，保障团队在业务及技术能力上没有短板。

在用什么方法实施的问题上，没有固定的答案，需要根据企业的情况因地制宜。绝味在实施SAP上有两个清晰的策略。第一，"先做成，再做好"。实施SAP作为绝味的第一个大型的信息化项目，需要面临的困难是多样的，例如公司员工在思维上的改变、公司内部流程的调整、生产工厂现场的整改等，所以公司先设定了一个有挑战但可达成的目标，让项目团队、公司员工适应、接受信息化,再逐步动态优化,让信息化能够生存并扎根。第二"先试点,再优化,再推广"。绝味有多家工厂,在面对全新的事物时,选择了快速做好一家,然后再逐步覆盖。这样做可以最大限度地降低成本,不影响企业的基本经营,通过循序渐进的方式让公司内部人员的成长曲线更为平滑。

在绝味 SAP 项目实施过程中,除了 SAP 项目标准的实施步骤以外,有 3 个方面需要特别重视。

- **员工思维改变**:从项目开始,项目组的成员要保持空杯心态,接受新的理念,直面过去依赖的固有思维。例如生产模块的关键用户也要接受物料模块、销售模块理论知识,这些知识是软件服务商几十年服务了许多客户得出来的,核心的理论逻辑是经受过考验并能够支撑公司持续发展的,这些知识不仅能够为关键用户提供行业解决方案,也能够培养关键用户脱离所属的岗位思维,站在全业务流程的角度思考问题。要改变思维的不仅仅是关键用户,公司的高管、相关业务单位的成员也要转变思维。例如"这个系统和我有什么关系?""反正会有项目组的人搞定,不需要我过多参与""我以前就是这样领取物料的,为什么上个系统还要让我拿个单子领料!"这些固有的思维和习惯都需要反复沟通破除,公司也要在行政管理层面给予支持。
- **内部流程调整**:设计符合企业运转的系统,前提是能够理顺流程。梳理流程首先要弄清楚当前流程是如何执行的,然后根据管理要求结合实际情况制定未来的蓝图流程。蓝图流程与当前流程的差异需要企业内部理解与消化,未来流程宣贯及改造的程度直接决定了系统上线后运行的效果。例如在采购业务场景中,过去的流程相对直接高效,仓库或生产提出采购需求后，采购部门向已经合作的供应商采购或在市场寻找供应商询价后采购，采购回来的物料存入仓库或直接投入生产。SAP上线后有十余个流程规范这个过程，例如"物料主数据维护流程"用于明确物料的采购周期、在途时间等；"供应商主数据维护流程"用于规范能够向哪些供应商采购；"采购信息记录维护流程"用于规范向某个供应商购买什么产品，以什么样的价格购买；"采购申请流程"用于仓储部门提出物资需求；"采购订单执行流程"用于规范采购过程；"采购物料收货流程"用于规范仓库收货动作；"采购订单结算流程"用于规范采购款支付场景。整套流程下来，看似多了很多步骤，其实在绝味执行过程中，反而因标准的流程避免了许多因信息不畅导致效率降低的问题，同时，规避了一些潜在的风险。当然对于一些非常规采购业务，也会有特殊的一次性采购流程来规范和支撑。

- **工厂整改**：流程上的改变不仅需要人做出改变，也需要整改相关的基础设施。例如在上SAP前，部分工厂的仓库管理比较粗犷，两个库管员包揽了所有库存物资的管理，仓库也因缺少必要的货架导致码放不整齐，仓库的内部布局很难做到先进先出，出入库的账目是通过纸质的记账本完成。种种因素叠加起来，就会导致账实不一致的风险，甚至出现许多呆滞物料过期报损的情况。为了解决这些问题，工厂首先对每个仓库进行了类型区分（原料、辅料、包材等），然后增加了对应的货架以提升空间利用率，根据先进先出的原则规范行进路线与标识。通过软硬件的改善，达到了上线SAP系统的要求。

在这个时期，绝味的信息团队的职能也比较单一，主要是为实施SAP服务的，包括项目经理、关键用户，以及管理服务器数据库的基础设施维护人员。SAP项目团队随着实施的策略由一个变为多个。提到实施策略，这里展开描述一下，SAP是绝味的第一个信息化项目，新事物融合是需要一定过程的，所以绝味实施SAP是通过先试点一个工厂→上线后运行+优化一定的时间打造可复制的模板→推广两个工厂→推广四个工厂→推广六个工厂→按需推广单个工厂。这样的实施策略可以将变革逐步消化，也能够相对平滑地培养内部SAP专业人员。

经过3年多的建设，到2012年年底，有15家工厂成功实现了"一个绝味，一套流程，一套系统"的目标。通过将需求、采购、生产和仓储等环节进行流程化无缝衔接，实现了业务和财务的数据同步，打破了过去各环节数据孤立、需要的时候倒推分析的局面。

过去，在传统模式下，数据通常依靠销售结果倒推各环节的运营情况，比如通过销售额反向估算产品成本，或者通过手工汇总生产记录推算物流消耗。这种模式依赖多个部门的数据提交，时间滞后，信息不够实时和精准，还无法做到精细化管理。

如今，新的流程使得数据能够从需求端开始正向流转，实时贯通供应链各个环节。订单生成后，系统会自动生成对应的采购计划、生产任务和库存调度指令，所有环节的数据即时生成并同步。同时，产品成本核算也实现了从被动倒推到主动精确管理的转变，能够追溯到每一个单品在特定日期的生产工单中所耗费的原料、人工和物流成本，实现精确到"单品、单日、单工单"的成本管理。

这种从"倒推"到"正向"的变革，不仅提升了数据的实时性和准确性，还为经营决策提供了更精细、更科学的依据，全面提高了企业运营效率。具体表现在以下一些方面。

1）直接对净利润产生正向影响,提升超过 1%。

2）财务账期缩短 5 天以上,出具报表的工作量大幅降低,准确率达 99.9% 以上。因为摆脱了以往出具报表的逻辑,在没有上系统前,出具财务报表前需要与各个业务口收集、核对各类数据,完成月末盘点,财务工作人员再按照标准出具财报;在上系统后,每一笔业务动作在系统内执行,系统会按照预定逻辑汇总到对应的财务科目,并且由于系统对业务规范性的要求,仓储的盘点由之前的每个月末盘点变为不定期动态盘点,这些都让财报能够迅速准确地出具,财务工作人员只需要按照规定的标准在系统内完成月结动作。

3）采购管理规范化:杜绝了因内部管理导致的缺料状态;采购行为被严格管控,每笔数据都清晰可查;采购价格按照流程的要求,在系统内进行审批;因库存的高准确性及不同物料采购周期的精确设置,采购的时间变得及时、精准。

4）库存管理方面产生质的改变,库存数据准确性趋近 100%,呆滞报损降低 90% 以上。对各类物料进行分门别类规范命名管理,这个动作会影响到后续几乎所有业务动作的开展。有个例子,绝味在没有上系统前,有一个原材料——鸭子胸前的一块带肉的骨头,当时湖南工厂叫它鸭架,北方某市场叫它鸭前胸,南方某市叫它鸭锁骨,这就导致原料的采购价格无法有效管控,财务在出报表时需要反复确认与核对,对于扩张期的企业来说,这些都会成为影响扩张的因素。

- **规范入库出库动作,遵循先进先出原则**。在没上系统前,因为人手和管理规范性的问题,不是每一笔出入库的动作都被记录,导致了一系列的问题,例如,库存台账不准、仓库码放凌乱等,看似减少了库存管理人员的工作,但是带来的损失难以计量。某个工厂,有一批呆滞了 3 年的物料,报损产生了巨大的损失。

- **动态盘点,确保账实一致**。在没上系统前,很多工厂都是月底盘点一次,在盘点之后,会发现许多账实有差异的地方,在追溯分析差异的过程中,有些差异都无法准确地定位。在上线后,盘点的总工作量没改变,但是由于码放的规整、呆滞物料的减少等,仓库人员可以做到动态盘点,即高频率不定期地对部分物料进行盘点,这些改变也最终正向地反馈到了到财务核算效率与质量的提升上。

5)在生产方面实现了对核心过程数据的管控。在传统老卤工艺下,工艺流程及物料清单(BOM)的标准化程度较低,产品的品质与口味更多地需要卤制师傅现场把控,而培养一名经验老到的卤制师傅需要较长的周期,所以当企业快速扩张时,产品的品质与口味会出现不稳定的情况。通过 SAP 项目,公司统一梳理确定了各个产品的工艺及物料清单,通过逐步地完善与调整,基本上完成了老卤工艺的标准化工作。

这个阶段绝味的数字化经历了一个从 0 到 1 的过程,在 2009 年,SAP 服务的客户大多是世界 500 强企业,当时的绝味选择 SAP 作为数字化的开端看似是一次冒险,但是从这个选择也能够看出决策层对数字化转型的决心和态度,这个阶段的经历也让数字化的血液流入了绝味这个品牌。

3. 精益管理期(2014—2018 年)

在这个阶段,绝味的主要战略方向是"巩固市场,饱和开店",市场的快速扩张,对内部协同、人员培训、标准管理、成本管控提出要求;加上实施 SAP 带来的正面影响,公司对信息化建设的事情更加重视。各个业务口都对信息化提出了想法和需求,如图 7-3 所示。

业务诉求	系统需求
如何提高信息传递效率？（门店类型众多，报货、物流、客诉处理效率较低）	门店端： • POS 收银 • QSC 质量管控平台 • 加盟商订货对账平台……
门店店务与服务如何标准化？（新来的店员总是无法正确执行公司的管理要求）	管理端： • 邮件平台 • 内部通信平台 • OA 协同平台 • 内部会议系统 • IB 看板平台……
内部流程制度如何落实？（分支机构各自为政，出现组织架构与流程混乱，管控乏力的现象）	
食品安全风险如何降至最低？（从供应链到零售端缺乏全链条的质量控制，风险居高）	供应端： • WMS 仓储管理系统 • TMS 运输管理系统 • BMS 分拣平台 • MES 制造执行系统……
供应链损耗如何控制？效能如何增加？（是否可以探索精益化与自动化）	

图 7-3 精益管理期

这些需求都对应着业务上的问题，都具备一定的合理性，但公司的资源是有限的，所以先做哪些，做到什么程度就需要全盘思考，统一规划。绝味联合了 IT 咨询公司，基于绝味发展的阶段与战略，结合市场上信息化技术的动向，量身定制了五年的信息化规划：以 SAP 系统为核心，在供应链管理基础上进行了全面规划，业务运营层实现"上游供应商—生产制造—营销渠道—消费者"这条端到端的核心价值链，从业务支撑层实现管理模式的快速落地，战略层实现数据对于经营决策的支撑，整个规划从软件、硬件和组织建设三个方面进行了详细的阶段式设计，打造了第一个绝味信息化规划，从此绝味信息化开始快速发展。BI 决策平台就是这个阶段上线的，如图 7-4 所示。

这个阶段，绝味的信息化建设可以归纳为 3 个方面——销售、供应链、综合支持。

1）销售端，在线下交易、门店检核、门店的线上营销 & 交易 3 个方向发力。

- **线下交易**：在 2012 年年底，绝味基本完成了供应链核心系统的数字化建设，但是在门店端，信息化系统几乎完全缺失，例如门店的收银系统五花八门，规模较大的多店加盟商给自己的门店配置了带有基础收银功能的 POS 秤，单店加盟商的门店基本都使用不带任何收银功能的电子秤。这样的配置远远滞后于市场的需求，品牌方并不能够实际了解真实的门店销售情况，无法有针对性地对门店进行帮扶。所以绝味在 2013 年开始通过外购 + 自研的方式逐步对门店的 POS 秤进行覆盖，建立统一的门店交易前端，能够基本的支撑到消费者到店交易，支持三方外卖平台业务接入，基本覆盖了门店日常的销售场景。同时，POS 系统与 SAP 系统完成了核心业务打通，例如打通门店主数据，打通商品主数据等，驱动门店端与供应链端高效的协同。
- **门店报货**：因为绝味产品的一个典型特征是"鲜"，为了保障每日消费者能够购买到最新鲜的产品，绝味采用的供货周期策略是日配到店，也就是从门店周一晚上打烊后报单，周三凌晨就能接到新鲜的产品，留给供应链的时间只有一天，而这一天当中需要完成对订单的统计、制定生产计划、备料、生产、分拣、配送等任务。整个任务链条中，越快速地完成对订单的统计工作，越能够为生产过程抢出更多的时间，从而更合理地安排生产，降低供应成本。在没有系统支持的场景下，每天门店需要在固定的时间点打电话给工厂综合办公室，综合办公室的所有工作人员（5～6 名）一边听电话，一边把门店的要货数据记录下来，整个过程需要 2~3h。完成后，计划员根据汇总的数

图 7-4 BI 决策平台

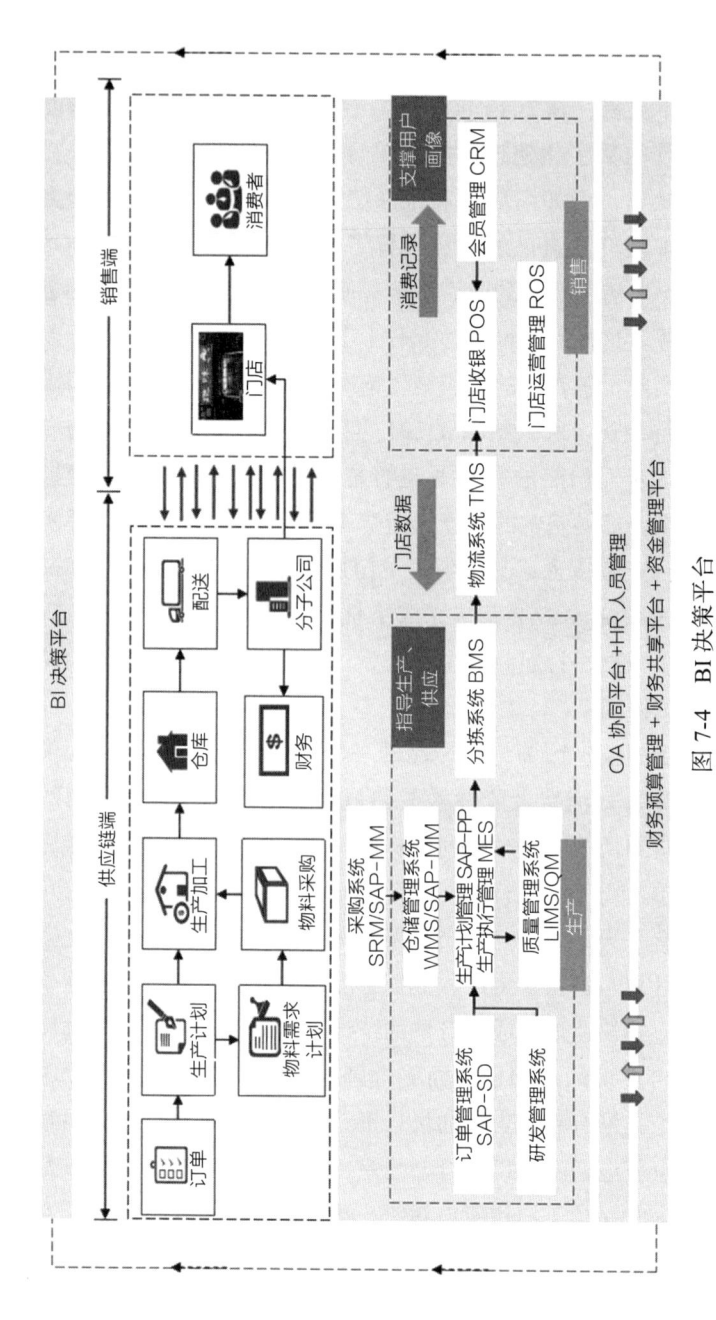

注:
SRM——Supplier Relationship Management,供应商关系管理。
WMS——Warehouse Management System,仓库管理系统。
BMS——Batch Management System,配送管理系统。
MES——Manufacturing Execution System,制造执行系统。
TMS——Transportation Management System,运输管理系统。
POS——Point of Sale,销售时点。
CRM——Customer Relationship Management,客户关系管理。
ROS——Retail Operations System,门店运营管理系统。
LIMS——Laboratory Information Management System,实验室信息管理系统。
SAP-MM——SAP Materials Management,SAP 物料管理模块。
SAP-PP——SAP Production Planning,SAP 生产计划模块。
SAP-SD——SAP Sales and Distribution,SAP 销售与分销模块。
OA——Office Automation,办公自动化。
HR——Human Resources,人力资源。

据下达生产计划,整个过程需要一定的录单时间,而且会随着门店的增多需要更多人手。POS 系统覆盖后,门店直接在 POS 系统或者 POS 系统移动端的界面报货,POS 系统会将要货需求给到工厂的供应链系统 SAP,SAP 通过计算直接完成生产订单的排布,整个过程基本不需要人工干预,时间从以前的 3h 压缩至不到 30min,为生产贡献了宝贵的时间。

- **门店检核**:对于加盟连锁型的企业来说,门店如何严格的执行运营规范是一个绕不开的话题。对于品牌方,需要维护品牌的价值,需要不断地研究消费者行为,并且分解到具体的营运动作;对于门店,因为店员的更迭频率较高,培养一个能够跟得上品牌方营运标准的店员需要一定的周期。所以,如何能够高效地链接加盟商和店员,如何能够快速地帮助加盟商培养一名合格的店员,如何杜绝门店有意或无意地违反门店经营红线,这些都是需要重点研究的课题。在门店的扩张期,供应链解决了产品品质和口味的问题,门店的服务问题成为能否高效扩张的关键。绝味的"连锁门店检核系统(CSC)"就是在这样的背景下建立的。它通过建立标准(SOP)、线上线下培训、门店检核、检核后的评价与优化 4 个动作,形成一个学习检核周期。
- **门店的线上营销 & 交易**:如图 7-5 所示,随着互联网技术及电商平台的发展,绝味也尝试各种方法探索线上业务。在 2016 年绝味上线了官方小程序,初步实现了线上业务的承接及会员运营。

2)供应链端,主要是以 SAP 系统为核心,延伸建设各业务口专有的系统,让各业务口脱离相对粗犷数据的管理模式。

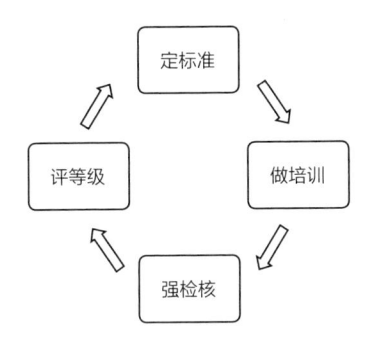

图 7-5　门店线上业务对接

在门店配送的场景中，绝味搭建了 TMS（运输管理系统），就是基于绝味对核心业务能力——"冷链物流、日配到店"的规划下，发展出对物流配送精细化管控的系统。

绝味有一个专业的冷链物流管理团队——"绝配供应链"，这个团队根据规划的物流线路为绝味所有的门店提供冷链配送服务，这项配送业务对配送时间和配送过程温度有着极高的要求，时间晚一点可能最后几家门店就面临着断货的风险，配送温度过高可能面临着整车产品变质的风险。如图 7-6 所示，TMS 会接收 SAP 系统中的交货单（送货单），根据既定的物流线路匹配对应的车辆和司机；车辆在运输过程中，车内的温度通过传感器实时传输，车辆的轨迹信息通过卫星定位、电子围栏等技术手段传输至 TMS，出现异常及时报警，确保运输过程的安全、可控。

物资采购是企业资金支出的主要关口，绝味通过 SAP 系统建设，基本规范及管控了采购业务中的核心流程，但是也有一些未被覆盖或者需要优化的部分。例如供应商管理，绝味的 SAP 系统只管理到合格供应商录入系统，没有将系统管理延伸到成为合格供应商之前的筛选、评估过程，也没有覆盖已合作供应商的服务水平从而进行优胜劣汰。当然还有一些需要优化提升效率的方面,例如在采购结算的场景中,采购员需要完成"三单匹配"后才可以提交财务付款流程。"三单匹配"是一个必要但耗时的工作,采购员需要将采购订单、采购收货单、发票这三个凭据收集完毕,核对无误后,再邮寄或传递给公司对应区域的财务部门。这三单分别来自采购、仓库、供应商,其中部分单据还要通过邮递的方式完成收集。更为麻烦的是当某一个单据发生错误时,往返的邮寄成本及时间成本非常大,粗略统计,绝味的多数采购员需要花费 50% 的时间用于处理这项工作,有的采购员戏称"不是在贴票,就是在送票的路上"。

关键角色管理视图

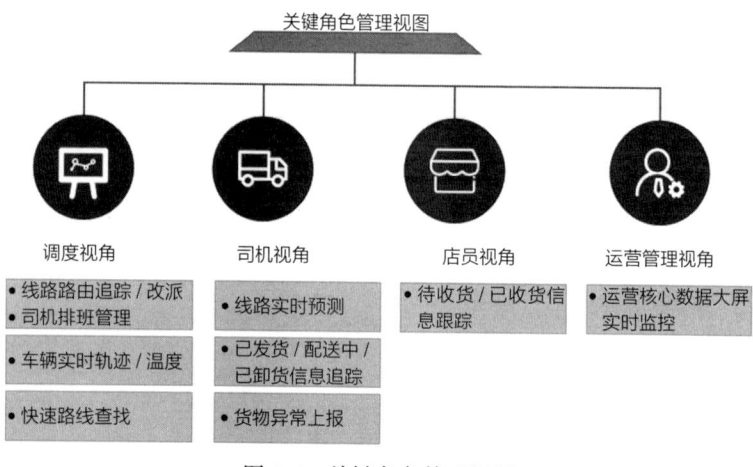

调度视角
- 线路路由追踪/改派
- 司机排班管理
- 车辆实时轨迹/温度
- 快速路线查找

司机视角
- 线路实时预测
- 已发货/配送中/已卸货信息追踪
- 货物异常上报

店员视角
- 待收货/已收货信息跟踪

运营管理视角
- 运营核心数据大屏实时监控

图 7-6 关键角色管理视图

为了改变这一情况,绝味搭建了 SRM(供应商关系管理)系统,如图 7-7 所示,通过深度与 SAP 系统集成贯通了供应链的上游,实现了采购业务的全流程管控。绝味通过采购平台或其他渠道发现潜在供应商后,供应商需要在绝味的平台注册,经过既定的评估后,由准入供应商变为合格供应商,资料会同步到 SAP 系统,这个供应商就可以为绝味提供产品或服务。绝味的需求部门

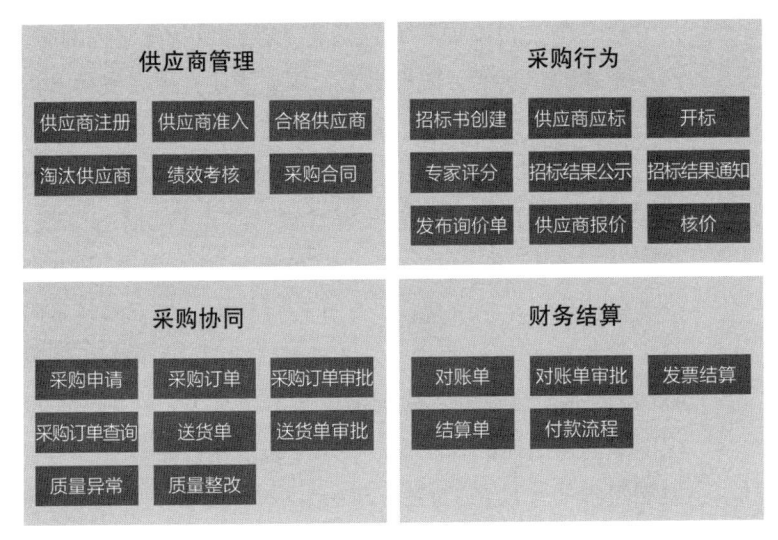

供应商管理			采购行为		
供应商注册	供应商准入	合格供应商	招标书创建	供应商应标	开标
淘汰供应商	绩效考核	采购合同	专家评分	招标结果公示	招标结果通知
			发布询价单	供应商报价	核价

采购协同			财务结算		
采购申请	采购订单	采购订单审批	对账单	对账单审批	发票结算
采购订单查询	送货单	送货单审批	结算单	付款流程	
质量异常	质量整改				

图 7-7　SRM 系统功能

在 SAP 系统提出采购申请后，会同步至 SRM 系统平台，采购员综合考虑供应商能力和价格后给对应的供应商下达采购订单。供应商在平台接受采购订单后备货、发车、送货，货品到厂后仓管员在系统内收货并开具收货单。供应商在系统内接到送货单后核实数量开具对应的发票，SRM 系统会将订单、收货单、发票通过技术手段完成"三单匹配"推送财务系统。财务完成付款后付款记录会返回 SRM 系统，供应商即可查询付款情况完成采购闭环。在固定周期内，采购与质量部门会根据供应商货品的质量、采购交期等因素对供应商进行评价，完成优胜劣汰。

3）综合支持端，主要会有 3 个方面的建设需求：财务、流程、决策。这些支持性的系统是在公司发展壮大过程中，尤其是需要多个分支机构的情况下所必需的。

- 办公平台 & 流程：在 2012 年之前，公司的通知下发、流程审批等主要是靠纸质文件、QQ、电子邮件等传统的通信方法。当公司发展壮大，尤其是存在多各分支机构时，这些方式的弊端就会体现出来，例如纸质文档在签批过程中会受到审批人出差外出等影响；传统的纸质文档签批流程只能勉强覆盖部分用钱、用人的流程，而无法高效解决多部门协同的工作。绝味在2012年年底启动OA系统，通过先试点后推广的方式，在2014年基本完成了19个分支机构的OA系统建设。在建设过程中，为了满足不同分支机构的差异性要求，项目采用了20%的个性化流程+80%的通用流程的策略，不仅基本满足了个性需求，也保障了公司整体的合规管控要求。系统建设完毕后，每年发起流程的数量在15万~20万，90%以上的审批业务均在线上进行。

- **财务**：在完成SAP系统建设后，更加高效、准确、合规地办理日常应收应付业务，这是财务信息化需要重点考虑的问题。公司财务团队在"业财一体"的指导思想下，建设财务共享服务中心（FSSC），通过几年的建设，完成了共享系统域上下游系统的衔接。例如与SAP系统完成了客户信贷，加盟商在银行完成货款转账后，共享系统会完成客户货款余额更新，SAP系统就会允许加盟商订货；与银行完成银企直连，流程完毕后直接支付，不需要由出纳单独打款等。通过不断优化，系统替代了财务及业务团队大量的机械操作，避免了公司在扩张的过程中增加大量财务人员。

- **决策**：完成了核心业务系统的建设后，公司经营的一些业务数据就被分散存储到各个系统中，通过BI一期系统建设，初步完成了对供应链核心数据的整合与分析，例如单店营收趋势、计划达成分析等，帮助业务团队及管理团队有针对性地制定经营策略。

在这个阶段，绝味内部的信息团队主要是由多个项目团队组成，辅以少量的 IT 基础设施保障人员，例如 OA 系统项目组、SAP 系统项目组等，每个项目组承担 3～5 个系统的建设工作，具体负责从选型、运维到优化所有的工作，这样的团队组成方式是符合该阶段建设情况的，各项目组人员深耕负责的项目所建立的专业度能够更好地为业务提供专业解决方案和服务保障。

以信息化规划为蓝本，借助顾问团队经验，快速完成团队搭建、项目推进，并覆盖全国市场。在 2018 年年底，逐步建设了涵盖营销、供应链、综合支持 3 个方面的 10 余个系统，不仅实现了供应链与零售数据双闭环，在管理层面更是实现了从"人治"到"法治"的蝶变，辅以数据，效能得到较大提升。

4. 生态构建期（2019 年至今）

在这个阶段，绝味的主要战略方向是"深耕鸭脖主业，构建美食生态"。随着社会供需关系的改变和数字化技术的发展，企业的获客渠道及营销方式发生了极大改变，以往通过 DM（邮寄广告）单、小蜜蜂喇叭就可以完成一次简单的引客动作，当今这些方式已经无法对潜在消费群体进行有效覆盖。数字化不仅是趋势，它已经成为企业经营必不可少的手段。基于企业内部战略需要及市场发展的趋势，这个阶段，绝味所要完成的是数字化转型。根据不同业务场景，将数字化系统归集为"三端一能"，同时基于 BP&IT（业务流程与信息技术）的模型规划与建设流程，最后通过对数据的管理与应用为企业的第二增长曲线提供新的引擎。数字化建设总体介绍如图 7-8 所示。

图 7-8 中的"三端一能"指的是零售端、门店端 & 加盟商、供应链端、管理效能 4 个方面。

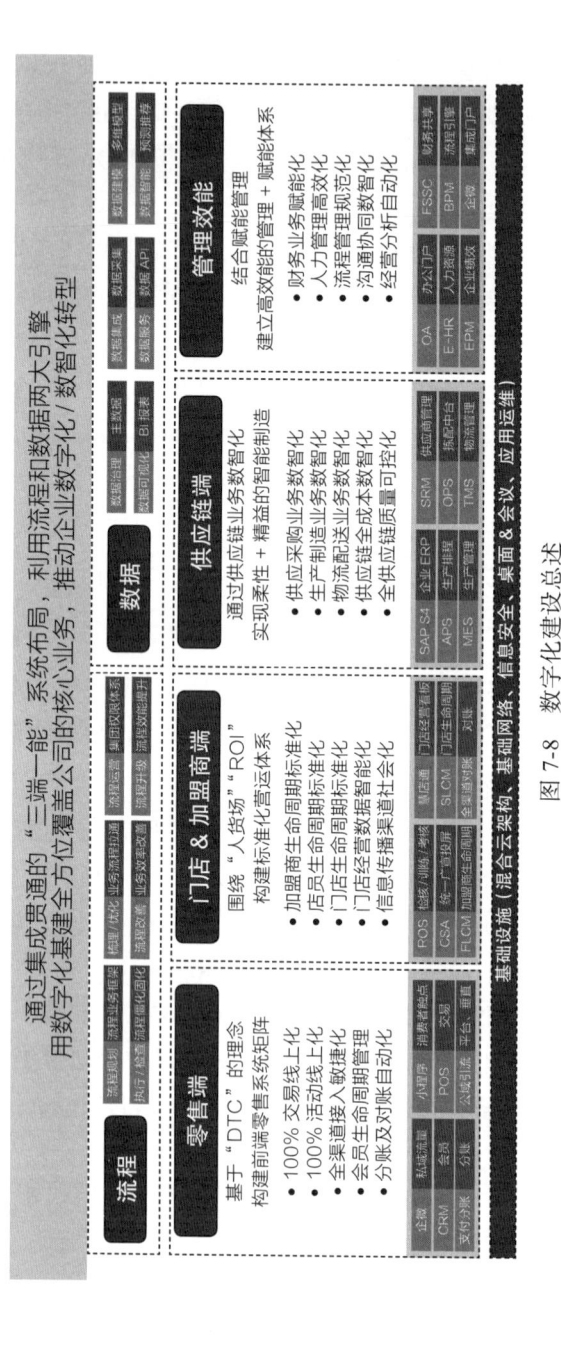

通过集成贯通的"三端一能"系统布局，利用流程和数据两大引擎
用数字化基建基建全方位覆盖公司的核心业务，推动企业数字化/数智化转型

流程	零售端	门店&加盟商端	数据	供应链端	管理效能
	基于"DTC"的理念构建前端零售系统矩阵	围绕"人货场""ROI"构建标准化运营体系		通过供应链业务数智化实现柔性+精益的智能制造	结合赋能管理建立高效能的管理+赋能体系
流程规划 构建了数据驱动型流程	• 100%交易线上化	• 加盟商生命周期标准化	数据治理	• 供应采购业务数智化	• 财务业务赋能化
流程优化 业务流程打通	• 100%活动线上化	• 店员生命周期标准化	主数据	• 生产制造业务数智化	• 人力管理高效化
流程管控 业务双率闭环	• 全渠道接入敏捷化	• 门店生命周期标准化	数据可视化	• 物流配送业务数智化	• 流程管理规范化
流程改善 流程自动化	• 会员生命周期建立	• 门店经营数据智能化	数据集成	• 供应链全成本数智化	• 沟通协同数智化
	• 分账及对账自动化	• 信息传播渠道社会化	数据采集	• 全供应链质量可控化	• 经营分析自动化
			数据API		
			数据建模		
			数据推荐		

企微	小程序	POS	OCRM	统一会员	门店经营看板	SAP S/4	企业ERP	SRM	供应商管理	OA	办公门户	FSSC	财务共享
CRM	消费者触点	POS	培训/考核	广告投放	SLCM	门店生命周期	APG	生产排程	OPS	供配中台	E-HR	人力资源	BPM	流程引擎
交易	平台+垂直	CSA	CA	公域引流	FLCM	加盟商生命周期	对接	MES	生产管理	TMS	物流管理	EPM	企业绩效	企微	集成门户
支付分账													

基础设施（混合云架构、基础网络、信息安全、桌面&会议、应用运维）

图 7-8 数字化建设总述

注：

DTC——Direct to Customer，直达消费者。
CRM——Customer Relationship Management，客户关系管理。
POS——Point of Sale，销售时点。
ROI——Return on Investment，投资回报率。
ROS——Retail Operations System，门店运营管理系统（零售运营系统）。
CSA——Centralized Screen Advertisement，统一广告投屏。
FLCM——Franchise Lifecycle Management，加盟商生命周期管理。
SLCM——Store Lifecycle Management，门店生命周期管理。
SAP S4——SAP S/4 HANA，SAP 的下一代智能 ERP 系统。
APS——Advanced Planning System，高级计划系统。
MES——Manufacturing Execution System，制造执行系统。
SRM——Supplier Relationship Management，供应商关系管理。
OPS——Order Picking System，订单分拣系统（拣配中台）。
TMS——Transportation Management System，运输管理系统。
OA——Office Automation，办公自动化。
E-HR——Electronic Human Resources，电子化人力资源管理。
EPM——Enterprise Performance Management，企业绩效管理。
FSSC——Financial Shared Service Center，财务共享服务中心。
BPM——Business Process Management，业务流程管理。

- **零售端**：基于DTC（Direct To Customer，直面消费者）理念，构建前端零售系统矩阵，以消费者为核心，线上线下门店为载体，输出消费者需要的产品及服务。
- **门店＆加盟商端**：围绕"人货场""ROI"构建标准化运营体系。
- **供应链端**：通过供应链业务数智化，实现柔性+精益的智能制造。
- **管理效能**：建立高效能的管理+赋能体系。

因为市场在不断变化，C端（零售端）的数字化转型需要集中力量重点突破，在零售的业务场景中，需要考虑以下一些问题。

- 从哪里接触到消费者？
- 如何吸引消费者入店（实体店、线上店）？
- 通过什么样的营销策略促成交易？
- 如何存留这些消费者？
- 如何让门店快速完成线上、线下的交易操作？
- 加盟商如何核对账目？

需要根据企业的实际情况因地制宜，需要加盟商、业务部门与信息部门通力合作才能得到适合企业自身发展的方案。

7.2 百胜中国数字化转型历程

百胜中国控股有限公司（下文称百胜中国）是中国领先的餐饮公司，在中国运营多个餐饮品牌，包含肯德基、必胜客、塔可钟、小肥羊、黄记煌等，并与Lavazza合作在中国发展品牌咖啡店，同时运营新零售品牌"烧范儿"，为市场提供半成品食材。经过30多年的发展，截至2023年6月底，百胜中国在中国大陆地区拥有餐厅数量超过13 000家，员工数量超过40万，会员数超过 4.45 亿。百胜中国在门店规模、品牌知名度、全国供应链管理、产品质量、社交及数字媒体营销等方面都已经领先国内大多数餐饮企业。如此体量的公司，需要有非常强大的数字化系统和 IT 运营体系。数字化创新带来的整体效率提升、交易场景拓宽和渠道融合等，可以进一步放大产品品类的便捷度和性价比优势，赋能业务发展。本节整理年报、研究计划书和一些公开材料，就百胜中国的数字化转型历程进行分享和分析。

7.2.1 百胜中国数字化转型的动作和历程

百胜中国的数字化运营布局可以追溯到 2007 年，为了迎合消费者的电话下单需求，上线了肯德基宅急送。2010 年，肯德基推出自有外卖平台，消费者可以实现电话点餐与网上订餐，如图 7-9 所示。

图 7-9 百胜中国数字化转型时间轴

2013 年以后，百胜中国的数字化转型速度明显增速，当年上线了肯德基手机自助点餐功能，当时支付宝和微信支付等移动端支付还未完全上线，肯德基就已经发现了中国移动端兴起的趋势与潜力。

百胜中国于 2015 年围绕会员生态系统和全业务链条赋能，启动了企业数字化转型，特别是其围绕会员生态的建设，取得了较大成功。

肯德基在 2016 年上线了肯德基超级 App，将之前分散的品牌 App、宅急送 App 和手机自助点餐 App 整合起来打造成一个可点餐、可支付、可预约的移动平台；同一年肯德基正式推行了会员计划，借助肯德基超级 App 和微信小程序，吸引用户在点餐后留存为品牌的长期会员，短短一年，便积累了 5000 万的会员体量。

2018 年又推出了以"大神卡"为代表的订阅制的付费专享会员计划，此举不仅有效地提高了会员订单效率，更增强了消费者的忠诚度。

2021 年，肯德基通过微信社群拉新建立餐厅自己的私域流量池，进一步推动了餐厅店长与消费者建立更紧密连接。进入肯德基微信社群的流程，也从直接扫码入群，转变为加店长成为企微好友后入群，这样更有利于门店后续的多触点持续触达以及精细化运营。同一年，肯德基又率先探索出抖音直播卖货模式，单场销售破千万元，肯德基还通过在抖音接入肯德基宅急送小程序的方式接收外卖订单……在数字化生活领域探索的道路上，肯德基孜孜不倦，这也正好迎合了年轻消费者的习惯。

经过数字化转型的多年耕耘，截至 2023 年，百胜中国会员体量超过 4.45 亿，会员销售额约占系统销售额的 66%，数字订单（包括外卖订单、手机下单及自助点餐机订单）约占公司餐厅收入的 90%，外卖销售额约占餐厅收入的 35%。这些骄人的成绩离不开百胜数字化转型过程中的战略设计和强大的执行力，如表 7-1 所示。

表 7-1　百胜中国数字化转型结果记录

统计项	具体数据					
统计时间	2018	2019	2020	2021	2022	2023 H1
门店数	8484	9200	10 506	11 788	12 947	13 602
会员数	1.6 亿+	2.15 亿+	3 亿+	3.6 亿+	4.1 亿+	4.4 亿+
会员订单占比	—	—	60%	60%	62%	66%
外卖订单占比	19%	23%	30%	32%	39%	35%
数字订单占比	—	61%	80%	86%	89%	90%

7.2.2　百胜中国数字化转型的痛点和解决方案分析

在分析百胜中国数字化转型的策略之前，不妨回头想一下，餐饮企业为什么要进行数字化转型？是最好需要，还是一定需要？是不做数字化就不行，还是做了数字化就一定行？

为什么餐饮企业需要做数字化？是因为消费者变了，以前只要选好门店位置，只要等消费者到店消费就好了，而现在消费者从睁眼开始，在床上就开始接收各种信息，他们生活方式变了，消费方式变了，思考方式也变了。为了能更好地服务消费者，从他们越来越碎片化的时间中获得一点点关注，企业需要不断进化以适应社会和消费者的变化。

那百胜中国是如何进行数字化转型的？首先是审阅自己的商业模式，线下怎么做，线上怎么做。在中国互联网浪潮快速发展之前，百胜中国一直以来都是以餐厅线下服务、门店堂食为主，那这部分生意是怎么做的？有没有优化空间？

场景1

最早的时候都是店员在商场、学校门口发放纸质优惠券，以吸引消费者入店消费，消费者撕下券来门店柜台点餐，收银员在收银系统完成订单，订单信息传到系统中进行配餐，最后餐品给到消费者供其享用，完成一次交易。在这个交易流程中，百胜中国发现有以下节点是数字化的痛点。

痛点1：每个餐厅都要派出1~3个店员进行外出发券，这部分人力成本能不能省下来？靠人工发放消费券，只能触达一小部分消费者，整个城市这么多潜在消费者，也许在线发券就是一个好主意。

痛点2：纸质优惠券跟现金一样，不记名，门店不知道这位消费者是谁。有没有办法把消费者和优惠券关联起来？

痛点3：消费者不来怎么办？有没有什么办法定期提醒消费者有活动和产品上新，快来门店消费？如果有App可以触达消费者就好了。

痛点4：优惠券一定要在柜台上核销吗？有没有更高效的核销方式？有没有其他点餐方式？

痛点5：收银员首先要核验优惠券的有效性和使用规则，以及本餐厅能否出餐，然后需要在系统中查询这个券的信息。能否直接让券变成订单的一项套餐，缩短流程，节省时间？

痛点6：如果消费者今天不方便来门店消费，这一单是不是就是丢掉了？能否通过电话、网站、手机进行下单，由骑手帮忙外送到家？

痛点7：外送服务是自营，还是外包，抑或给到第三方外卖平台？线下点餐有优惠，但外卖要加配送费，性价比变得很低，有没有一些吸引消费者的外卖套餐？

通过以上分析发现，一个简简单单线下券核销的流程就蕴含着7个数字化的机会点。

- 对于痛点1和痛点5，可以进行优惠券线上化，搭建App核销体系。
- 对于痛点2，可以搭建基础会员和优惠券体系。
- 对于痛点3，可以构建专门用于品牌宣传的App。
- 对于痛点4，可以进行门店点餐数字化，核销数字化。
- 对于痛点6和痛点7，可以构建外卖点餐体系。

上述这些机会点就是百胜中国在2015年前的一些数字化转型动作，姑且称为数字化1.0体系。

场景2

消费者在肯德基品牌App上看到了活动和优惠券并来门店

核销，进入门店后使用肯德基点餐 App 进行点餐（没有安装点餐 App 的消费者仍需要在前台点餐），餐厅收到订单后进行配餐，消费者排队取餐，就餐后消费者离开门店。如果不方便来门店的消费者可以使用肯德基宅急送 App 进行点单，选择产品和地址后等待骑手派送，完成订单。

在场景 2 的流程中，我们同样也发现了一些痛点。消费者需要安装品牌、点餐、外送三个 App 才能享受肯德基的所有服务，虽然在公司内部 3 个独立的部门，独立开发相应在线功能，但是消费者感觉上还是比较割裂，体验并不好，需要整合成为一个全功能的超级 App。

没有安装肯德基 App 的消费者就不可以点餐了吗？是不是可以在餐厅安装一个点餐机器，方便不同需求的消费者点餐？

如果点餐的很多，消费者要排队点餐和取餐。肯德基是快餐，消费者主要诉求在一个"快"字，如果在快餐店花费大量时间，有些本末倒置。退一步来说，消费者一定要在餐厅里才能点餐吗？可不可以用手机在去餐厅的路上就实现点餐，到了店就可以直接拿走？

离开门店后或外送完成配送后，消费者有没有什么意见和建议？若有，那么是对门店服务、产品口味，还是对配送服务的意见和建议？是在门店直接反馈，还是拨打投诉电话？这些信息是只停留在餐厅层面，还是传递到分公司和总部？

本单完成后，相关数据有跟会员进行关联吗？消费频次怎么样？有什么产品喜好？喜欢什么时段过来消费？可以把消费者的消费记录和习惯沉淀下来供后续会员运营使用，优化会员体验，增加复购和消费升级。

在场景 2 中，我们发现了如下机会点。
- 通过数字化打通、整合服务应用。

- 升级门店点餐系统,创造更好的客户体验。
- 实现店外移动端点单,到店自提。
- 通过数字化对消费者反馈体系进行升级、整合。
- 搭建会员运营体系。

百胜中国在 2017 年左右完成场景 2 的数字化 2.0 建设,此时百胜中国的数字化转型布局已经基本成型,在零售和餐饮行业已经遥遥领先。在此基础上,百胜中国继续运营餐厅线上线下业务和数字化转型,实现了数字化 3.0 的建设。

- 超级 App 点餐体验升级,整合一站式优惠助手。
- 建立以"大神卡"为代表的订阅制付费专项会员计划,有效提高了会员订单效率,更增强了消费者的忠诚度。
- 推出了点餐预约功能,并通过人工智能运筹排期,整合预约单和及时单,合理调度餐厅产能。
- 建立私域社群。消费者在餐厅被引导进入企微社群、微信小程序、App 并留存,使其成为餐厅的熟客,以餐厅为会员运营中心,将通过餐厅经理和店员运营深耕会员价值。私域社群所有餐厅经理的企业微信统一变为 K 店长,如此可以减少餐厅经理每天发送私域任务和话术的时间,可以有更多时间在 1v1 对话中回答消费者的提问,另外也可以减少因餐厅经理的离职和异动造成的频繁提示。
- 迎合年轻消费者习惯,探索出抖音直播、淘宝直播、视频号直播等卖货模式,通过抖音接入肯德基宅急送小程序的方式接收外卖订单,并且所有渠道会员信息都可以打通,实现全渠道精准运营。

通过以上内容,我们发现百胜中国的数字化建设主要围绕"服务并优化 C 端的交易场景",紧跟消费者生活方式、消费方式、思考方式的变化并提前布局,以应对因此带来的消费场景变化。

百胜中国从在线交易和优化线下交易两大方向切入，通过App、小程序、个性化点单等数字化技术优化完善交易场景，使成交更便捷，并给客户更好的购物体验，同时构建了自己的会员生态系统和全渠道销售网络，意义是重大的。这带了两大方面的收益。

- 建立了自己的私域会员体系，与目标客户建立强连接，营销直达客户并为其提供更便捷的购物体验，有利于提升存量客户的复购率和客单价。
- 通过积极利用公域流量渠道（如美团外卖、抖音等），拓宽购物交易场景，增大客群量，全渠道布局，有利于快速实现线上流量覆盖。随着线上流量的持续增长，除利用公域外，还自建外送体系并持续升级，这样可以保障配送时效并稳固企业在这方面的优势，从而驱动整体销售额的进一步增长。

7.2.3 百胜中国 S-B-C 端到端数字化转型实践

供应链能力在连锁餐饮品牌的发展过程中作用越来越大，甚至成为企业基业长青的基石。百胜中国持之以恒所建立的采购—仓储—物流—门店管理一体化供应链管理体系，已形成独特优势，也是其能够实现成本持续压降的同时，还能保持产品持续创新、品质稳定、口碑良好的基础。众所周知，餐饮乃至零售企业数字化转型中最好做的模块是营销端的数字化，因为直接对接消费者和渠道，见效快，数字化投入产出比最高，而且市面上有很多成熟的解决方案，供应服务企业也可以提供"一条龙"式的营销端数字化解决服务。但是餐饮企业想长期发展，只做好营销端数字化是不够的，生产、运营和支持部门也需要通过数字化来提升效能和满足营销端的需求。餐饮企业的数字化链路长，结构复杂，而且有食品安全的要求，故需要做农场—工厂—仓库—门店—餐桌的端到端数字化转型，以此整合和打通从供应链端（S端）、营运端（B端）到消费者端（C端）的链路和系统，提升组织效能和客户体验。

百胜中国的数字化转型工作主要从以下几个方面展开。

1. 门店物料有效期管理

在门店补货时就通过RFID芯片和高拍仪记录每个物料的批次号、生产日期、有效期，把报表推送到餐厅经理的电脑和智能手表上提醒其合理调度，控制物料先入先出。同时将库存系统、门店管理系统和营销App联动，为一些临期的产品生成临时折扣，或者在App菜单中做首页露出或者促销弹窗，通过促销及时销售产品，避免库存浪费。

2. 产品销售的预测与补货管理

门店订货补货是很多餐饮零售行业一直绕不过去的难点与痛点，长期以来都是由门店一线实际经营者根据当天销售、库存与接下来预计的销售情况在系统里进行补货，是人货场中"货"的关键节点：几个原物料库存少了一种就不能完成菜品的制作，会出现产品断供或口味短缺的情况，直接影响销售额和消费者的体验；库存过高又会导致门店库存积压，进而导致库存成本激增或无法及时生产、销售造成物料过期报废。如何做好精准的报货补货？这就需要拉通工厂、物流中心、门店的销售以及库存的情况，需要横跨供应链、运营、品牌策划和IT等部门，目前很多企业已经着手推进销售预测和补货系统的研发，这大体上要完成三部分必要的数据积累。

- 企业要搭建系统获得并积累每个门店每天的进销存情况，根据24~36个月的进销存趋势进行时间序列建模，获得销售和库存大致的趋势，包括季节性和周期性，进而识别出周末、法定节假日、农历节庆等时间节点的影响。这是实现指导补货的第一步。
- 要获得门店所在区域近期天气（主要是雨雪天气和极端天气）、交通情况、周边商圈情况、学校寒暑假、社区活动、场馆演出活动等，这些客观条件也是影响门店销售的直接因素，如果可以结构性记录，对销售预测也十分有帮助。
- 结合营销部门的活动规划，包括近期促销活动、重点产品推广、新品上市计划等，综合考虑门店周边会员规模、私域营销效果、竞品动态及外卖平台活动等因素，为销售预测提供更准确的参考依据。

其实只有门店的餐厅经理和资深一线管理者才能给出真正的周边情况，凭借丰富的经验来预测餐厅的销售情况。但是他们每天都忙于门店业务，没有时间整理如此多的因素，也没有特别简易方便的工具进行如此复杂的计算，只能根据感觉预估一个范围，短期指导餐厅的高峰期业务。这样做往往没有进行记录或者后期分析。

考虑到以上情况，结合现在大数据的发展趋势，可以使用智能算法实现预测和补货系统，整合门店销售渠道、活动、库存、状况属性、天气、当天交通情况等信息预测每个品类今日和未来几日的销售情况，并结合库存来建议门店店长每个品类的补货情况，将重复工作和繁杂的计算交给系统，门店经理只需要结合门店的实际情况进行确认或者调整。这个过程涉及的因素如图 7-10 所示。

目前百胜中国可以实现配销中心与餐厅级别的针对不同时间维度的预估。

- 短期补货预估：针对具体商品（如番茄酱、鸡翅等），预测未来 14 天内的用量需求。
- 中期供需规划：基于产品品类（如主食类、饮料类等）进行 1～12 个月的销售预估，用于与供应商协同。
- 长期战略布局：面向未来 1～3 年对产品品类的需求进行预测，用于供应商产能规划和采购战略制定。

内部系统
- SAP 报货
- 历史销售
- 库存
- ……

日期信息
- 周末
- 节假日
- 寒暑假

活动信息
- 会员权益卡
- 新品活动
- 促销活动
- 外卖活动
- 竞争对手活动
- ……

门店信息
- 城市 / 商圈
- 店型 / 渠道
- 交通 / 施工
- 演出 / 活动
- ……

天气信息
- 晴天
- 雨 / 雪天
- 极端天气

产品信息
- 品类 / 口味
- 口味
- 新品
- ……

AI 模型 / 算法
- 时间序列
- 机器学习
- 深度学习
- 神经网络
- ……

提取影响销售的各个维度的特征，通过算法识别不同场景下门店销售趋势与周期性规律，并结合相应场景作出预测

图 7-10　与门店销售预测有关的影响因素

结合人工智能技术的智能补货，百胜中国可以高效协调餐厅销售、生产与物流的供需关系，减少产品浪费的同时有效降低库存成本。同时，可以将餐厅销售预测的结果充分应用在其他业务场景中，例如餐厅早午晚高峰生产预测、餐厅员工智能排班、物流自动拼车、门店选址业绩预测等。

3. 协同内外部数字化管理

由于餐饮行业与食品安全息息相关，而餐厅的原材料供应商数量庞大，品类复杂，从田间到餐桌是很长很复杂的供应链，管理起来绝非易事。如何实现内部数字化管理和外部数字化管理的协同，是企业数字化转型中面临的一个巨大问题。首先，在供应商管理方面要执行严格的认证流程和优胜劣汰的管理机制；其次，百胜中国与供应商深度合作，通过系统打通、接口对接、系统共创等方式让供应商的系统与百胜中国对接，或者直接使用百胜中国的系统进行录入，对食品生产和加工中的关键指标进行过程监控和辅助检查，通过数字看板监控品项 KPI 合格情况，对偏离预警值的指标进行预警与协同矫正。

另外，由于餐饮物料品类繁杂，需要在全球各地进行原材料的采购，每个机构和地区都会有一些相应的政策和标准，如果全靠人工记录和捕捉会出现信息不及时、覆盖面不全的情况。基于这个问题，百胜中国上线了知识图谱的项目，通过技术对食品安全有关的公开数据进行采集和分析，这样可很快确定与餐厅业务有关系的事件的影响范围和影响大小，方便管理层很快做出决策，有利于加强食品安全管理、供应链管理、公共事务管理等，对原材料进口问题预警、防疫政策分析也有不错的表现。

4. 人工智能在餐饮行业的应用探索

前文提到销售预测的场景，可以预估每天订单量、产品销量并给出餐厅报货建议，这个场景还能延展到餐厅生产和排班等其他场景。

- **餐厅生产**：系统基于餐厅实时库存状况，预估每半小时所需的餐品数量，并自动生成餐厅生产计划建议。餐厅经理可以根据实际情况决定是否采纳这个建议，从而避免在用餐高峰期出现核心产品供应不足，影响销售翻台和客户用餐体验。同时，餐厅经理对系统建议的接受或调整记录也会作为反馈数据，用于模型的持续优化，通过这种人机协作的方式不断提升人工智能预测的准确度。
- **餐厅排班**：结合餐厅员工在每个工作站的分布，将销售预测的结果拆分到餐厅各个工作站，再根据不同工作站的标准操作时间进行工时预估，得到半小时级别的工时分布，并用运筹学的方法对不同岗位进行员工排班，推送给餐厅经理进行最终确认，节省餐厅经理大量手工排班与口头协调沟通的时间。

人工智能在餐厅运营中还有许多更智能的应用场景，例如：根据人工智能预警某些产品库存较高，会有积压的风险，这时可以帮助餐厅经理开展一些合理促销活动，在预点单的消费者手机上给到相应产品的优惠券，或者以弹窗形式给出促销提示，或在消费者买单界面直接推荐相应产品，加购有折扣，增加转化，减少餐厅菜品和物料的损耗；同理，在产品即将售罄的时候，可以推荐消费者选择同类产品或相近口味产品，减少断货带来的消费者不满或者投诉，增加满意度和门店评分等关键指标。

人工智能不仅通过可以辅助餐厅运营，更可以进行餐厅自动分析，辅助餐厅一线管理者进行高效复盘和决策，将资深餐厅经理的经验分享给所有餐厅，实现知识共享与人工智能赋能。

比如，让富有管理分析经验的餐厅经理分享有哪些业务规则，有哪些分析角度，哪些数据可以相互结合，哪些例外情况需要特别注意。从上面角度来判断餐厅需要哪些数据源、数据颗粒度是什么样子的、这些数据是否有效，将相应的业务维度和数据分析指标化。对这些指标进行重要性排序，判断哪些指标权重最大，需要设置哪些对照组。

百胜中国人工智能团队研发了名为"营运大脑"的自动分析产品，自动分析每日餐厅核心指标，例如餐厅目标达成率、利润率、成本占比、人员工时分布、客户满意度等。该产品会设置与这个餐厅面积相仿、营业规模接近、其他客观条件接近的"对等店"作为标杆。对比该门店与"对等店"在核心指标上的差异，列出餐厅排名前三的异常指标，并给指标找到相应的机会点供餐厅经理参考。

"营运大脑"不是传统意义上的BI产品，而是"人工智能+BI"

结合的数字化产品,餐厅经理不需要陷入大量的报表与指标之中。每天他都会收到一个报告,报告中所有文字都是人工智能生成的自然语言文字解读,最核心的指标已经被标红高亮显示,需要执行的机会点也直接由人工智能提供,并会得知整改以后大概可以让餐厅指标达到什么样的水平。餐厅经理拿到报告后简单阅读就可以在接下来的运营中对相应指标进行调整,进而增加营业额,减少成本,提升利润率。资深的餐厅经理可以直接发现问题并进行整改;资浅的经理或者副经理也可以按照人工智能给到的分析思路逐渐顺理运营思路,并成长为合格的运营管理者。同时这些指标和数据可以逐渐上传到区域经理、大区总经理和总部高管手中,实现总部、市场和餐厅指标统一,力出一孔,问题更聚焦、运营更智能。

以上是百胜中国在供应链端、门店端再到营销端的数字化转型经验。数字化转型不是一个IT部门就能实现的,需要从公司集团层面进行端到端的布局,通过一个个项目及项目间的组合对跟公司业务有关的模块进行整合,基于具体可实现的目标去推进、排期。百胜中国在前期投入了大量的技术和人力成本,包括IoT(物联网)、人工智能算法、知识图谱等技术成本,成立了专门的供应链管理公司和数字化研发中心。在数字化项目中,百胜中国逐步实现了全链路的数据采集和整合、全业务场景的覆盖、已有流程的数字化重构。

7.2.4 百胜中国数字化展望:创建自主数字化研发中心

2021年10月20日,百胜中国宣布成立数字化研发中心,分别位于上海、南京、西安三地,成为百胜中国落地数字化生态系统的一个重要里程碑。数字化研发中心致力于驱动品牌与业务进一步发展,加速企业扩张,为企业抓住市场机遇奠定坚实基础。

百胜中国的数字化中心由数字化研发中心、合资公司以及第三方合作公司组成,是一个多层次的研发体系,在多年数字化沉淀的基础上整合并拓展专属资源,利用大数据、人工智能、数据中台以及餐饮云服务等技术来提升门店运营效率,建立领先的数字化基础设施,进一步推动公司端到端数字化建设。

- **C端服务和产品**:进一步提升超级App、微信小程序以及会员项目,为消费者提供高品质的服务及消费体验。
- **门店运营**:通过系统和工具的升级提升运营和经营决策的效率,例如辅助餐厅经理的数字化工具"口袋经理"和"超级大脑"。
- **智能外送**:进一步优化外送订单系统,智能分区以及优化骑手路线。
- **供应链管理**:从农田到餐桌,不断加强食品安全,优化运营。

百胜中国未来5年规划用10亿~15亿美元对数字化基础设施进行投资。作为投资计划的重要部分,未来5年,公司计划对数字化研发中心投资1亿~2亿美元,研发团队规模将可达到500人,以支持公司发展。研发中心建立在上海、南京和西安,将利用三地一流高校的资源广募人才。随着额外的资源投入,公司将进一步夯实数字化能力,加速创新应用落地。

第8章

峥嵘山巅，从数字化跃迁到智能化

前7章深入探讨了连锁餐饮行业的数字化转型之路，从理解行业背景到实施具体的数字化策略，再到通过案例学习成功的转型实践。我们看到，无论是在营销、供应链管理还是决策制定中，数字化都已成为推动企业发展的核心动力。通过具体案例，我们也看到了从供应链优化到客户服务再到智能化运营，数字化转型如何在企业落地生根，这些成功实践值得我们深思和学习。随着技术的不断进步，数字化正在向更高级的智能化方向发展。本章是本书的最后一章，将探索如何通过智能化进一步优化企业的运营，提高工作效率和企业创新能力。智能化不仅是技术的升级，还是一种全新的管理理念和商业模式。通过智能化，企业能够实现更加精准的市场预测、更加个性化的客户服务和更加灵活的生产调整。

从数字化到智能化，企业将能够构建更为强大的数据分析能力，利用人工智能、机器学习等技术，实现自动化决策和流程优化。这不仅能够提升企业的响应速度和市场竞争力，还能够为企业带来新的增长机会和价值创造。

8.1 深入理解智能化的背景

为与外界环境的变化相适应，中国企业的数字化转型内涵也在不断演进和丰富。企业对数字化转型的思考，已经从单一的技术视角扩展到更多维度。从2019年到2023年间，媒体上讨论前沿数字基建、前沿应用（包括人工智能、虚拟现实、大语言模型、云计算、5G等）及数据智能的话题（包括商业智能、数据分析、数据联通、智能运营等）相较之前增长了10倍以上。从数字化到智能化的演变在深度、广度上都有显著提升。

与此同时，随着大数据、云计算等技术的普及，各行各业正朝智能化方向发展，引发链式突破，整个餐饮行业都在不断地向智能化转型。从使用手机线上点餐、团餐收银机、无人自助点餐机、智能早餐车、无人零售＋智能超市／便利店，到外卖配送环节的无接触送餐和智能餐饮配送机器人，随处可见餐饮智能硬件的身影。随着信息技术、智能技术的逐步成熟和推广应用，人工智能将会逐步取代部分人力，节省更多的人力成本，提高效率及准确度。

8.1.1 智能化战略

智能化战略是企业转型升级的重要手段之一，通过引入智能化技术和改变原有的运营模式，可提升企业的核心竞争力。但是，仅有战略不足以保证企业的成功，还需要运用科学方法和持续推进来实现智能化战略的顺利实施。

企业需要内部启动智能化战略。在启动过程中，需要制定明确的指标和目标，向内部员工进行智能化技术的培训及知识传递，以便明确新的运营规范和标准，并得到内部员工的积极配合。

在启动后的运营阶段，需要对运营数据进行监控和分析，以了解事情的变化，为及时作出决策进行准备。此外，需要定期开会对运营情况进行总结、发现问题并制定相应的优化方案。

在实施过程中需要注意项目复盘和沉淀。项目复盘可以通过梳理项目中遇到的困难和解决方法找到最佳实践模式，并运用到新的项目中。沉淀是对宝贵的经验进行总结，打造符合公司特色和智能化战略的一份标准，为未来的运营、推广提供规范。

我们需要在战略实施过程中，逐渐推广智能化运营的理念和思想，让更多的人能够接受和认可。落地必须符合公司的愿景和战略，实际操作中更要用数据和绩效说话，做好落地前和落地后的运营数据分析，以不同的周期进行评估和更新。

8.1.2 智能化技术

本节介绍几种影响企业智能化的技术。

1. 人工智能技术

人工智能作为一种颠覆性的技术，正逐渐改变着各个行业的发展模式和竞争格局，尤其是在科技和流量领域。当下，科技和流量已成为企业取得领先优势的重要手段，但如何充分利用科技和流量红利却成为企业界的一个难题。在这种情况下，人工智能的出现为企业解决了这一难题，帮助企业重新认知科技红利和流量红利。

在科技领域，人工智能可以快速挖掘数据并提供精准分析与决策支持，帮助企业发现潜在商机和市场趋势，更好地满足消费者的需求。另外，人工智能也可以通过自我学习和优化，实现对产品的智能化设计和研发，为企业的产品创新和更新提供支持。

在流量领域，人工智能则可以帮助企业更加准确地绘制用户画像，然后对用户进行定位和触达，以更好地提升用户体验和用户黏性。同时，人工智能还可以通过数据挖掘和分析，提供精准的个性化推荐和营销策略，更好地吸引用户并提升转化率。

人工智能作为一种智能化的技术，为企业提供了全方位的智能化应用和支持。当前，人工智能化技术的应用范围十分广泛，如车间智能化、营销智能化、供应链智能化等。在车间智能化方面，通过智能设备和系统可以实现工厂的自动化和智能化，可以大大提高生产效率、降低人员成本和减少生产错误。在营销智能化方面，企业可以利用智能分析和定位技术，实现对顾客兴趣和需求的深入了解和精准营销，进而提升销售和市场份额。在供应链智能化方面，通过高效的供应链管理和智能化的物流体系可以实现成本的降低和效率的提升，从而提高企业整体的盈利水平。

当然，智能化业务对业绩增长的影响与企业的具体应用场景、成效也有密切关系。对于企业来说，选择合适的智能化技术和应用场景非常重要。在选择智能化技术时需权衡成本、效果和应用难度，尤其是对于中小企业来说，应该量力而行。此外，企业在智能化应用过程中也需重视团队建设和管理，确保智能化技术的应用能够协同工作，发挥最大效益。

2. AIGC 技术

2023 年中，以 AIGC（人工智能生成内容）为代表的一系列技术创新让每个人都为之一振，再次燃起技术赋能产业和科技创新创业的热情。AIGC 相关应用以惊人的速度在几个月内快速渗透到各个行业、各种场景和领域。新技术的有效性已经在多个领域被验证和确认，人们有机会以全新的生产方式和生产关系完成现有的工作和任务。更加让人兴奋的是，新技术一定还会催生新的商业模式和新物种，重塑现在的生产生活方式，创造新的价值。

AIGC 技术的发展进程正在加速，预计未来将在文本、图片、语音、代码等多个场景中逐步走向成熟，这些应用又会助推 AIGC 技术向多模态融合发展。随着深度学习和自然语言处理技术的发展，人工智能已经能够生成高质量的文章、报告和其他类型的文本。人工智能也已能够自动编写代码，这不仅可以帮助开发者提高工作效率，还可以为非专业人士提供编程服务。

在引入 AIGC 工具或方案时，企业需要深入理解自身业务场景，明确 AIGC 可以在哪些环节发挥作用。对比不同的方案或工具，根据自身需求和所具有的条件，选择最适合自己的方案或工具，可能需要进行一定的试错和迭代。从使用场景和成熟应用开始，选择适合自己的方案，先用起来并持续关注使用效果和市场技术趋势，以开放的心态拥抱 AIGC。

基于 AIGC 的智能对话系统在知识广度、语义理解、上下文关联以及逻辑推理等方面都有显著的提升。与基于模板的对话系统不同，AIGC 可以生成富有创意、对用户具有启发性的多样化回复。在用户的引导下，AIGC 可以理解特定场景，并建立起解决具体问题的能力，大大拓展适用范围，如图 8-1 所示。从智能客服、智能营销到企业内部知识助手，大模型技术使这些对话场景的功能体验得以改善，并可能渗透改变用户与其他数字化应用的交互方式。

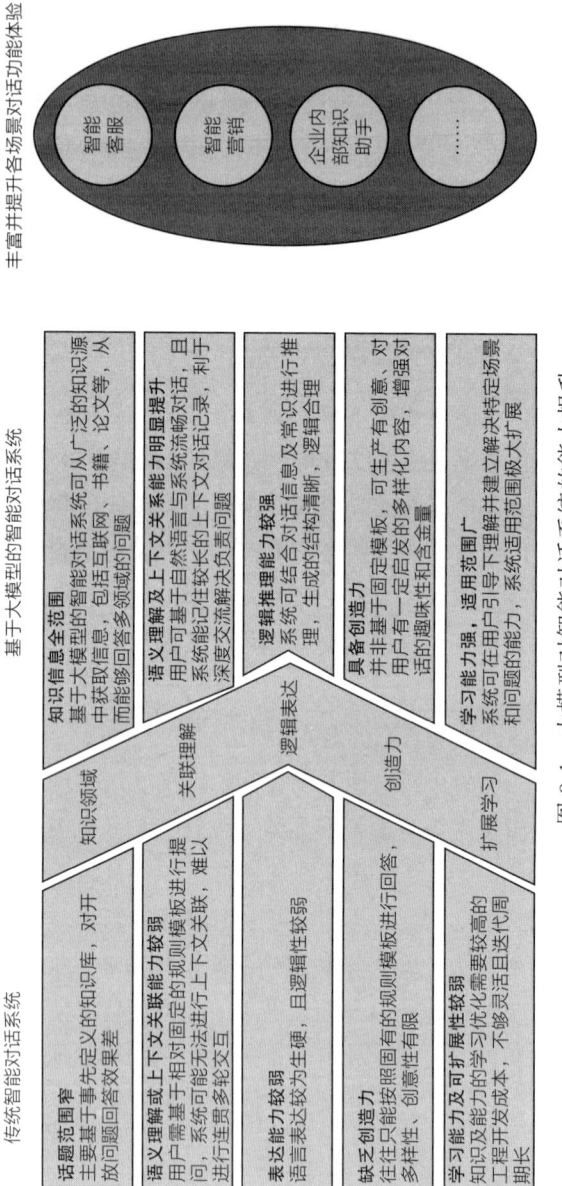

图 8-1 大模型对智能对话系统的能力提升

低代码技术能够快速发展得益于开放的架构和 API（应用程序编程接口），可助力企业构建数据资产管理体系，用户通过图形化界面即可轻松访问与管理各种数据源，同时，低代码平台可与人工智能、RPA（机器人流程自动化）、物联网、微服务等先进技术或架构做融合，帮助企业快速验证技术可行性并迭代优化，进一步加快企业利用新兴技术构建创新应用的开发效率，推进数用一体，如图 8-2 所示。

3. 数字孪生技术

仿真建模、传感器、XR（扩展现实）、数字线程、模型修正等数字孪生相关技术逐步完善，拓展了数字孪生商业化应用的场景，相关产品方案在各行业、领域加速渗透，如图 8-3 所示。

随着中国企业对人工智能、5G、云计算等数字技术的不断开发与积累，前沿技术也走向落地，企业对这些技术从关注探索阶段发展到创新、定制化和更为灵活的商业应用上。在人工智能新时代，中国企业选择与不断演进的前沿技术共同前进。中国企业对于大语言模型、虚拟现实等前沿技术和数实融合等话题都展现出极大的关注度。

在人工智能与自动化方面，有部分企业已经遥遥领先，这些企业在经营中应用多种技术，如将深度学习、知识图谱、自然语言处理（NLP）等技术应用于生产上的视觉识别、产品研发、智能决策。

未来的趋势是企业一定需要打造数字化、智能化的核心能力，实现业务敏捷与技术韧性，从静态、单点技术布局向拥有高互操作性的多元平台转型，实现企业全域数据建模和数据治理，并把涉及的所有关键技术（如云计算、人工智能、大数据等）作为整体考虑，实现可组装、可复用，快速配置，以适应不断变化的业务

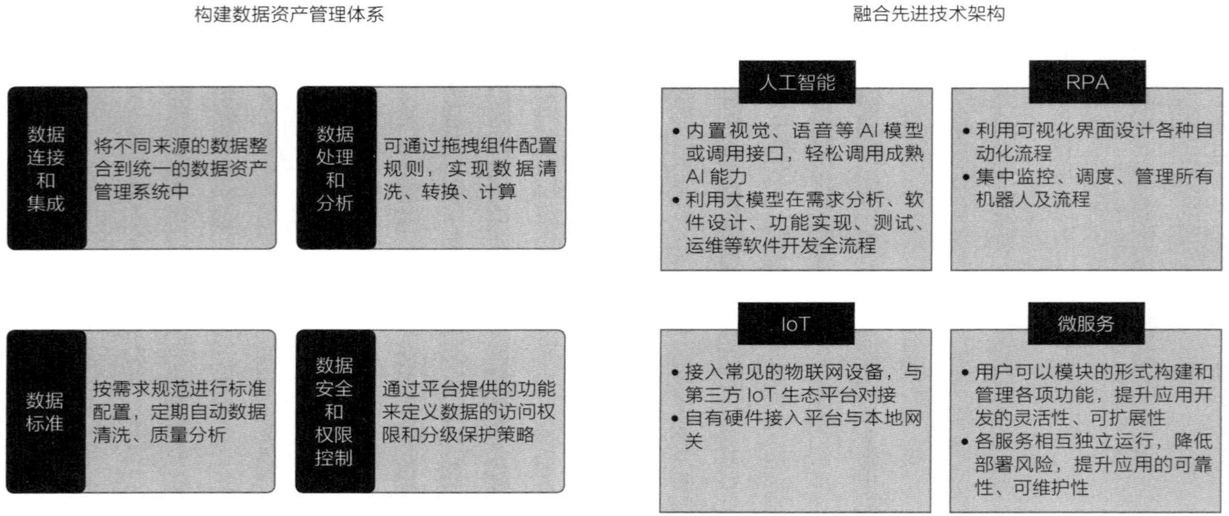

融合先进技术架构

RPA
- 利用可视化界面设计各种自动化流程
- 集中监控、调度、管理所有机器人及流程

微服务
- 用户可以模块的形式构建和管理各项功能,提升可扩展性
- 各服务相互独立运行,降低部署风险,提升应用的可靠性、可维护性

人工智能
- 内置视觉、语音等 AI 模型或调用接口,轻松调用成熟 AI 能力
- 利用大模型在需求分析、软件设计、功能实现、测试、运维等软件开发全流程

IoT
- 接入常见的物联网设备,与第三方 IoT 生态平台对接
- 自有硬件接入平台与本地网关

构建数据资产管理体系

数据处理和分析
- 可通过拖拽组件配置规则,实现数据清洗、转换、计算

数据安全和权限控制
- 通过平台提供的功能来定义数据的访问权限和分级保护策略

数据连接和集成
- 将不同来源的数据整合到统一的数据资产管理系统中

数据标准
- 按需求规范进行标准配置,定期自动数据清洗、质量分析

图 8-2 低代码技术

需求。同时，企业应该成立专门的数字化转型组织或利用创新机制去激励变革和文化建设，不断通过数字化敏捷项目培育创新文化。促进员工看问题、想问题、做事情的思维模式的转变，使越来越多的员工成为企业数字化和智能化变革的主力军和倡导者。

仿真建模	● 建模工具创新，如基于 AI 的创新式设计工具、仿真工具融入无网格划分功能等，提升建模效率 ● 模型降阶多路径化，降低计算难度，提升孪生计算速度 ● AI 预测建模能力增强
传感器	● 尺寸向毫米级及以下的微型化发展，更容易集合进零部件中，实现更深层次数据感知 ● 多类传感能力集成至单模块，如 MEMS（微机电系统）整合多类传感器功能，实现更丰富的数据感知获取
XR	● AR 芯片生态完善。加速与 CAD、仿真、三维扫描建模等技术的融合，提升数字孪生可视化效果 ● 高算力一体机 VR 头显的发展，结合 5G 与实时渲染技术，拓宽数字孪生应用场景
数字线程	● 从单领域实现向多领域集成发展，加深数据集成度 ● 借助 IoT 平台跨领域数据集成能力，将产品生命周期中生成的所有数据集成在一起，拓宽数据集成范围
模型修正	● 嵌入在线机器学习模块，基于实时数据动态修正 ● 通过仿真工具完善对有限元模型的修正，用户可基于实验或实测数据对原始模型进行修正

图 8-3　数字孪生相关技术进展

8.2　数字化与智能化的关系

智能化是在数字化的基础上，通过人工智能等技术手段，对数据进行分析和处理，从而实现更高程度的"自主决策"。数字化为智能化提供了前提和基础，而智能化在数字化的基础上进一步提高了数据的应用价值。

在当今的新经济时代,数字化和智能化已经成为企业转型和升级的必要手段和着力点。通过数字化转型,企业能够充分挖掘各种信息和数据的潜在价值,实现精细化、高效化的管理和运营模式。智能化则进一步提升了企业的生产效率和竞争力,对提高企业的市场竞争力和盈利能力具有重要作用。

因此,虽然数字化和智能化有着不同的定义和特点,但是二者之间在现实应用中是紧密依存的,相辅相成的,共同促进着企业的发展和进步。

除了在企业转型和升级中的应用,数字化和智能化在生活中应用也很广泛。数字化让人们在生活和工作中更好地应用各种物联网和云计算技术,创造出更加智能、高效的生活方式,提升了人们的生活品质,同时也带来了巨大的商业机会,产生了新的商业模式和消费习惯。智能化则表现出更高的应用价值,它能够极大程度地提高人们的生活便利性,如人工智能语音助手、智能家居物联网系统等,同时带来一种全新的生活方式。其中,智能家居产品的推广更是智能化的生动体现,它从家庭生活的方方面面入手,将人们生活的方方面面与智能技术结合。

综上所述,数字化和智能化正在给我们的生产和生活带来一场革命。数字化和智能化的结合并非是因为单方面的技术进步,而是通过智慧的应用,促进了人类知识水平和生活方式的进一步提升。数字化和智能化两种技术力量结合在一起,将会推动社会整体技术的进步和产业发展的不断升华。

8.3 连锁餐饮企业智能化发展路径

在连锁餐饮企业数字化转型的浪潮中,管理变革已成为企业实现持续增长和创新发展的关键。通过人工智能等前沿技术的应用，企业不仅能够优化和升级运营流程，实现组织架构的透明化和扁平化，还能明确岗位权责边界，建立高效的业务作战机制。这一系列变革为智能化运营打下了坚实基础，推动企业从传统人力运营向智能化运营转变。

对智能化运营人才的培养和能力判断、行业薪酬结构的制定，以及价值衡量指标的建立，都是企业在智能化转型过程中必须面对的挑战。同时，产研结合作为企业发展的基石，人工智能技术的运用在提高品牌竞争力和服务质量方面发挥的作用越来越重要。

人工智能与运营的结合，为企业深入理解消费者心理和行为提供了新的视角。通过智能化技术的应用，企业能够实现对消费者全旅程的细致分析，提供个性化的服务体验，从而增强消费者的信任和忠诚度。

在智能化落地指导方面，企业需要构建以云计算为基础的数字技术平台，综合利用各项前沿技术工具，以应用为落脚点，赋能业务升级。这要求企业在数字化转型过程中，不仅要关注技术的应用，更要结合自身业务特性，推进业务场景的数字化应用升级。

连锁餐饮企业在数字化转型的道路上，必须进行全面的战略规划和实践探索。从内部管理的革新到外部市场的适应，从新兴技术的融合到业务流程的优化，每一步都是企业转型的关键。通过智能化转型，企业将能够建立起强大的竞争优势，实现可持续发展和长期繁荣。接下来，我们将探讨企业在智能化转型过程中的具体策略和实践，以及如何通过智能化技术的应用，推动企业的创新和成长。

8.3.1　管理变革

在连锁餐饮企业迈向数字化和智能化的过程中，组织制胜和产研基石已成为推动企业持续进步和创新的两大核心支柱。通过人工智能等先进技术的整合与应用，企业不仅能够优化运营流程、提升决策质量，还能够构建起更加高效、灵活的组织架构，实现岗位权责的明确和业务作战机制的合理化。

1. 组织制胜

通过人工智能等最新技术手段，对企业的运营进行整合、优化和升级，实现事半功倍的效果。在智能化运营的过程中，组织架构、岗位权责边界、业务作战机制被认为是实现企业智能化的基础要素。

首先，智能化运营组织架构是智能化运营的基本架构之一。它要求企业在组织架构上要高度透明化、扁平化，通过科学的项目管理、流程优化等方式，让组织的运营过程变得更加高效。其次，岗位权责边界的明确是智能化运营的重要保障之一。明确的岗位职责和权利边界使公司内部能够井然有序地进行分工协作，达到最优化的运营效果。最后，业务作战机制是实现部门间和团队间信息共享和协作的重要途径，能够在运营中快速解决问题和推进项目。

在当今市场经济的高速发展中，智能化运营已成为企业的必然选择。通过搭建智能化运营的基础架构，明确岗位权责边界和建立合理的业务作战机制，企业能够实现从单纯依靠人力运营到智能化运营的转变，实现高效、长远的盈利目标。因此，企业应继续努力，充分发挥智能化运营制度的优势，实现企业的可持续发展和未来的长期繁荣。

在数字化、智能化的崭新时代，专业的智能化运营人才正在成为企业中的中流砥柱，为企业的快速成长和转型升级提供至关重要的支持。那么如何进行智能化运营人才的能力判断？如何制定行业薪酬结构和评价价值衡量指标？这是每个企业都需要面对的问题。

对于智能化运营人才能力的判断标准，企业可以从以下几方面考虑。

- 根据企业自身状况和行业特点，设立基本的岗位要求、职责职位和技能要求等。
- 在智能化运营这个领域，注重智能化技术方面的技能要求，如对数据分析、算法及人工智能技术等的要求。
- 对行业运营经验的积累，如业务解决能力、项目上线能力和成本控制能力等。
- 考虑基本素质，如创新能力、沟通协作能力、想象力和领导力等。

在制定行业薪酬结构时，企业可以从市场行情、人才供需、运营指标等方面综合考虑。另外，不同级别、职位和地区的薪酬是不同的，企业可以通过有效的问卷调查或人力资源专家服务等途径确定合理的薪酬标准。

那么如何评价智能化运营人才的价值衡量指标？根据不同职位和特长方向，企业可以设置不同的绩效指标来评价人才的贡献和价值。例如，通过企业收入和利润同比增长、业务质量提升百分比等来反映人才的绩效和贡献价值。

总之，对智能化运营人才的能力和价值衡量，以及对行业薪酬结构的制定，企业需要根据实际情况进行科学分析和周密设计，以充分发挥人才的优势，为企业发展提供强有力的保障。

2. 产研基石

在连锁餐饮行业中，为了提高品牌的竞争力和服务质量，往往需要进行大量的技术投产，而人工智能则可以帮助企业重新认知投产比，从而让企业更加科学地决策。通过将人工智能应用于数据处理和分析，企业可以更快速、准确地预测市场趋势，并将资源投放在最合适的地方，从而提高企业的效益并降低成本。

此外，人货场全域数据资产的智能化增长底座也需要借助人工智能技术，如对数据进行智能提取、处理和分析，从而让数据更好地服务于企业的决策和运营。人工智能技术可以快速对数据进行深入挖掘，发现其中的关联性和规律性，并提供智能的建议和预测，以帮助企业更好地掌握市场形势和应对变化。

总之，人工智能在连锁餐饮企业中的应用已经成为一个不可忽视的趋势。通过将人工智能与其他技术进行结合，可以让企业更好地应对市场的变化，提高效率和效益。

对于刚起步的餐饮企业来说，对智能化技术的投入主要用于建立完善的信息化系统和规范流程，实现对数据的有效管理和分析。同时，也需要关注在线订单、外卖配送等场景对智能化技术的应用，以此逐渐提高企业的接单速度和配送效率。

对于成长期的连锁餐饮企业来说，对智能化技术的投入主要用于加强对顾客需求的了解和满足，实现定制化服务。此外，还可引入更先进的POS机和智能化菜品制作设备，以此提高订单处理速度和菜品制作效率。

对于成熟期的餐饮企业来说，对智能化技术的投入主要用于实现对数据的全方位分析及对营销策略的优化和精细化。供应链管理和库存管理可逐渐转向智能化，以便更好地应对市场的变化。

8.3.2　人工智能与运营

当今市场竞争激烈，企业需要在消费者心中建立信任并提高其忠诚度。为了实现这一目标,企业需要充分了解消费者的心理需求和行为习惯,并在整个消费过程中为其提供优质的服务体验。

消费心理全旅程解构,是一种从消费者视角出发的全景式解构方法,对消费心理在每一个阶段进行细致分析,从而为企业提供优化服务的思路和理念。这个过程包括消费者的需求预期、购买、服务满意度评估等多个环节,在这个过程中,消费者的心理和行为都会受到影响,企业需要协同各个环节进行优化。

智能化运营能够有效地驱动消费者心理全旅程解构。通过运用智能化技术,企业可以有效地、系统化地分析消费者行为趋势、需求变化等,实现个性化的推荐和服务,并且提供更快捷、智能、高效的服务,从而提升消费者的整体满意度和忠诚度。

在这个过程中,打造全链条的智能化运营能力是至关重要的。从营销端开始,通过增强对消费者的智能化洞察和管理,将优质推荐信息在消费者需求产生前就提供给消费者;在供应链中,结合全线的数据管理和分析,优化过程,提高效率,缩短商品抵达时间等。基于智能化技术的全链路优化,可以进一步增强企业与消费者之间的互动和联系,从而更好地满足消费者需求,加速消费感知及反馈过程。

人工智能技术作为数字化时代的重要驱动力,正在逐渐赋能企业从产品经营到会员经营,再到信任经营。可以说,人工智能可以帮助企业实现数字化转型,促进企业的变革和创新。

- 人工智能可以帮助企业实现从产品经营到会员经营的转变。企业可以根据消费者的购买记录和行为模式,通过人工智能技术深度挖掘其需求和兴趣,从而进行精细化运营和营销。通过人工智能技术可实时追踪消费者行为、挖掘他们潜在的决策过程,从而精准提供个性化的产品和服务，增加用户黏性，提升品牌口碑。
- 人工智能还可以帮助企业实现从会员经营到信任经营的转变。使用人工智能技术进行品牌心智经营，提升消费者的信任度和满意度。智能化的数据分析和管理，可以帮助企业理解消费者的需求和兴趣，根据消费者的反馈对运营策略进行不断优化和改进，提高消费者的满意度和信任感。另外，人工智能技术在安全保障上也可以为品牌信任经营提供支撑，通过实时监测和诊断对安全威胁提前预警，以保证消费者的隐私和数据安全。

8.3.3 智能化落地指导

企业对于人工智能、云计算、大数据等技术的讨论逐渐转向实际应用和效果，更关注技术投资是否能实现业务目标。

回顾近五年人工智能技术在商业领域的落地应用可以看出，产品及服务供应商和企业需求方正在深入推进人工智能实践。供应商持续通过深耕人工智能技术、打磨场景化产品以及精细化服务为客户创造更多价值，需求方也从试点应用拓展至战略性改革发展。人工智能已经成为企业数字化、智能化升级的关键抓手，也是各行业中领先企业建立核心竞争力的重要方向。2022年至今，大模型应用的传播渗透使人们看到人工智能在通用性和效率化生产方面的突破，人工智能技术助力企业升级、产业发展和社会进步的潜力进一步增大。

企业智能化转型需要从以下几个方展开。

1. 以云为底座构建数字技术基础平台

基于逻辑统一的云架构，企业可将分散建设的IT基础资源进行统一管理，促进资源共享及数据流通，提升整体资源利用率，降低运维及运营管理难度。平台所搭载的微服务、低代码、人工智能算法及开发平台等各类前沿数字技术或工具可支撑企业对数字化应用的快速开发迭代,用创新强化竞争优势。以云为底座构建的数字技术基础平台如图8-4所示。

2. 以应用为落脚点,综合利用各项前沿技术工具

为业务赋能是企业数字化升级的重要使命,而应用是企业业务活动的直接载体,因此企业的数字化与智能化升级,要以应用为落脚点,综合利用人工智能、低代码、数字孪生等各项前沿技术,提升协同办公、智能对话、ERP系统等通用及综合型应用,改善企业经营整体效率,避免贴标签式的数字化投入。另外,结合企业自身业务特性,有针对性地推进产品研发、生产运营、销售服务等业务场景的数字化应用升级,优化企业内部治理体系,同时为客户提供更具创新性的产品服务体验,如图8-5所示。

在数字化转型的道路上,企业必须面对内部管理的革新、外部市场的适应,以及新兴技术的融合。企业需要建立全局性的数字化战略,从业务流程的标准化到数据的深度挖掘,从供应链的智能化到营销的个性化,每一步都是企业转型的关键。

至此,本书就要结束了,结束本书之际,我们希望读者能够通过本书深刻认识到数字化转型的重要性和紧迫性。在快速变化的市场环境中,只有不断学习,积极拥抱新技术,勇于创新和变革,企业才能在竞争中立于不败之地。

本书的结束意味着新的开始。我们期待每一位连锁餐饮行业的从业者都能够将本书中的内容与实践相结合,不断探索适合自己的数字化转型之路。愿本书能成为您数字化转型路上的一盏明灯,照亮前行的方向,引领您走向更加辉煌的未来。

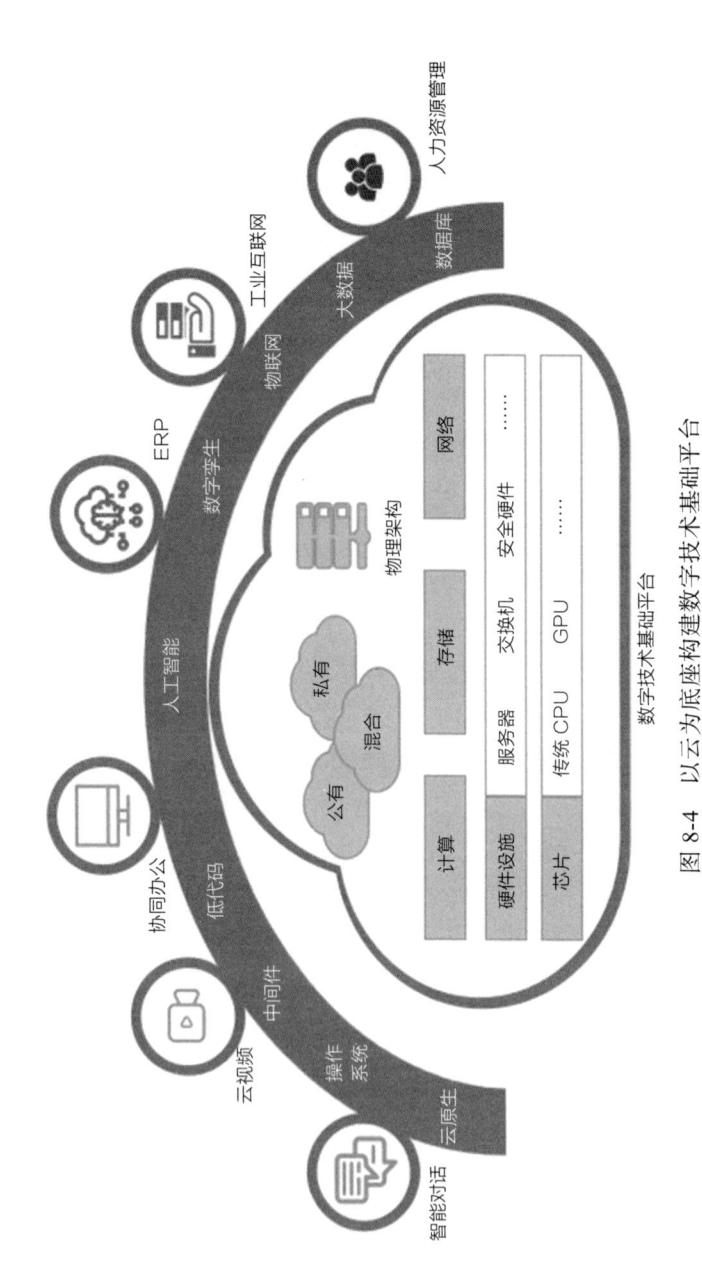

图 8-4 以云为底座构建数字技术基础平台

注：GPU——Graphic Process Unit，图形处理器。

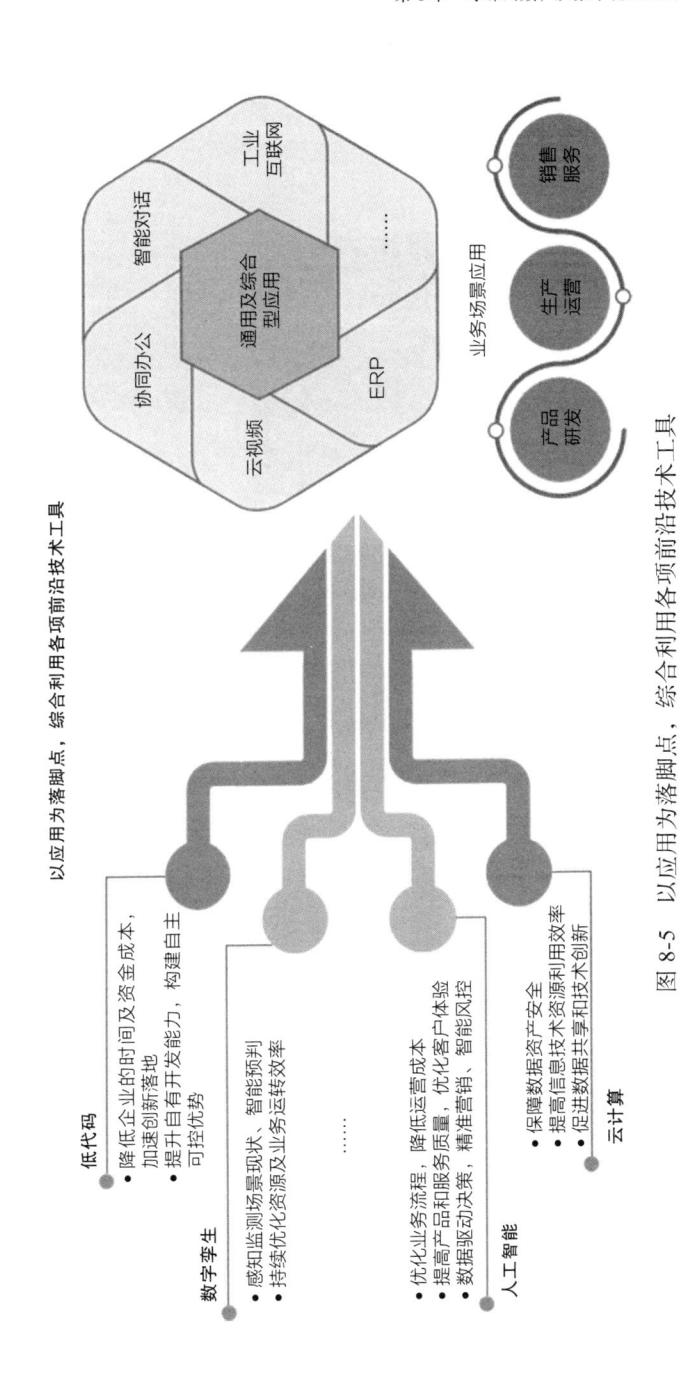

第 8 章 岿嵘山巅，从数字化跃迁到智能化

图 8-5 以应用为落脚点，综合利用各项前沿技术工具

推荐阅读

- 华为数字化转型之道
- 一本书讲透数据治理：战略、方法、工具与实践
- 标签类目体系：面向业务的数据资产设计方法论
- 华为数据之道
- 指标体系与指标平台：方法与实践 
- 一本书讲透数据资产入表：战略、方法、工具与实践 
- 企业级数据架构：核心要素、架构模型、数据管理与平台搭建 
- 数据安全实践：能力体系、产品实现与解决方案 
- 数据要素安全流通

推荐阅读

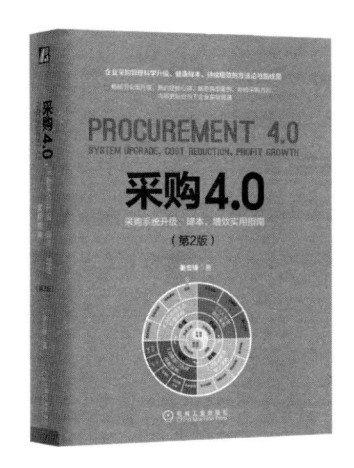

采购4.0：采购系统升级、降本、增效实用指南
作者：姜宏锋 ISBN：978-7-111-64123-0 定价：79.00元

本书围绕"降本增效和转型升级"展开介绍，建立了一套完整的采购供应管理战略，并配套了执行的具体战术。

供应链质量防线：供应商质量管理的策略、方法与实践
作者：姜宏锋 邢庆峰 ISBN：978-7-111-64150-6 定价：69.00元

1套可落地方法论、2套实用体系、10余套即学即用模板，
从3个维度帮助企业实现供应商从严检到免检的跨越。

推荐阅读